图1　少年时期的阿克巴

Akbar as a boy

Vincent A. Smith: *Akbar the Great Mogul*, 2nd Edition, Oxford: Clarendon Press, 1917, frontispiece.

图2　阿克巴祈祷像

"Portrait of Emperor Akbar Praying", early 17th century, Metropolitan Museum of Art.

图3　阿克巴与狮子和小牛

Govardhan, "Akbar with Lion and Calf", 1630, Metropolitan Museum of Art.

图4　阿克巴狩猎图

“Akbar Hunting”, late 16th century, Metropolitan Museum of Art.

图5　贾汗吉尔和丹尼亚尔觐见阿克巴

“Akbar Visited by Jahangir and Daniyal”,19th century, Metropolitan Museum of Art.

图6　阿克巴时期的银币

Silver coin of Akbar with inscriptions of the Islamic declaration of faith, the declaration reads: “There is no god except Allah, and Muhammad is the messenger of Allah.”

图7　法塔赫布尔-西克里（胜利之城）古城遗址，图中最高建筑为五重阁（Panch Mahal）（王强 摄）

图8　法塔赫布尔-西克里（胜利之城）古城遗址，图中最高建筑为议事厅（Diwan-i-Khas）（王强 摄）

图9　法塔赫布尔-西克里（胜利之城）古城遗址，珠妲宫（Jodh Bai's Palace）侧影（王强 摄）

图11　法塔赫布尔-西克里（胜利之城）古城遗址，廊柱局部
（王强 摄）

图12　法塔赫布尔-西克里（胜利之城）古城遗址，建筑浮雕细部

（王强 摄）

教育部人文社会科学重点研究基地
北京大学东方文学研究中心

北京大学"东方大文学"研究丛书

王权与宗教

——阿克巴大帝宗教思想研究

张嘉妹 著

中西書局

丛书总序

1945年8月27日下午四时，北京大学文学院在昆明才盛巷二号召开了教授谈话会，汤用彤等11位教授出席。会上提出了文学院要添设东方语文学系、考古系，发出了中国学术界的时代呐喊，即“要取日本在学术界的地位而代之”，使中国成为亚洲学术研究中心。经胡适、傅斯年、汤用彤、陈寅恪等学者的努力，1946年8月北京大学宣告设立了东方语文学系，聘请留德十年归来的季羡林为教授兼系主任。这是中国教育界的一个创举。该系当时的主要师资有季羡林、马坚、王森；学科方面则设立梵文、阿拉伯文、蒙藏文三组。此后，金克木、于道泉等先生陆续加盟，逐步壮大了学科的力量。历经东方语文学系、东方语文系、东方语言文学系、东方学系、外国语学院的多个阶段，七十多年来，经季羡林、马坚、金克木、刘振瀛、韦旭升、张鸿年、陈嘉厚、叶奕良、仲跻昆、刘安武等前辈和数代学人的苦心经营，北京大学的东方语言文学学科一直是国内该学科的引领者。2000年成立的北京大学东方文学研究中心是教育部人文社科重点研究基地之一，也是国内该学科唯一的国家级科研与国内外东方学学术交流的平台。在王邦维教授的领导下，中心培养了一批人才，各项工作都取得了长足的进步，发扬光大了季羡林等老一辈学者开创的中国东方学研究的传统，再创中国东方学研究的辉煌。中心连续13年举办的全国东方文学研究生暑期学校，已经培训了来自国内外120余所高校的1 500名研究生与青年教师，不少人已经成为国内东方文学界的中坚力量。

近年来，面临百年未有之大变局，在全球化趋势反复拉锯的过程中，东方文学创作及其研究都迎来了前所未有的新状态与许多新问题。国内兄弟院校的发展也越来越快，优秀的东方学和东方文学研究人才及其成果也越来越多。我们的体会是，学如逆水行舟，不进则退，要想有更新更大的发展，唯有持续不断的勤奋与努力。

开新局，走大路，我们提出“东方大文学”的研究理念。一方面，呼吁东方文学研究者不再局限于文学这个单一的领域内自弹自唱，必须尽可能地扩大自己的关注视野，广泛利用传世文献（书面与口头）、出土文献与图像史料，融合文学、历史、宗教、社会、美学、哲学等多个学科的相关知识，在东方作家文学、民间文学、文艺理论、文学图像研究等学科分支开拓出更多有意义的新领域。另一方面，契合一带一路的倡议，以文化为根本维度，深入国别和区域研究的层面，推动中国与东方各国和地区的文明交流互鉴，为建构人类命运共同体做出基础性、前瞻性的工作。

为了实现“东方大文学”研究的目标，北京大学东方文学研究中心在北京大学外国语学院、中西书局的大力支持下，设立北京大学“东方大文学”研究丛书，资助中心与学院青年教师优秀的东方学与东方文学研究专著的出版。我们希望青年学者弘扬学科的优秀传统，勇猛精进，努力开创学科的美好未来。本丛书计划每年推出2—3本专著。我们还希望，本丛书的出版，不仅可以展现北京大学新一代东方学学者的风采，还能引领国内东方学学科的进一步发展，支持国家一带一路倡议的实施，为国家的建设做出更大的贡献。

中国的东方学和东方文学的研究从来不只是个人的学术兴趣，而是与国家的教育和学术息息相关。青年学人宜牢记使命，奋发图强。学海无涯，前路漫漫，惟有大家共同努力！

北京大学东方文学研究中心　陈　明

序　言

张嘉姝博士邀请我为她的书《王权与宗教——阿克巴大帝宗教思想研究》写序，我立即响应。之所以如此爽快，原因有二：一、这些天正好有空；二、此书为其十年前博士论文的修订，而我有幸于十年前阅读过并参与答辩，十年后再读其文，必有心得。

作者能以十年之功修订其文，也必有新获。十年，对于青年学子来说，是宝贵生命的一部分，也是事业发展的关键期。

在南亚中世纪史的研究中，阿克巴始终是令人兴趣盎然的热点人物。但在我国改革开放（即学术开放）后的数十年间，除了少数几部史书有较详细描述外，对阿克巴作泛泛介绍的文章尚且不多，而专门的研究著作则更为罕见。这应是出版此书的最大意义所在。

书中，作者准确地抓住了两个关键词“王权”与“宗教”，这正是阿克巴治国理政的两块基石，也是他实行改革的突破口。

先说王权。在南亚的古代历史上，“王权”通常指的就是集权。

正如作者在书中一再强调的，“阿克巴政策改革的基石，便是王权至上”。若无集权，一千个阿克巴也将一事无成。而集权的获得则基于暴力。如果说，热兵器时代的集权出自枪杆子的话，那么，冷兵器时代的集权就出自刀剑，这是通则，也是人性使然。当然，处于冷兵器时代向热兵器时代过渡阶段的莫卧儿王朝前期，其情形也不例外。在历代统治者中，心冷如铁者操持权柄，心慈手软者落败惨死。至于百姓，则永远形同奴隶，悚然木然，忍辱偷生。即便有所谓觉者，也是寥若晨星。千年一遇的是阿克巴这种有识之君，其灵光一动“便胜却人间无数”，其集权之网微启，便惠及无数苍生。于是，他便成为一代伟人，成为千载一现的“大帝”。然而，本质上，阿克巴所维护的仍然是他的集权，他的统治地位，他的王朝江山。他所代表的仍然是少数人的利益。

次说宗教。正如作者在书中所说，宗教属于精神范畴，源于人们对客观世界的看法。宗教虽不等于信仰，但它是信仰的一种。用今天的话说，就是“三观”，即人生观、宇宙观和价值观。在印度古代文化的话语体系中，宗教一词可被音译为“达摩”，又可意译为“法”，兼有天职、法则、道德规范等多重含义。也就是说，印度古人已经研究透了宗教的广泛含义，其中既包括自然界运行的法则，也包括人世间演化的原理；既包括个体身份的划定原则，又包括人格操守的界定边限。几十年前，我们还普遍认为宗教是麻痹人民灵魂的鸦片，但如今人们也经常看到宗教正能量的一面，认为它划清了善与恶的边界，并守护着信众的道德底线。但是，各个宗教是不一样的。不同的宗教有不同的三观，甚至同一宗教不同教派的三观亦不相同。三观不同，道德观也不同，善恶观也不同。阿克巴的明智就在于他不仅虔信宗教，而且善于运用宗教进行统治。这正是我们要进一步探讨的问题。

再说阿克巴的宗教改革。据史料记载，阿克巴既是虔诚的伊斯兰教信徒，又是宽容的穆斯林君主。不论是什叶派、逊尼派，还是苏非派，他都一视同仁，同样虔信。但他的非凡与伟大在于，身处次大陆这种多宗教、多种族的多元文化社会，他不仅倡导实行了政治的宽容，也倡导实行了宗教的宽容。阿克巴深深懂得这个被他征服的次大陆社会，所以他要进行宗教改革，甚至要创立一个新宗教，以适应当时当地的社会文化生态和民众心理。正如作者在书中所说，“在阿克巴的一系列改革新政中，最为著名、影响最大，并引起当时最大争议的，便是公开支持一切宗教平等的宗教宽容政策。概括来说，阿克巴倡导帝国内各宗教一律平等，允许各宗教各奉其事，主张各宗教教派消除相互间的对立与隔阂。阿克巴颁布诏令，允许各宗教按照各自的教规进行宗教活动，修建寺庙教堂，允许原被迫改宗伊斯兰教的人可恢复原来的信仰。印度教教徒可以在政府和军队中担任要职”，原因是“君王主导实施的宗教政策直接影响着政权的稳定，恰当的宗教政策可以帮助巩固政权”。说到底，阿克巴维护的仍然是他的王权，他的王朝统治。

总之，阿克巴的改革在当时获得了前无古人的成功，他也为自己的身后赢得了无数慷慨的赞誉。虽然印度历史学家说他“不是一个自私而任性的独裁者”（R. C.马宗达等：《高级印度史》，商务印书馆1986年版，第494页），但他创立新教“神一信仰”（旧译“神圣信仰”）的尝试失败了，这朵理想主义的昙花很快就凋谢了。在经历两三代后，历史的潮水便抹掉了他所有的改革尝试的痕迹，一切平复如初，一切都成为过去。这充分体现了封建体制的顽固性和宗教派别的排他性。

以上是我的一些心得。

薛克翘

2023年11月13日

于京东太阳宫

目 录

绪　论

一、被选中的角色

莫卧儿王朝的阿克巴大帝，是印度次大陆历史上最具影响力的帝王之一。他谋略过人，骁勇善战，在位期间不断扩张莫卧儿帝国的疆土。他审时度势，治理有方，通过种种改革措施，将帝国带入一个生机勃勃的上升阶段。他在宗教文化上的宽容政策，既为16世纪后穆斯林在印度次大陆的统治奠定了根基，又为族群繁杂、文化多样、教派林立的帝国统一发展提供了保障。但由于历史环境、宗教情感、族群心理等差异，研究印度次大陆历史的国内外学者，对阿克巴推行的宗教政策及其个人的宗教立场，褒贬不一；尤其在分治后的印度和巴基斯坦两个国家，每每论及，可谓言人人殊。有的学者认为他是倡导"宗教间对话"的开明先锋，有的学者认为他是自由主义折中派的典型代表，有的学者则将他归类为武功胜于文治的帝王，甚至将其与亚历山大、拿破仑相提并论。学界的主要研究相对集中于阿克巴在位时期莫卧儿帝国的内政、外交、宫廷生活、文学艺术等方面，以及零散的军事武器、农业水利、女性角色，等等。

关于阿克巴在位期间推行的宗教政策，及其颇具争议的“神一信仰”（Dīn-I Ilahī），在相关的乌尔都语、英语研究文献中都有所提及；至于他“是否曾经叛离过伊斯兰教”“新创宗教”等问题，早期研究文献多有关注，其中的论述、评价大相径庭，颇多争议。一方面，对研究阿克巴大帝及其统治时期的莫卧儿帝国的学者来说，最重要的历史文献是阿克巴同时期宫廷史官阿布勒·法兹尔（Abul Fazal）记录编撰的《阿克巴本纪》（*Akbar-nama*）和《阿克巴则例》（*Aīn-i-Akbarī*），记录人的身份及宗教情感，直接影响着文献记录的视角和客观性；另一方面，后期研究者在各自历史地域环境、信仰立场等客观局限性下，在对文献的解读和使用，及研究侧重点选择上，同样存在着各自的主观性。诚然，主观性、历史局限性是每一位被研究者、记录者、研究者无法回避的客观事实，但是，在这种局限性中发现共性，恰恰是研究的价值所在。它可以帮助我们认识、厘清本质和现象间的关系，向我们展现人性共通的理性与感性，让我们感受并确信人格在实质上的平等，推动我们将有限的能力和精力，投入到对人类认知真正有益处的事情上去。

本研究将结合彼时印度次大陆社会的基本矛盾，以社会历史环境为背景，将宗教作为社会历史文化的重要组成部分来展开分析。通过分析历史环境、文化发展等客观因素对阿克巴大帝思想形成产生的影响，进而探究其宗教思想形成背后的历史原因。通过总结阿克巴的宗教政策对彼时帝国社会产生的影响，及对后续社会发展产生的作用，尝试探寻印度次大陆历史发展与文化创造间的关系。希望这样的研究可以帮助更好地认识印度次大陆文明及其不同历史阶段的文化特征，帮助更好地把握宗教在不同历史时期、不同文化发展中所起的作用，以期对当今社会宗教冲突以及宗教对话提供些许借鉴。

二、以往对角色的探讨

国内外凡是涉及研究印度次大陆历史的书籍，在介绍或评论穆斯林统治时期的帝国时，莫卧儿王朝第三位君主阿克巴大帝总会成为重点阐述对象之一。这不仅是因为阿克巴推行了一系列可供后人借鉴的社会体制改革，而且由于他是为数不多的正式提倡并实施“宗教宽容政策”的穆斯林统治者之一，这种政策为社会的有效管理及和谐发展提供了相对稳定的社会文化心理基础，各族群、教派不会因为自身的信仰与王族不同而如履薄冰，甚或因与王族宗教信仰相同而伺机壮大。如此，作为外来的穆斯林王族，阿克巴的宫廷不仅在巩固自身政权时可以尽量避免节外生枝，也为具有南亚特色的伊斯兰文化发展拓宽了道路，促使16世纪下半叶到17世纪中叶的社会文化发展至鼎盛。在彼时的伊斯兰世界，莫卧儿帝国成为与奥斯曼帝国、萨法维帝国三分天下的强国之一。

概览对这一时期印度次大陆社会体制改革的研究，对经济、政治、军事等方面的研究成为多数史学家的侧重点，尤其对西方学者、殖民官员等来说，这类研究为他们在印度的殖民统治提供了理论上的帮助与支持。但他们阅读并使用的材料，主要是当时在印度次大陆生活过的基督教传教士、旅行家等的记载，如前所述，这些材料也具有较强的主观性。当然，莫卧儿时期史官记载的史实为后人的研究提供了重要的历史文献，但语言、信仰、对帝国定位等客观差异，也给研究者带来了一定的困难。总体而言，对阿克巴宗教政策的深入系统研究，以及对其宗教文化思想的探索，目前国内学术界尚未有独立的研究著作问世，在认知上尚存在一些误解。虽然尽可能全面的知识与深入的思考是开始研究的前提条件，但这同样也是研究的局限性所在，因为，“一个人考察世界其他宗教传统的出发点是他自己的传统”[1]。

在国际上，20世纪早期英国学者文森特·阿瑟·史密斯[2]（Vincent Arthur Smith，1843—1920）著有《莫卧儿大帝阿克巴》（*Akbar, the Great Mogul, 1542–1605*，1917年出版），其研究所依据的文本除去用波斯语撰写的《阿克巴本纪》《贾汗吉尔回忆录》等历史文献之外，还有大量基督教传教士留下的文本记录。也许是受后者的影响，他基本上断定阿克巴是伊斯兰教的叛教者。此前，德国学者冯·诺尔（Von Noer）著有《阿克巴大帝》（*Kaiser Akbar*，1885年出版），将阿克巴描述为虔诚的穆斯林，从未叛离过伊斯兰教。具有代表性的著名史学家还有布洛赫曼（H. Blochmann，1838—1878）和亨利·贝弗里奇[3]（Henry Beveridge，1837—1929），他们分别将《阿克巴则例》（3卷册，1873年出版）和《阿克巴本纪》（3卷册，1902—1939年出版）译成

1 ［英］约翰·希克著，陈志平、王志成译：《理性与信仰》，四川人民出版社，2003年，第83页。

2 历史学家、艺术史家及印度学家，曾任英属印度文职官员。著作有《牛津印度史》《阿育王》及《阿克巴大帝》等。

3 东方学家，曾任英属印度文职官员。译著有《贾汗吉尔回忆录》、《阿克巴本纪》（3卷册）等。

英语，并在一手资料的基础上梳理研究阿克巴的宗教思想。概而言之，当研究、编写印度次大陆历史的学者研究阿克巴的宗教思想时，其主要目的都在论证阿克巴是否叛离了伊斯兰教，或是否创立了新宗教。以史密斯为代表的西方学者倾向于其叛离过（即使最终又回归了）伊斯兰教，甚至皈依了基督教，这是片面地利用传教士撰写的材料的结果，旨在证明西方宗教文化的胜利。对阿克巴的宗教宽容政策，研究大多从帝王开放地接受外来文化的角度出发，总体上持赞扬态度，但显然论证的目的各有不同：有些旨在于关照西方殖民利益，有些着重突出西方历史文化的影响力，还有些甚至掺杂了个人英雄主义的崇拜情感，认为阿克巴想做东方的"教皇"——集世俗与宗教权利于一身。

印度学者以莫罕·拉尔·乔杜里（Makhan Lal Roy Choudhury）为代表，他著有《阿克巴的信仰》（*The Din-I-Ilahi* or *The Religion of Akbar*，1941年出版）、《印度莫卧儿时期的国家与宗教》（*The State and Religion in Mughal India*，1951年出版）等论著，从历史时代背景入手，较为客观地将阿克巴放入印度多元文化环境中考察，淡化其穆斯林身份，强调客观事态发展对其造成的影响，较为积极地维护了这位南亚历史上伟大君主的形象，明确地反驳了带有宗教倾向的学者的论证。新近的有在英国剑桥大学学习的印度女作家伊拉·穆侯蒂（Ira Mukhoty），虽然她的研究兴趣主要在印度次大陆历史上的女性群体，但随着研究的全面深入，她于2020年出版了研究专著《莫卧儿王朝阿克巴大帝》（*Akbar: The Great Mughal*），将丰富的史实和大胆的想象结合在一起，认为历史人物的影响延续至今。穆斯林学者则大多回避对阿克巴宗教思想的评述，即使涉及，也是单纯从宗教信仰角度出发，缺乏客观性，甚至将他的宗教宽容政策视为穆斯林统治者身上可以容忍的“缺点”。

三、我们如何探讨

如今，当我们谈论宗教及对其的理解时，是以人类社会的线性时间发展为主线，以人文社会科学发展为基础的。换言之，我们谈论的“宗教”并不等同于各“宗教”本身体现出来的面貌及其教徒对自身信仰的理解，也无法涵盖一切宗教现象的细枝末节及不断衍生变化的分支。我们无法用静态的眼光去看待动态的宗教，就如同我们无法用定格的方式去分析运转的历史。“宗教作为人类文化发展的一个维度，具有其自身的独立性和完整性。”[1]在此，我谨依托前辈们的努力，继续尝试发掘隐藏在现象背后的本质，发现历史文化中的“现代思想”。

该研究不是在宗教学框架下，依托宗教理论开展的研究，而是以历史背景为基础，将历史人物及其宗教思想，作为人类历史文化进程中具有代表性的部分，进行分析与探讨，试图用辩证的方法阐释历史环境对人物思想形成的影响，及典型人物的思想在社会发展中发挥的作用。换言之，重要人物的宗教思想，也即人类认识世界、认识自身、认识历史及未来的方式之一，其中不仅能反映当时的社会历史面貌，而且其本身对历史发展也产生了影响。“从社会文化方面审视宗

1 ［英］约翰·希克著，陈志平、王志成译：《理性与信仰》，四川人民出版社，2003年，第31页。

教使人看到，宗教可以被视为文化行为的一种有意义的形式。”[1]因此，本研究在分析阐释宗教信仰时，主要采用社会学框架下的历史文化分析法，同时涉及的研究方法可概括为：（1）**历史分析法：**以历史环境为背景，以当时的社会矛盾为基础，结合当时的社会发展状况，对阿克巴统治时期发生的历史事件及其本人做出评价。（2）**阶级分析法：**从阿克巴作为统治者的角度出发，以史料事实为依据，对其政策、体制改革等做出分析、判断。（3）**学科交叉法：**借用宗教人类学、宗教文化学、宗教社会学、宗教心理学、宗教哲学及文化学（也称文化社会学）等学科的理论及研究方法，多角度探索阿克巴宗教文化思想的形成及影响。

该主题研究的脉络框架缩略如下：

首先，通过对印度次大陆中世纪[2]宗教状况的概述，探讨伊斯兰教进入印度次大陆后，对当地文化环境及宗教格局产生的影响，试图通过分析多元宗教文化社会中各宗教间的关系变化，归纳总结印度中世纪宗教文化的特点。

其次，在以时间为顺序梳理莫卧儿王朝阿克巴大帝生平的基础上，从世俗与宗教两方面探讨其身份特性，及历史文化环境在塑造帝王时所给予的潜移默化的影响，继而进一步探讨特定历史时期内宗教与政治的关系。

1　［美］W. E. 佩顿著，许泽民译：《阐释神圣——多视角的宗教研究》，贵州人民出版社，2006年，第59页。

2　“中世纪”一词源于欧洲历史研究，特指欧洲自罗马帝国灭亡到文艺复兴前这一历史时期。本文所用的“印度次大陆中世纪”指自穆斯林进入印度次大陆起至莫卧儿王朝实质性灭亡这一历史时期（大约自公元8世纪至18世纪）。

再次，从阿克巴帝王身份的立场出发，对其推行的宗教政策、发起的“宗教对话”、颁布的“神一信仰”等宗教实践活动展开分析，归纳其宗教观形成的主要原因。

最后，简要总结阿克巴宗教文化思想的形成与发展，及其实践的宗教活动、推行的宗教政策，对印度次大陆在政治经济、社会文化、族群关系、文学艺术等方面产生的影响。

该研究尚处于探索阶段，存在诸多不足之处，读者的任何关注及意见、建议，都会成为笔者在今后的研究工作中不断改进的动力。

第一章

印度次大陆中世纪宗教概述

在印度次大陆上生发并流传至今的宗教，古老而神秘。在历史的长河中，异域人群不断涌入，时常带来或引发新的宗教、教派，使这里的宗教面貌丰富繁杂，因此这片土地也被冠上“宗教博物馆”的称号，堪称名副其实。在这里，各宗教间的关系及不同信仰人群的相处方式，成为各历史阶段社会关系中不可或缺的一部分，直接影响到今日呈现出的社会结构。“任何信仰间的关系都是特定时间和特定空间中的实践造成的，因此，确定和表述诸信仰应然关系必须以时间空间也即历史环境为转移。”[1]对印度次大陆中世纪社会历史环境的考察，离不开对主流宗教思潮及重要历史人物的了解。作为社会关系构成的最小单位，人既是宗教文化的载体，又是构成社会机构、影响社会文化发展的主要因素。换言之，人类的思想及精神世界的形成与发

1　杨乐强著：《走向信仰间的和谐——多元论哲学之信仰和谐论比较研究》，中国社会科学出版社，2009年，第202页。

展，既是社会历史文化发展的反映，又反过来对社会文化的发展产生直接或间接的影响，从而对社会发展的历史进程产生或积极或消极的作用。社会历史文化的发展反映在人的精神世界中，是人的思想形成的现实来源。历史人物思想的形成，既受所处时代社会文化环境的影响，又受限于社会生产力发展的现实。总之，对历史人物思想的研究，离不开对其所处时代的历史文化环境的考察。

第一节　印度次大陆中世纪的宗教

中世纪的印度次大陆，本土宗教与外来宗教并行发展，在相互作用中，新的思想、新的教派，乃至新的宗教诞生，它们之间经历了由排斥对立到相容共处的过程。在同一片土地上争取各自生存空间的博弈中，各宗教教派的思想进步者、智者圣贤从思想和实践上，为自身所处宗教教派的发展，为与不同信仰者的共存共生，作出了不懈努力，尽显人类智慧的光芒。在千年前的这片土地上，从平民到帝王，人人天生被赋予不同的宗教身份，长大成人后又在公共事务中情愿或不情愿地代表着各自的宗教立场。在社会关系中，如何看待自己及他人的信仰，如何利用信仰来维护自身利益，是每个个体都无法回避的问题。而真正的答案，恐怕只能从切身生活的环境中去寻找。此环境的大小纵深，因人而异；不仅受朝代、地域的影响，更受身份、地位、职业及个人经历等诸多因素的限制，交错叠加。因此，对社会历史环境的考察，是我们不得不尽力而为、而又不可能尽善尽美的一件事。接下来笔者将以中世纪在印度次大陆较有影响的几大宗教流派及其发展为线索，尝试探讨当时的宗教文化环境及其变化状况，以期为后面的个案论证提供依据。

笔者首先着手梳理分析各主要教派的发展变化，尝试把握印度次大陆中世纪社会宗教文化的主要动向，并从它们彼此间的互动关系中窥探思想潮流的走向。对宗教传播的研究性探讨，大致从欧洲文艺复兴之后开始。欧洲在经历自身的“黑暗中世纪”后，将不同的宗教信仰流派在思想中逐渐实体化，并向世界其他地方输出“宗教”（religion）这一概念。至19世纪“印度教”一词产生，人们开始对印度次大陆语境下的文化状况逐渐达成共识，也为我们今天的研究提供了便利。虽然学界一般认为，“耆那教、佛教和锡克教是印度思想的产物，可以把它们理解为来自印度教内部、为了满足印度教信仰不同阶段的特殊需要而出现的改革运动。琐罗亚斯德教、伊斯兰教和基督教在印度已如此之久，以致它们成了印度本土的宗教、并深受印度教环境的影响”[1]，但笔者在接下来的论述中，仍按照宗教起源地的不同，分本土宗教与外来宗教进行分析。

一、印度教的发展

虽然印度教派别繁多，差异较大，但伴随着内部的改革和主流思想的传播与发展，其主旨要义随着时间的推移而变化有度，趋势也渐渐明朗。印度教并没有走上与哲学分道扬镳的泾渭分明的道路，其所包含的哲学理论思想具有极强的思辨性，从古典的“六派哲学”发

1　［印］A. L. 巴沙姆主编，闵光沛等译：《印度文化史》，商务印书馆，1997年，第89页。

展到中世纪声势浩大的“帕克蒂运动”（Bhakti Movement）[1]，辩论不仅存在于各个派别之间，更体现在每派思想的内部，因此其不同阶段的发展变化本身，就是愈辩愈明的过程。在社会发展不同的时期，其主流思想的变化揭示了社会人文环境发展的趋势。如前所述，“印度教”一词在被西方学者论述使用之后，成为印度次大陆以外的人辨识和了解生活在这片土地上的群体的标识之一，但这似乎并不为当事人所热衷。自古以来，他们只关注各自所信奉的神、物或不可名状的梵。不同时期各派哲学思想的传播与发展，体现出次大陆人民思想的丰富，他们普遍将目光投向超现实、超经验的世界观、人生观。在“业报轮回”思想的主导下，各种姓人群各司其职，履行今生的“业”，等待来生的“报”，各派的智者圣贤，通过不同的方式、道路，理解、接近、敬、爱人格化（毗湿奴、湿婆等）及非人格化（梵、终极实在者等）的神，抑制凡人的欲望，放弃世俗生活，证悟“梵我合一”，达到人生真正的解脱。在这种看似追求超现实的人文环境中，产生并延续着最现实、最顽固的社会结构——种姓制度。掌握祭祀和学习传授经典的特权的婆罗门种姓，为了巩固和维护自身利益，利用宗教身份的优势，与刹帝利（武士阶层）联合，操控社会的阶级生活，“合理合法”地压榨低种姓人民。

总之，在印度次大陆语境中的“宗教”“信仰”等词，既表达了个人的世界观、人生观，又体现出社会整体的文化面貌；既限定了个人的生活方式，又影响了社会的发展模式；既通过变革的方式适应社会的发展变化，又反过来影响社会文化生活的面貌，给人留下一种

1　又名印度教虔诚运动、印度教虔信运动。

“各自为营”的、松散的整体印象。因此，在各个历史时期发生的比较突出的思潮、文化运动、社会改革等，便是我们把握印度教脉搏的主要依据。这些在松散中凝聚起来的爆发的力量，体现了印度文化中“形散而神不散”的“神”，可以帮助我们深入探解印度次大陆的社会文化发展状况，以期真正进入他们的精神世界。

中世纪，印度教的主流发展几乎可以与帕克蒂运动画等号。该运动于6世纪[1]前后发端于南印度，10世纪前后经历衰退，13—14世纪又在北印度得到进一步发展，15—17世纪达到顶峰。帕克蒂运动在印度次大陆从蓄势到传遍四方，持续千年之久，很大程度上是应印度教自身发展与变革的需要，是印度教为了应对外部环境变化而从内部自发产生的宗教改革运动。在伊斯兰教传入印度次大陆之前，泰米尔纳德就产生了最早的、真正的虔诚派诗歌[2]，即信奉湿婆的那衍纳尔派（Nayanars）和信奉毗湿奴的阿尔瓦尔派（Alvars）的颂诗。耆那教和佛教在南方强势发展，甚至基督教耶稣会也在次大陆南方活动，不能说对印度教思想家没有触动、没有威胁。而佛教、耆那教的平等、博爱思想，为生活在社会底层的印度教教徒提供了选择的可能。为了捍卫自身的生存发展，也基于对自身的反思，印度教内部开始了轰轰烈烈的改革。改革在南方取得成效后，逐渐放缓了脚步。11世纪，随着虔诚派文学作品的流传和教团组织的活动，在毗湿奴派的主要哲学家、思想家的努力下，帕克蒂运动由南至北，不断发展壮大。在北方，虔诚派运动遭遇了外来伊斯兰教思想的挑战。

1　也有7世纪一说。

2　有些学者认为，早在基督纪元之初，随着黑天及后来罗摩的神圣化，就已经出现了虔诚派思想的早期形式。

11世纪初期，伊斯兰教苏非派随同频繁南下抢掠的伽兹尼的马茂德（Mahmud of Ghazni，999—1030年在位）来到印度次大陆。他们在传播伊斯兰教时展现出个性化和灵活性等特性，在次大陆民间较好地融入了当地社会，并且形成了几个较为主要的教团。13世纪初，穆斯林在印度次大陆北方首次建立了统一政权，即王朝频繁更替的德里苏丹国。仅从宗教义理的区别来看，这也对印度教的思潮产生了触动。因此不能否认的是，伊斯兰教，尤其是苏非派，在晚些时候对帕克蒂运动在次大陆北部的发展起到了刺激推动作用，并且二者在一定程度上相互影响，这从当时流传甚广的虔诚派诗歌及苏非派诗歌中可以得到印证。

帕克蒂运动与现代意义上的宗教或政治运动不同。“它没有统一的纲领，没有发起人，没有统一的领导核心，没有统一的组织，也没有统一的行为方式。实际上，这是印度教为适应自身需要而能动于社会的自发行为，是其自身发展的一个过程。”[1]“其理论源头主要体现在《薄伽梵歌》《薄伽梵往世书》和《帕克蒂经》中。”[2]帕克蒂运动早期的代表人物主要是奠定了理论基础、在南方掀起运动高潮的著名宗教哲学家、思想家商羯罗（Adi Shankara，约788—820或约700—750）。继商羯罗之后，又出现了一批著名的宗教哲学家、思想家，如：创立室利毗湿奴派的罗摩奴阇（Ramanuja，约1017—1137）、创立摩陀伐派的摩陀伐（Madhva，约1197—1276）、创立毗湿奴派分支之一尼巴迦派

1 姜景奎：《一论中世纪印度教帕克蒂运动》，载《南亚研究》，2003年第2期，第72页。

2 姜景奎：《一论中世纪印度教帕克蒂运动》，载《南亚研究》，2003年第2期，第74页。

的尼巴迦（Nimbarka，约1130—1200）、创立毗湿奴派分支瓦拉巴派的瓦拉巴（Vallabha，1479—1531）、创立罗摩难陀派的罗摩难陀（Rama Nanda，1400—1470）以及他的弟子伽比尔（Kabir，1440—1518），伽比尔通过对各个宗教的吸收与理解，创作了大量质朴又充满象征主义的琅琅上口的诗歌，为各派教徒所接受。

在印度次大陆，穆斯林视伽比尔为苏非圣徒，印度教教徒称他为罗摩的虔信者，锡克教教徒也将他的诗歌编入该教经典《阿底・格兰特》[1]之中。他领导的“伽比尔派”是受伊斯兰教思想影响较大的一个派别，“也是印度教中最具有改革倾向的一个派别。在理论上，他们把印度教的吠檀多不二论与伊斯兰教苏非派的一神论、虔信派改革思想结合起来，宣称宇宙万物的最高本体是一种无形式、无属性的纯粹实在……穆斯林往往称他们为苏非派，而印度教教徒则视他们为罗摩派”[2]。

15—16世纪印度次大陆宗教文化发展的标志之一便是那纳克（Nanak，1469—1539）创立锡克教[3]。他以虔诚派印度教教义为基础，吸取伊斯兰教一神论思想和苏非派神秘主义教义，提出自己的新教义，主张人人生来皆平等，认为“阶级和种姓区分毫无意义”[4]。由此，

---

1 印地文Adi Granth的音译，意译为“原初的书”，亦称《格兰特・沙希卜》（*Granth Sabib*）或《格兰特・萨希布》。锡克教最主要的经典。全书主要用旁遮普语书写，个别章节用梵语、印地语、古吉拉特语、马拉提语和波斯文写成。体例不拘一格。共收集赞歌数千首。

2 刘建等著：《印度文明》，中国社会科学出版社，2004年，第406页。

3 亦被称为帕克蒂运动中的锡克教派。

4 V. D. 马哈江：《印度史，从远古到1526年》，新德里，1891年，第368页，转引自林承节著：《印度古代史纲》，光明日报出版社，2000年，第301页。

在帕克蒂运动和苏非派活动的影响下，伊斯兰教与印度次大陆本土宗教经过长期的冲突与对立后，在阿克巴宽容宗教政策的支持下，二者的相互渗透与融合达到顶峰。

在印度次大陆中世纪的帕克蒂运动中，首先要提到的最具代表性的印度教人物便是商羯罗，他是印度教发展史上最重要的代表人物之一。商羯罗出生于西南印度喀拉拉邦马拉巴尔海岸伽拉迪村，属婆罗门种姓。他是吠檀多派中“不二论”哲学思想的代表人物。在理论方面，他以奥义书、《薄伽梵歌》为依据，主张世界唯一实在是梵，万物都是“摩耶”（幻），是非实的。人们把“非实的”物当作实在，便是“无明”。只有直接证悟“梵我同一”，才能破除无明，获得解脱。他通过提出“上梵、下梵”“真智、愚智”的说法，将抽象的神学理念与普通大众的宗教实践结合起来，为人们所接受。在宗教实践方面，商羯罗在印度教中建立了僧伽组织，并建立印度教神庙[1]。他反对繁琐的宗教仪式，引导信众从形式化的信仰走向内在的信仰。有团体组织，有遍及东南西北的庙宇，有鲜明的主张，和作为依托的人人耳熟能详的史诗篇章，商羯罗短暂的一生，为次大陆的哲学思想留下的精神瑰宝对后世影响深远，不仅从认知上增强了印度教内部的凝聚力，更从方式上推动了印度教的传播。以商羯罗为代表的吠檀多派学说，终成为印度教神学体系的思想基础。之后，罗摩奴阇、摩陀伐、尼巴迦和瓦拉巴等毗湿奴派信仰与学说的代表人物，不仅在宗教理论上丰富了吠檀多哲学思想，而且在实践活动中进一步推动了帕克蒂运

---

1 分别建于印度东南西北四个角落：东部奥里萨的浦里、南方的斯林吉利、西海岸的德瓦尔卡、喜马拉雅山上的巴德里纳特。参见林承节著：《印度古代史纲》，光明日报出版社，2000年，第226页。

动的发展，使其影响逐渐扩大到印度次大陆北部地区。

罗摩奴阇是继商羯罗之后对帕克蒂运动影响颇深的人物，也是推动帕克蒂运动北上的关键人物之一。罗摩奴阇出身于泰米尔婆罗门家庭，出生地是一个叫作室利波罗姆巴杜尔（Sriperumbudur）的村庄，位于今天泰米尔纳德邦金奈（旧称马德拉斯）附近。他少年时学习吠檀多不二论，长大成人后形成了自己的思想体系和实践方式。他把吠檀多哲学与帕克蒂思想结合起来，创立了吠檀多“制限不二论”。在社会实践上不同于商羯罗的是，罗摩奴阇打破了种姓偏见，主张在神面前人人平等，提倡通过虔信的方式都可以通达与神结合的目标，这从根本上触及了婆罗门祭司的宗教地位和社会角色。因此，虽然其提倡的整体变革倾向于理想主义，但是有利于鼓舞和凝聚底层人民。在实践中，他也切实关注到低种姓羸弱不堪的经济状况。他号召富人捐赠善款，修缮庙宇，帮助低种姓人群改善生活境况。

在帕克蒂运动发展的后期，平等、博爱的主张被更多的宗教领袖所接受。这批宗教领袖大都具有宽容的宗教思想，“多数人接纳弟子和信徒都是不分种姓、性别和社会地位的”[1]，因而他们多拥有着来自社会各阶层的信徒。罗摩难陀、伽比尔、那纳克等的追随者中有不少是穆斯林，其中有很多人接受了帕克蒂信仰。罗摩难陀尤其强调宗教仪式的简化，以及传统种姓戒规的宽松化。伽比尔创作的诗歌脍炙人口，可以被所有教派理解接受，他认为种姓规则以及印度教与伊斯兰教的清规戒律都毫无价值，他说，印度教教徒向“罗摩”呼唤，穆斯林向“拉赫曼”呼唤，但双方互相残杀，谁也不理解真理。那纳克则

1　林承节著：《印度古代史纲》，光明日报出版社，2000年，第301页。

认为根本不存在印度教教徒和穆斯林的区分。[1]

在多种宗教并存的情况下，帕克蒂运动的倡导者从其他宗教吸收进步的思想精华，通过内部变革发展壮大了印度教。在运动初期，“宗教改革家和帕克蒂大师吸收佛教、耆那教中的合理因素，比如固定的寺庙体系、简单的宗教仪轨、人性化的神灵崇拜、平等的宗教权利等，丰富和发展了印度教，使之焕发出新的生命力”[2]。随后在面对伊斯兰教的强大冲击时，帕克蒂思想家与伊斯兰教苏非大师在思想和行动上较为一致，极大地缓解了印度教与伊斯兰教的冲突对立给社会发展带来的压力。总之，在帕克蒂运动的影响下，印度教由强调外在繁琐的祭祀仪式，转向开放的、人人可触及的内在精神信仰；在对《薄伽梵歌》的诠释中，实现了由祭祀向皈依的转变，增强了教徒的信仰感，实质上增强了印度教内部的凝聚力；提倡打破种姓壁垒的主张虽然在现实中面临重重困难，却是极具进步性的思想；人人平等的主张也回应了时代的召唤，虽然似乎并未将不平等的根源直指种姓制度本身，而依旧延续了印度次大陆以种姓为基础的社会结构。因此，整体而言，帕克蒂运动可谓印度教社会文化框架下的内部调整，反映了印度教的历史渊源，以及难以撼动的生产力关系和社会心理认同。

总体来讲，印度教在与其他宗教的博弈中，依旧延续了宽容吸收的传统，既保障了自身的发展，又增强了宗教凝聚力和抵抗力。因此可以认为，“虔诚主义在印度的大部分地区都使印度教发生了深刻的

1 参见王树英著：《宗教与印度社会》，人民出版社，2009年，第87页。

2 姜景奎：《再论中世纪印度帕克蒂运动》，载《南亚研究》，2004年第1期，第61页。

变革。直到17世纪，它仍然是印度教中唯一最重要的势力”[1]。而印度教内部长久的改革与发展，正说明了印度社会整体文化趋势依旧延续了融合的道路。

二、伊斯兰教的进入

6世纪上半期，统一印度次大陆大部分地区（主要是北部地区）两个世纪之久的笈多帝国开始瓦解，中期后彻底走向衰亡。7世纪初，戒日王的强势统一也只是昙花一现，印度次大陆再次陷入小国林立的局面。曾经的地方总督依据自身实力的消长开始自称国王（Maharaja，摩诃罗阇）或王公（Raja，罗阇）。较大的王国通常由都城直辖地区和“诸侯”管辖的省组成。这里借用“诸侯”来对应萨曼塔（samantas），以便辅助我们理解。这种半封建状况在史诗和律书中得到了宗教上的认可，即“属于统治阶层的刹帝利种姓，依据印度教道德观，不可以整个地吞并被征服王国。公正的征服者应该接受战败国国王的效忠和纳贡，并把他作为封臣重新扶上王位，即成为王公，实际上将其定位为君王级别以下的‘诸侯’，纳入萨曼塔‘体制’。因此，印度教的政治思想鼓励统治者努力建立帝国，但无助于稳定、持久的帝制”[2]。

伊斯兰教兴起于7世纪初的阿拉伯半岛，它在南亚次大陆的传播和发展经历了一个漫长的时期。早在637年前后，穆罕默德的第二位

1　［印］A. L. 巴沙姆主编，闵光沛等译：《印度文化史》，商务印书馆，1997年，第415页。

2　参见［印］A. L. 巴沙姆主编，闵光沛等译：《印度文化史》，商务印书馆，1997年，第74页。

继承者哈里发欧麦尔（Umar，634—644年在位）就派海军远征，直抵塔那（Thana，孟买附近）。其后的第三、第四代哈里发，也都曾尝试征服南亚次大陆，但均以失败告终。正如历史学家托马斯·阿诺德（Thomas Arnold）所言，这些早期征伐“是由于他们要占有比他们自己更为富裕而幸运的邻居们的土地和财产的欲望”[1]。由此可见，早期阿拉伯人对印度次大陆的征伐是以财富掠夺为目的的，而非传教。

伊斯兰教是阿拉伯人群体内部的原生凝聚力。由于它在社会功能中凸显的强大力量，在有些学者看来，它是一种特殊的、政治性的宗教。若回到7世纪的历史语境中，笔者较为赞同这种说法。在伊斯兰教诞生之后，陆续来到次大陆并定居于此的穆斯林，以实践先于理论的方式将伊斯兰教带入了印度次大陆。换言之，他们途经或来此经商，以自身不同的生活方式证实了伊斯兰教信仰的存在，但是并没有以传教为目的或以之作为交往的主要内容。而终究，作为文化实体，伊斯兰教开始了与印度本土宗教文化最初的接触。

公元711年，以哈里发名义统治伊拉克的哈贾吉（Al-Hajjāj ibn Yūsuf，694—714年在任）派遣大将穆罕默德·宾·卡西姆（Muhammad-bin-Qāsim）统帅大军由陆路进发，远征信德（Sind）。712年，卡西姆的军队最先侵入布洛奇（Broach）和德巴勒（Debal）海湾，此后又继续向北推进，于713年占领了尼鲁恩（Nirun）、拉瓦尔（Rawar）、布拉赫曼纳巴德（Brahmanabad）、阿洛尔（Alor）和木尔坦（Multan）。

---

1 ［印］辛哈、班纳吉著，张若达等译：《印度通史》，商务印书馆，1964年，第177页。

至此，信德和木尔坦并入倭马亚王朝的版图，印度河流域下游的大部分地区处于阿拉伯人的控制之下。与此前不同的是，穆罕默德·宾·卡西姆的入侵是将扩大领土与传播伊斯兰教结合在一起的。他不仅猛攻城池，豪夺战利品，而且捣毁寺庙，迫害“异教徒”。他强迫当地居民改信伊斯兰教，如有不从，“17岁以上的男子全部处以死刑，妇女和小孩全部沦为奴隶”[1]。但是，伴随着对当地的逐步了解，阿拉伯统治者很快意识到，这种强行改宗的方式与本土相对松散独立的宗教传统格格不入。若要长远在此维系和巩固政权，须结合当地传统的宗教文化特点。正如哈贾吉所言，“既然他们已经投降并同意向哈里发纳税，就不能再对他们有什么不正当的要求了。他们已经置于我们的保护之下，无论如何，我们不能夺取他们的生命和财产。我们允许他们崇拜他们的神。不禁止或阻止任何人信仰他自己的宗教”[2]。阿拉伯人在信德和木尔坦的统治维持了三个世纪之久，被征服土地上的人民可以通过交纳人头税保留原来的信仰。

公元883年，伊斯兰教什叶派伊斯玛仪支穆斯林首次踏上印度次大陆的土地，来到信德。此后，该派教徒不断到来，在底层人民中传教，促使一批当地居民改宗伊斯兰教。与此同时，波斯文化圈辐射下的中亚地区，伊斯兰化的步伐也在大步向前。892年，伊斯玛仪·本·艾哈迈德（Isma'il-bin-Ahmed，892—907年在位）以布哈拉为首府，宣告独立，他被认为是萨曼王朝（Samaniyyah，874—999

1　唐孟生、孔菊兰著：《巴基斯坦文化与社会》，民族出版社，2006年，第109页。

2　［印］辛哈、班纳吉著，张若达等译：《印度通史》，商务印书馆，1964年，第180页。

年）的真正创建者。在接下来的发展中，突厥人因内部政权纷争，也因蓄势所需，大规模加入穆斯林的行列。962年，萨曼王朝呼罗珊总督阿尔普特勤（Alptiqin，？—963）在争夺王位的斗争中失败，遂在阿富汗的伽兹尼建立政权，史称伽兹尼王朝（Ghazni/Ghaznah），信奉伊斯兰教。之后伽兹尼的马茂德归顺了阿拉伯帝国阿拔斯王朝（Abbsid，750—1258年），国家政权与沙里阿（Sharia）[1]在一定程度上保持一致，信奉逊尼派教义，并且约束什叶派尤其是伊斯玛仪支派。从999年开始，直到1030年他去世时为止，马茂德对印度西北进行了一连串的掠夺，仅在1001—1026年间，就入侵抢掠17次。他最终将旁遮普和信德纳入了伽兹尼王国的疆域，并且对卡瑙季（Kanauj）和古吉拉特（Gujarat）造成了极大破坏。马茂德并没有在次大陆建立统治中心，他征战的首要目的是攫取财富，顺带摧毁印度教神庙和塑像；需要注意的是，神庙中的供奉、财物，及讲究精美的建材，是外来者攻击抢掠的主要诱因之一。马茂德作用于次大陆的时间并不长，但其造成的影响却是深远的。一方面，他占领的旁遮普地区具有重要的战略地位，是进入印度次大陆腹地的要塞，伊斯兰教主导的政权在这里立足，为后来穆斯林进入恒河流域并建立统治铺平了道路。另一方面，“他所发动的带有强烈宗教色彩的战争不仅使阿富汗境内那些长期维持独立、只在名义上接受和顺从伊斯兰教与阿拔斯哈里发的地方势力逐渐消失，还使印度西北的大片地区永久地变成了伊斯兰教逊尼派的势力范围”[2]。

1　或称伊斯兰法，指真主所指示的，穆斯林所必须遵循的道路。

2　东方晓：《阿富汗伊斯兰化进程刍议》，载《西亚非洲》，2005年第6期，第21—22页。

真正带有征服目的的是古尔王朝（Ghur，1152—1206年）的统治者穆伊兹·乌德·丁·古里（Mu ‘izz al-dīn Ghūrī，1174—1206年在位），通常被称为古尔的穆罕默德，突厥人。古尔王国原本是位于伽兹尼和赫拉特（Herāt）之间的一个阿富汗小国，是伽兹尼的藩属。古尔的穆罕默德于1173—1174年率兵征服了伽兹尼，1175年建立古尔王朝，信奉伊斯兰教。1186年，古尔人摧毁了伽兹尼人残存在拉合尔的最后统治，并于1191年深入进犯印度次大陆，将穆斯林的统治扩张到次大陆北方的大部分地区。同之前的阿拉伯人不同，在这一时期，突厥人通过惯用的武力方式对印度发起征战，他们所到之处，大肆烧杀抢掠，摧毁佛教寺院和印度教神庙，强迫“异教徒”接受伊斯兰教，给次大陆本土宗教造成沉重的打击。

1206年，古尔的穆罕默德在拉合尔被暗杀，他的在德里控制北印的副将顾特卜·乌德·丁·艾伯克（Qutb-ud-din Aybak，？—1210）宣布独立，建立奴隶王朝，即德里苏丹国（1206—1526）之伊始，自此开启了穆斯林在次大陆建立政权的新阶段。艾伯克以德里为中心，统管卡瑙季、瓜廖尔（Gwalior）、安希尔瓦达（Anhilvada）、卡兰查尔（Kalanjar）等地，并进一步占领比哈尔（Bihar）和孟加拉（Bengal），逐步扩大穆斯林在北印的统治地盘。德里苏丹国在印度次大陆长达三百二十年的统治，经历了5个朝代的更迭，先后共经历了34位君主的统治。这5个王朝依次为：奴隶王朝（Slave，1206—1290年）、哈尔吉王朝（Khalji，1290—1320年）、图格拉克王朝（Tughluq，1320—1414年）、赛义德王朝（Sayyid，1414—1451年）和洛迪王朝（Lodi，1451—1526年），统治者来自信仰伊斯兰教的突厥或阿富汗贵族。德里苏丹国的统治版图从西北方的白沙瓦（Peshāwar）到东部的孟加拉湾，绝大部分时间统治着整个北印地区，并通过迁都、移民等举措，向印度次大陆全境扩展势力。

德里苏丹国的统治最后被突厥化的蒙古察合台贵族终结，并取而代之。14世纪末，帖木儿（Timur，1336—1405）的出现，再现了草原帝国所向披靡的力量。他自称成吉思汗的后裔，志在恢复帝国往昔的荣耀。1398年，他统领大军入侵印度次大陆，洗劫德里，占领了印度河与恒河间的广袤地带，势不可挡。彼时的图格拉克王朝已回天乏术，在帖木儿大军的重创下最终走向末路。其后的赛义德王朝、洛蒂王朝也是后继无力，内乱频仍。这给失去费尔干纳（Fergana）谷地，盘踞于阿富汗喀布尔的突厥-察合台势力提供了机遇。

1526年，扎希尔·乌德·丁·穆罕默德·巴布尔（Zahir-ud-din Muhammad Babur）利用德里苏丹内讧外乱的时机，作为援兵进入印度次大陆，在助攻胜利后乘胜追击，最终结束了洛迪王朝的统治，在印度次大陆建立了历史上荣极一时的莫卧儿帝国（1526—1858年）。

皈依伊斯兰教的突厥人和察合台突厥人，最初都是作为军事和政治力量进入印度次大陆的。二者最初都属于游牧民族，突厥人皈依后，在伊斯兰教的旗帜下继续四处扩张，最终在13世纪建立了辉煌的奥斯曼帝国（1299—1922年）。同样，察合台突厥人在对外扩张的过程中，尤其是在中亚、伊朗等地建立政权之后，逐渐皈依了伊斯兰教，并建立了帖木儿帝国。他们选择伊斯兰教，很大程度上是因为伊斯兰教赋予宗教战争以崇高的意义，既神圣化了他们尚武善战的特点，又正义化了他们掠夺、征服和扩张的意图。他们是高举着伊斯兰教旗帜，进入并最终征服印度次大陆的。和早期阿拉伯人将领土扩张和宗教传播并举的特征相比，察合台突厥人建立政权的初期，伊斯兰教的传播在更大程度上是服务于征服和统治的目的的，因此多采取暴力手段强迫本地人改宗，并破坏当地的宗教建筑，以示自己的强势与权威。但在政权确立后及后续统治过程中，强硬的对立姿态只会激化冲突，引起暴乱，因此，从政治统治者的角度出发，安抚民心，得到当地人的接受与认可，是首先要考虑的问题。

伊斯兰教通过民间及统治阶级两个渠道进入印度次大陆后，在印度也经历了本土化的过程。一方面，随着穆斯林不断从其他地区进入印度，异域的道德、信仰、习俗等一系列社会关系、社会文化等方面的因素，不论优劣也一并来到此地。另一方面，在印度次大陆本土改宗伊斯兰教信仰的人，数量庞大，且多为低种姓的社会弱势群体。他们选择改变宗教身份，是期望在社会地位及生活境遇上也能有所改观，虽然现实结果并不遂人愿。他们既没有接受过纯正的伊斯兰教育，也无法摒弃固有的生活习惯，所以大多还保持着原有的生活习俗与文化传统。

在大众的日常生活中，风俗习惯自然压过名义上的、不明其然的宗教信仰。由此，在印度次大陆民间穆斯林群体中，夹杂进了地方色彩浓厚的“异端”思想。伊斯兰教苏非派传入后，也深受地方宗教文化环境影响，“印度的伊斯兰教已被描述为‘实质上的圣人伊斯兰教’。在正统的信仰和实践活动占统治地位的时候，苏非的生活方式与印度教圣人的传统方式相契合，同时比起伊斯兰教核心地区，印度的人民更容易接受神社和陵墓崇拜”[1]。

1　[英]约翰·布克主编，王立新、石梅芳、刘佳译：《剑桥插图宗教史》，山东画报出版社，2005年，第295页。

三、印度次大陆其他宗教的发展状况

这里只简述诞生于印度次大陆本土的佛教、耆那教、锡克教，以及外来的基督教的基本情况，其他宗教，如琐罗亚斯德教等，暂不谈及。

佛教 “佛教对世俗的不满采取的是一种意识形态的而不是政治的形式”[1]，这在一定程度上揭示了佛教在印度次大陆中世纪各宗教的博弈中逐渐失势的原因。

佛教在印度次大陆经过千余年的发展，进入中世纪后，总体上日趋式微。7世纪玄奘求学印度，后以《大唐西域记》记录描述了戒日王时期佛教发展的状况。从戒日王去世，到穆斯林在印度次大陆正式建立政权，其间的几个世纪，来自商羯罗、罗摩奴阇等印度教改革家、帕克蒂运动领袖人物对佛教的批判性吸收，大大削弱了佛教独立发展所产生的影响。就佛教自身而言，由于大乘与小乘部派间的激烈论争及复杂的部派斗争，又从内部削弱了佛教的凝聚力。公元6—7世纪兴起的密教，既融合了印度次大陆民间信仰的成分，又吸收了印度教性力崇拜的因素，使其与印度教的密教混同到一起，丧失了自身的特色。“当印度教巧妙地宣布佛陀也是毗湿奴的化身后，就从整体上把佛教吸纳进印度教，一般佛教徒也就不知不觉地变成了印度教教徒。”[2]在地方割据、政权纷争时期，佛教中所强调的不杀生、脱离尘

1 ［美］W. E. 佩顿著，许泽民译：《阐释神圣——多视角的宗教研究》，贵州人民出版社，2006年，第55页。

2 林承节著：《印度古代史纲》，光明日报出版社，2000年，第229页。

世等理论践行方式，不能满足统治者通过武力兼并土地的需要。因此在战争多发时期，佛教并不受统治者的青睐。

简言之，在内外因的作用下，尤其是在印度教改革、伊斯兰教传入等大范围宗教思想变革的影响下，佛教在印度次大陆的影响力逐渐丧失。11世纪，在伽兹尼穆斯林统治者的入侵及宗教迫害下，许多佛教高僧、学者逃往西藏或东南亚地区避难，佛教之大势在它的诞生之地逐渐衰落，此后，仅存的一点影响力也渐渐消融在本土纷杂的文化信仰中。

佛教思想中凸出的是哲学倾向和来世倾向，对现实生活关注的重点多倾向于社会伦理道德，其教义本身与世俗的社会生活及政治生活并无直接关联。佛教思想对社会生活中实际存在的负面现象，对人在生存过程中的竞争身份等实际存在的问题，远不像印度教种姓制度、伊斯兰教教义那样具有强制性及很强的可操纵性。佛教思想的宏大宇宙观与印度教的同源互通，与伊斯兰教和基督教等的线性历史宇宙观有一定的差距。对绝大多数普通人来说，按照其给出的框架生活，似乎实践起来更容易一些。尤其是在人生命的初期，在认识世界的过程中，明确的、附有通俗易懂含义的指令、规定，可能更容易接受、理解和采纳。而伴随着实践，即使会对理论的探索产生兴趣，也必定会受到原有生活经验的影响。批判、升华、吸收外来思想，是印度次大陆本土宗教思想一脉相承的发展走势，也似乎印证了印度教发展的历史路径，同时部分解释了佛教出于印度教，又归于印度教的命运。

毕竟，悟性与强大的感受力提高了佛教思想实践的起点，拉开了其与普通人之间的距离。对来世的关注无助于现世权利带来的成就感之增加，遂代之以朴素而崇高的道德感。在漫长的帝国政治形态时期，这种内心的平静与宏大，对个人来讲，是一种修炼，对社会来讲，是一种理想，而这个理想的倡导与推广的背后，若没有强大的政权做支撑，很难长久维系。回顾历史，孔雀王朝的阿育王、贵霜王朝的迦腻色伽王、笈多王朝的超日王，到昙花一现的戒日王，都为佛教的兴盛发挥了重要的作用。而步入中世纪的印度次大陆，伊斯兰教从进入到建立统一政权，总体呈上升趋势，很大程度上杜绝了君主大力扶持佛教的可能性。总之，佛教思想的普世性与行为规范的超世俗性之间的差距，在一定程度上限制了它在印度次大陆的传播与发展。

耆那教 耆那教在这一时期的影响力虽然谈不上彰显，但是，在诸如古吉拉特、卡纳塔克等地的统治者的保护与支持下，也得到了阶段性的发展。天衣派耆那教徒还经常得到南印权势家族的资助，甚至被聘请为国王的导师。然而一旦失去统治者的庇护，或伴随着国家的衰落，其自身便难以争取到大的发展空间。在印度教的发展与改革的冲击下，尤其是发端于南印的帕克蒂运动的影响下，10世纪后，耆那教发展总体处于缓慢停滞状态。到12世纪时，它已经游离至社会政治生活的外围，一些天衣派教徒被纳入印度教信徒之中。总之，势力规模不大的耆那教在印度的政治生活中“适度”地生存着，其教徒主要专注于自身的修行，凭借圣人的品质赢得人们的尊重与认可。其禁止杀生、杜绝武力的主张，避免了与其他教派的正面冲突，从而也维护了自身的生存空间。

锡克教 锡克教于15世纪末由那纳克创立。“锡克”一词来源于梵文，意为“学生”“弟子”“信徒”等。那纳克出生在拉合尔西南塔尔万提村（Talvaṇḍī，今巴基斯坦旁遮普省那纳克村），属刹帝利种姓，在印度教教徒和穆斯林混居的环境中长大，且常常与印度教学者和伊斯兰教苏非派圣人接触。相传那纳克30岁左右开始云游生活，宣讲自己的主张，持续了二十年。那纳克的足迹遍布大半个印度次大陆，还到过斯里兰卡、阿富汗、伊朗等国家和阿拉伯半岛，开阔眼界的同时，进一步加深了他对印度教和伊斯兰教的感性认知和理性理解。“那纳克主张一神论，认为宇宙之神是唯一的，是无处不在的，是所有存在的根源，既是宇宙的创造者也是宇宙的维护者和毁灭者，它的名字是‘真理’。那纳克认为，各宗教崇拜的是同一个神，他既不是真主，也不是上帝或梵，而是‘真理’。神的‘唯一性’‘普遍性’‘无限性’和‘无惧性’是那纳克思想和锡克教教义的基础。”[1]

锡克教提倡平等、友爱，强调实干，既反对印度教森严的种姓制度，也不赞成伊斯兰教排斥异教的种种做法。那纳克曾公开宣称：“我的宗教既不是印度教，也不是伊斯兰教。”[2]那纳克注重实际，反对宗教上的伪善行为，倡导妇女在社会上享有应得的地位。锡克教强调尊重本教的师尊。从第一位师尊那纳克到第十位师尊戈宾德·辛格（Gobind Singh，1666—1708），先后共有10位师尊。之后的领袖，都不再被授予师尊的称号。锡克教的经典《阿底·格兰特》由第五代师尊阿尔琼（Arjan，1563—1606）编写。不幸的是，由于他与王室的私交，他被牵连进莫卧儿宫廷复杂的斗争中，他领导的宗教政治活动被当权者视为威胁，最终被处以死刑。于是，从第六代师尊哈尔戈宾德（Hargobind，1595—1644）开始，锡克教为了捍卫自身的生存与发展，改为半武装的宗教组织，宗教礼仪仪轨与武装组织和军事训练

1　姜景奎：《再论中世纪印度教帕克蒂运动》，载《南亚研究》，2004年第1期，第60—61页。

2　王树英著：《宗教与印度社会》，人民出版社，2009年，第97页。

并重。

锡克教的诞生与发展，是印度传统宗教文化与伊斯兰教文化长期共处、碰撞交融的最佳例证。它后来的发展与改革，也是为了应对世事的变化。类似第五代师尊那般的遭遇也再次证明，在帝国政治形态下，与统治者的关系在一定时期内影响着宗教组织的命运走向。

基督教 基督教很早就传入了印度次大陆。据有关记载，公元1世纪时耶稣的十二门徒之一——圣托马斯就曾来到南印喀拉拉邦传播基督教，死后被埋葬于迈拉普尔（Mylapore）。4世纪时，基督教徒从巴格达、耶路撒冷等地来到南印喀拉拉邦传播基督教，后来葡萄牙的传教士也陆续到来。16世纪后，随着航海及自由贸易的发展，基督教在印度次大陆的发展进入新阶段。1541年，葡萄牙传教士在果阿成立耶稣会。1580—1595年间，耶稣会曾先后派出三个布道团进驻莫卧儿帝国。后来又有英国圣公会的传教士随着东印度公司来到印度次大陆，他们先后在苏拉特、马德拉斯和孟买成立宣教会，宣传教义、修建教堂、接纳教徒。[1]

从16世纪开始，用印度次大陆本地语言写成的基督教宗教文献开始出现，并在民间流传。1578年，用泰米尔语编写的基督教教义印刷成册，传播于民间，后来被译为波斯语，为莫卧儿宫廷所知。为了促进基督教在印度次大陆的传播与发展，许多基督教堂还开设有音乐学校。16世纪末，这类学校培养的歌唱家和音乐家从果阿被召到莫卧儿宫廷耶稣会小教堂庆祝节日。同样，基督教耶稣会的绘画作品，也受到热爱艺术的莫卧儿宫廷的关注，尤其是阿克巴大帝和他的继位者

1 参见王树英著：《宗教与印度社会》，人民出版社，2009年，第95页。

贾汗吉尔（Jehangir，1605—1627年在位）。据耶稣会1595年的记载，阿克巴拥有关于基督和圣母玛利亚的画像。[1]需要注意的是，配合基督教传教的种种艺术形式，在印度次大陆，上至宫廷下至百姓，对所有本土人都散发着异域风情的魅力与吸引力，正如其教义本身带来的新鲜感一样。但这种猎奇的心理并不能说明基督教教义本身的号召力，亦不可因此而夸大宫廷及民间对基督教教义的兴趣。

在精简概述各宗教发展之余，有一个重要族群需要特别介绍。在7世纪中叶到12世纪末，印度次大陆列国林立，诸王公间的势力此消彼长，纷争不断。在此期间，拉其普特人（Rajputs）在北印和西印的地区历史进程中扮演了较为重要的角色，拉其普特人的家族或氏族统治着绝大多数的王国。他们不仅尚武善战，而且将自己的族籍谱系纳入了传统印度教社会体系中。由此一来，在武力抗击外来入侵者的同时，拉其普特人不自觉地扮演了捍卫本地宗教文化的角色，这反过来也为他们在印度次大陆传统社会中的地位的确立，奠定了牢固的基础。他们多属刹帝利种姓。

第二节　印度次大陆中世纪宗教格局的形成

一、伊斯兰教的统治地位

伊斯兰教的传入，给印度次大陆文化结构带来的影响是历史性

1　参见［印］A. L. 巴沙姆主编，闵光沛等译：《印度文化史》，商务印书馆，1997年，第505—507页。

的。其在社会关系、政治经济、宗教文化、文学艺术等方方面面的渗透、冲突、融合，开启了这片土地人文面貌的新篇章。13世纪初期，穆斯林统治政权在北印的正式建立，无疑将伊斯兰教在这片土地上的地位推向了一个新阶段。这对印度次大陆的宗教格局，及其盘根错节的族群关系，带来了持久深远的影响。

自8世纪起至10世纪中叶，一方面，阿拉伯穆斯林为开疆扩土，武力进入印度次大陆；另一方面，由于海上和陆路的商贸往来，一些穆斯林商旅来到此地。在这一时期，伊斯兰教势力主要限于印度次大陆西北一隅，及零散地分布于沿海地区，尚未形成规模化的强势社会影响。换言之，这一时期伊斯兰教虽已传入印度，但是影响范围有限。阿拉伯人在武力征服的初期，采用强硬的手段迫使当地民众改宗伊斯兰教，并对印度教、佛教等寺庙进行武力拆除及破坏；后以征收人头税的方式允许民众保留原有信仰，也不再进一步破坏本地寺庙，政策上有了一定的缓和。9世纪中叶以后，阿拔斯王朝大权旁落，中央权力式微，导致政治上的分裂，其对印度次大陆西北部的管控已经是强弩之末。

1055年，塞尔柱突厥人占领巴格达，阿拔斯王朝名存实亡。在这一时期，印度次大陆大部分地区仍旧处于松散的割据状态中，各地王公各自为政，彼此间战乱频频发生。10世纪后期起，自中亚经阿富汗进入次大陆的突厥穆斯林替代了阿拉伯人的地位，他们在西北地区建立起了政权。在接连不断的进攻下，他们一边掠夺财富，一边用强硬手段传播伊斯兰教。这也侧面说明了次大陆自身松散的政治社会形态，为外来入侵者提供了可乘之机。印度教种姓制度对每个阶层的职业分工有细致的划分，在我们看来天经地义的事情，在次大陆人们的观念系统里别有一番义理根基。带兵打仗属于刹帝利种姓的职责，他们抵抗有序，但团结不易。当然这也不是绝对的壁垒，只是确实是彼时的社会心理。这也解释了为何“来路不明”的拉其普特人可以将自身归化入刹帝利种姓，并在民间有“民族英雄”的称号。

印度次大陆长期以来政治与宗教的松散状态、社会种姓制度固化延续、军事作战力量受限与内耗等诸多因素，共同扼杀了印度整体作战、抵御外敌的能力，这就为武力强大、政治与宗教需求并行的伊斯兰教在北印建立政权预留了空间。伊斯兰帝国为满足扩张的征战需求，建立了特有的中亚突厥奴隶买卖市场和培养体系。同时，对突厥族群的征战王族，伊斯兰教也为其提供了建立政权的权威性和义理依据。另外，从对印度次大陆的作战实力上考量，虽然这里长期割据，战乱不断，但武器装备相对落后，军事策略相对保守。加之土邦王公间的长期纷争内耗巨大，降低了联合抵御外敌的可能，这不仅源于前文提到的固化的种姓制度为团结抗敌设置了壁垒，也源于整体社会结构的各自为营。在战争中被大量雇用的雇佣兵，不具备“为正义而战”的认知前提，仅依据雇主的身份来确定谁是需要对抗的敌人。

在这种小国林立的社会结构下，能够跨越政治边界为全员提供指导的精神共识，是印度教文化传统中的业报轮回世界观。在此基础上造就的注重形而上的历史观，及进一步形成的对全局和前景的自成一体的人神共存的判别体系，为外来势力及外来宗教的立足，提供了“可乘之机”。回顾穆斯林到来之前的印度次大陆历史，大多数外来入侵者都是经由西北部的开伯尔山口、波伦山口等隘口进入次大陆富饶的平原地区的。可由于当地强大的宗教传统文化体系包容了极其松散的政治形态，个体可以在种姓阶层内部和信仰神灵的共鸣中求得安稳，致使人与人之间的社会关系难以突破阶层壁垒，在人神共处的社会中，人文社会在世俗形态中难以聚合为统一的政治力量。于是外来者的一再入侵，似乎并没有被本土人当作严重的威胁，人们也没有意识主动做出异教统治者将在此地建立长久政权的预判。

10世纪以后，伴随着中亚突厥人、阿富汗人对次大陆的接连进攻，伊斯兰教苏非派也随着大军陆续来到此地。他们游历于民间，入乡随俗又不放弃传播伊斯兰教的初衷，在吸收融合了本土宗教文化成分后，逐渐成为民间传播伊斯兰教的主体力量。苏非派主张宽容，普爱众生，宣传真主面前人人平等的思想，强调个人修炼，对印度教的低级种姓和贱民具有很大吸引力。苏非派契什提教团便是对印度次大陆穆斯林文化产生深远影响的教团之一。该教团在印度次大陆的创始人哈迦·姆因丁·契什提（Khwaja Moinuddin Chishti，1143—1236）以阿杰梅尔（Ajmer）为中心进行传教，声名远扬，被称为“印度的太阳”（Aftab-i-mulk-i-Hind）[1]，这为新兴的伊斯兰政权提供了很大的保障。但“事实上，在伊斯兰教产生和三次大传播[2]的时代，社会等级森严，贵贱对立严重，关于人们身份的偏见根深蒂固。在这样的社会条件下，当时人和人之间不可能有真正的平等，人们只能在精神上追求虚幻的平等。伊斯兰教的平等思想恰恰折射了当时社会现实的严重不平等，曲折地反映了处于被压迫、被奴役地位的人民大众对于平等

1 Makhan Lal Roy Choudhury, *The Din-i-Ilahi or the Religion of Akbar*, Munshiram Manoharlal Publishers Pvt. Ltd., 1997, p.7.

2 第一次在四大哈里发时期（632—661年）；第二次在倭玛亚王朝时期（661—750年）；第三次在奥斯曼帝国建立后，即13世纪末期。

幸福生活的向往和追求”[1]。这一评价不仅适用于穆斯林内部，对生活在印度次大陆上的低种姓民众而言，也同样说明了现实生活中存在着严酷的等级问题。正是这种内心对平等的向往，成为人们接受伊斯兰教的主要动因之一。贾瓦哈拉尔·尼赫鲁（Jawaharlal Nehru，1889—1964）谈及伊斯兰教在印度次大陆的传播时说道：“伊斯兰教的博爱主义及皈依者们相互间理论上的平等有极大的感动力，特别感动了那些连平等待遇的外表形式都得不到的印度教中的人们。”[2]虽然在改宗后，印度教低种姓者的实际生活，尤其是其赖以生存的“低贱、不洁”的职业，并不会因信仰改变而改变，但其内心的感受和对自我在社会中的角色认知会发生微妙的变化。因此，在苏非传教士的温和影响与统治者施加的强力下，低种姓人群会选择集体改宗伊斯兰教。这样虽然生活没有实际改变，但是最起码可以不用缴纳穆斯林对“异教徒”征收的人头税。于是，“就像把刀子插入甜瓜不需要花费太多力气一样，伊斯兰教渗透这些种姓也并未费多少周折。许多印度教教徒改宗是为了摆脱由于低下的身份而饱受压迫的状况，并且提高其与其后代的社会地位。伊斯兰教的平等主义与穆斯林商业的巨大影响一道，致使改宗不断发生”[3]。另一方面，由于社会各阶层间存在着巨大的经济政治权益鸿沟，因此，高种姓阶级也不会因为低种姓改宗而采取措施，因为他们的改宗不会影响到高种姓阶级的实质生活，也不会影响到高种

1　王利耀、余秉颐主编：《宗教平等思想及其社会功能研究》，安徽大学出版社，2006年，第96页。

2　［印］贾瓦哈拉尔·尼赫鲁著，齐文译：《印度的发现》，世界知识社，1956年，第341页。

3　Ram Gopal, *Indian Muslims: A Political History*, Bombay, Asia Publishing House, 1964, p.2.

姓继续从低种姓身上榨取生产力价值。在此需要注意的是，在穆斯林内部，不同阶级间的鸿沟也是显而易见的。因此，穆斯林在进入南亚次大陆后，也分布在社会统治阶层和底层改宗者这两个极端。

与更贴近人们生活，从而更容易接近人们心灵的苏非圣贤不同，伊斯兰教正统派乌里玛对非穆斯林态度强硬，立场分明。在传播伊斯兰教、扩大伊斯兰教的影响、支持穆斯林征服印度次大陆及巩固统治方面，乌里玛与统治者的利益是一致的。统治者的宗教压迫政策也大多和乌里玛的主张有关。“他们对待印度教教徒的态度十分极端，称印度人为‘卡费尔’（kafir）[1]，不愿意与他们有任何往来。他们反对统治者让印度人参与国家事务的做法，希望自己介入国家政治，用武力强迫印度教教徒改宗伊斯兰教，用‘宝剑’在印度树立纯正的伊斯兰精神。他们是宗教压迫最狂热的维护者，对苏丹的某些缓和政策常常表示愤懑，并且采用各种手段加以牵制。”[2]

穆斯林在印度次大陆建立政权后，统治阶层的权力制衡是通过帝王、乌里玛和军事领袖为代表实现的。统治者在行使王权的过程中，对伊斯兰教的教法教义具有权威解释权的乌里玛和军事领袖又构成彼此相互制衡的两端。一方面，帝王利用乌里玛的宗教威望，为王权加持，并用作抵消军事冒险家野心的力量；另一方面，同样心怀叵测的乌里玛，不甘忍受帝王的强权，经常阳奉阴违地暗中与军事首领结盟，企图通过制造叛乱，推举与自己一派的傀儡来执掌政权。在这种情况下，苏非的支持对君王来说，成为不可缺少的力量。虽然大部分

---

1 意为“异教徒”或“叛离真主之道者”。

2 唐孟生著：《印度苏非派及其历史作用》，经济日报出版社，2002年，第49页。

苏非派大师并无与帝王结交的强烈愿望，但也不乏希望通过王权的支持，发展壮大自身的处境。毕竟，他们的部分深层目的是一致的，即通过对本土文化的理解，采用更通融的方式，使自己及自己的信仰与权力为当地大众所认可和接受。

随着穆斯林统治政权在北印的建立，印度次大陆的社会及政治生活发生了深刻的变化。德里苏丹国的建立，打破了由骁勇的拉其普特人主导的地区联盟局势，政权中心也转移到了德里。印度历史学家伊萨米（Isami）曾如此描述穆斯林建立政权后的德里："这个以种姓分割的城市变成了世界性城市，它的大门向所有人敞开，无论出身、肤色和信仰的差别。即便是低种姓的工匠也能够居住在皇宫附近的小棚屋里。"[1]值得注意的是，穆斯林不仅带来强权政治，也带来了商贸经济。他们将次大陆北部纳入伊斯兰世界经济圈中，商道再次繁荣。在商贸经济的影响下，城市和乡镇得到发展扩张的机会，低种姓人在城市里杂乱聚居，寻求新的谋生机会。商贸发展推动城市化进程，商贸往来促进人口流动和文化传播，以德里为代表，北印的政治经济、宗教文化的发展变化，也是文学艺术发展的基础和激发互鉴与创作的灵感之源。

另外，伴随着征服战争和穆斯林政权的建立，大量穆斯林移民来到印度次大陆。他们从祖籍地带来了自己的文化和伊斯兰教的信仰习俗。这些文化群体或族群迁入次大陆后，与印度教文化群体平等聚居，并在日常生活中相互接触，相互影响，可以说，是他们最为直接

---

1 Isami (ed.), *Futuh-us-Salatin*, Madras, Usha, 1948, pp.105—106. 转引自 Iqtidar Husain Siddiqui, *Islam and Muslims in South Asia: Historical Perspective*, Adam Publishers & Distributors, 1987, p.2。

地使印度次大陆本土居民认识了伊斯兰教。不同的文化群体在行为上互相影响，经历了由表及里的渗透过程，从而逐渐呈现融合的趋势。因此，在印度教教徒的日常生活中，也出现了伊斯兰教的某些习俗，反过来，印度教文化也深深地影响了这些外来穆斯林移民。

值得注意的是，在次大陆建立王朝的穆斯林统治者，虽然来自阿拉伯或中亚等地区，但都或多或少地受到了发展程度较高的波斯文化的影响。他们的到来，也带来了波斯文化和体制的特点。所以，德里苏丹国的体制和各种制度并不纯粹是伊斯兰教的，也不是以某一个穆斯林民族或帝国体制为主导的，而是以突厥、波斯元素为主，吸收了印度次大陆本土元素的多元素混合体。我们可以称之为有印度特色的伊斯兰教体制。[1]印度次大陆不仅鲜有大一统的治理模式，更是由于历史地理原因，语言繁多，各地方言上百种。随着穆斯林政权的建立，波斯语不仅成为宫廷语言，更是社会上层人士交往，甚至进行书面创作使用的语言。语言的应用，也意味着思维方式和表达方式的引入，以及波斯语承载的丰富悠久的波斯文化的传播，这与伊斯兰教一起，丰富了次大陆的文化形式及内涵。

总之，伊斯兰教在印度次大陆北部正式建立政权后，统一的政治组织代替了本土王公分散联盟的政治格局。经过几个世纪的渗透与互动，来自阿拉伯、中亚、波斯、阿富汗等地区的伊斯兰文化，以及蒙古、突厥等不同族群的文化，与印度本土宗教文化一起，共同构成了印度伊斯兰文化的叠加组成部分，使印度次大陆的伊斯兰教文化逐渐呈现出自己的特色。

1　参见林承节著，《印度古代史纲》，光明日报出版社，2000年，第269页。

二、印度教的抵抗与妥协

进入中世纪后，伊斯兰教逐渐成为印度次大陆的主要宗教之一。次大陆本土民众在与阿拉伯商人的接触往来中，知晓了伊斯兰教的存在和些许样貌；在遇到苏非圣人在民间和平传教的活动时，逐渐认识了伊斯兰教。对不同形式和内容的宗教，他们并不抵触或排斥，毕竟他们自己创造的宗教和神灵也十分丰富。在他们眼中，这是又一个信仰不同的群体，有自己的一套规矩，有自己擅长的职业，就好像以前到访的拜火教徒如今也定居在他们这里了。但是，当穆斯林以强大的征服者的姿态强势入侵进来时，情况便不比从前了。从伽兹尼的马茂德开始，到后来持续不断入侵的突厥人、阿富汗人，他们抢掠这里的财富，占领这里的地盘，最终建立自己的政权，统治当地人，还强迫当地人改信同他们一样的宗教——伊斯兰教，如若不然，就要交税。本来连年的征战已然让本地人的生活苦不堪言，附加的苛税又如何负担？名义上，这些穆斯林征服本地人的原因是宗教，统治本地人的方式还是离不开宗教，但实际上已然造成了破坏本土原有政治形态、宗教格局的事实，直接改变了社会生存环境。加之初期本地庙宇的被破坏、民众被迫改宗等，让民众与穆斯林入侵者之间产生了心理距离，在某种程度上促成了群体的内部凝聚力，实现了群体身份的被迫认同和加强。将这种“被发现”的认同感付诸行动，本地民众便开始了实质性地维护自身权益的抵抗行动。

军事抵抗是印度次大陆本土人应对穆斯林入侵者的重要形式之

一。尽管伽兹尼王朝并没有侵略到梅瓦尔（Mewar）地区，但在989年，当伽兹尼的突厥将领萨卜克提真（Sabuktigīn）入侵旁遮普时，梅瓦尔地区的拉其普特国王萨克迪古马拉（Saktikumara）也加入了旁遮普统治者贾巴尔（Jaipāl）的反抗联盟。11世纪初，当伽兹尼的马茂德连年疯狂入侵抢掠次大陆北部地区时，各地印度教王公坚定地组成联盟，援助旁遮普的贾巴尔和阿南德帕尔（Anandpal，另一位旁遮普地区王公）。据说，印度教妇女卖掉了她们的首饰，从边远的地方送来捐赠品，以此支援对穆斯林入侵者的抵抗。甚至低种姓印度教教徒也加紧工作，为反抗穆斯林的入侵贡献一己之力。继伽兹尼王朝之后，壮大起来的信奉伊斯兰教的古尔王朝继续进犯次大陆。与伽兹尼不同的是，古尔王朝的计划不再局限于抢掠财物，占领土地、扩大政权是他们的终极目标。在古尔将领艾伯克死后，拉其普特人从穆斯林手中陆续收复了瓜廖尔和占西（Jhansi，一译“章西”）。纳尔瓦尔（Narwar）的统治者贾哈尔（Chāhar Deva）在印度次大陆中部地区组织了印度教盟军。

在德里苏丹国巴勒班统治时期，来自次大陆本土印度教教徒的强烈抵抗仍持续不断。苏丹巴勒班不得不于1247年和1254年两次镇压印度教教徒的反抗。到16世纪初期，德里苏丹国洛迪王朝时期，萧墙祸起，外临劲敌，内忧外患。在南部马拉塔（Marātha）势力兴起之前，拉贾斯坦地区梅瓦尔的统治者桑伽王（Rānā Sāngā）势力的兴起，是彼时最具威胁的挑战。桑伽王曾挫败古吉拉特的穆斯林军队，并在此后成功抗击易卜拉欣·洛迪（Ibrahīm Lodī）的军队，取得显著胜利。桑伽王与麦底尼·罗伊（Medini Rāi）及其他拉其普特首领的结盟，成为穆斯林势力在次大陆持续面临的威胁，就连最终击败桑伽王的巴布尔也曾将其视为不可小觑的敌人。[1]

但是不难看出，所有的军事抵抗首先是保卫政权、争夺政权的政治武装斗争，敌对双方不同的宗教信仰恰好与各自的军事阵营相重合，穆斯林作为外来者、入侵者，其“异教”的身份是激发对手凝聚在一起的主要原因之一。因此，这场争斗里首要的因素不是宗教，而是政权、土地与财富，宗教身份为战斗增加了凝聚力，唤起了群体的宗教身份意识，赋予士兵更高的士气与作战意义。

伴随着正面军事抵抗，次大陆本土印度教教徒对穆斯林外来者还采用了杀戮、迫害和亵渎等形式展开对抗。

德里苏丹国的穆斯林政权建立百余年后，当初以征服者姿态定居在次大陆的上层穆斯林，已经在这里经历了三四代人。时间来到14—15世纪，草原帝国蒙古人对欧亚大陆的两次“重创”，影响了次大陆北部地区的局势。尤其是帖木儿对德里地区的疯狂扫荡，迫使穆斯林南迁，也让宫廷斗争不断的德里苏丹国遭受重创，再次面临改朝换代的动荡。在这些岁月里，一些曾改宗伊斯兰教并被穆斯林统治者委以要职的官员，重新回归了印度教。最具代表性的是胡斯劳·汗（Khusrau Khan）和维查耶纳伽尔王国（Vijayanagar，1336—1646年）建立者哈里哈拉（Harīhara）与布卡尔亚（Bukkarya）兄弟二人。胡斯劳·汗原名哈桑，曾为奴隶，后改宗伊斯兰教，并得到苏丹顾杜卜·穆巴拉克·哈尔吉（Qtub-ud-din Mubarak Khalji）的宠幸，被授予“胡斯劳·汗”的称号。他出身于古吉拉特邦低级种姓

1　桑伽王于1527年率领由120位酋长、8万匹战马组成的大军与巴布尔在亚格拉西的坎努村决战，遭遇惨败。

巴尔瓦尔（Parwārī），该种姓在印度教教徒中被视为非常低下、污秽的种姓，不被允许在城镇中建造房屋。该种姓从事的职业多为村庄巡夜者、搬运工或看门人。胡斯劳·汗在宫廷中伺机夺权成功，但仅在1320年4月15日—9月3日期间在位。他的篡位可以说是最为特别的反抗穆斯林的形式。他刺杀了苏丹穆巴拉克，杀害了宫廷里的所有男童。在肆意的杀戮之后，哈尔吉皇室的全部女眷都被蹂躏。穆斯林贵族妇女沦为奴隶，偶像被置于清真寺的讲经坛之上，《古兰经》的抄本被用作巴尔瓦尔种姓的坐席。胡斯劳·汗的目标是将所有权力集中在巴尔瓦尔人及其他印度教教徒手中。根据当时穆斯林学者巴拉尼[1]（Ziā-ud-din Barani，约1285—1357）记载，由于德里终于摆脱了穆斯林的统治，再次回到本土印度教教徒的手中，印度教教徒民众欢欣鼓舞，庆祝穆斯林当权者终于被取代、被驱赶。现代印度历史学家普遍认为，胡斯劳·汗的胜利，意味着印度教教徒抓住时机推翻穆斯林统治的胜利，是印度教社会革命的里程碑。“德里苏丹丧失了威望，如果一个强大的印度教国王组织起联盟，他必然能够轻易地占据德里，并且穆斯林的势力必将几近销声匿迹。”[2]具有同样象征意义的历史事件是，1327年坎毗利（Kampili）小王国[3]被德里苏丹国的军队攻陷，哈里哈拉和布卡尔亚兄弟二人被带往德里，并改宗伊斯兰教。后来，他们二人成功建立了以印度教为主的维查

1 穆斯林编年史家，生于突厥贵族之家，受苏丹穆罕默德·宾·图格鲁克的庇护达十七年之久。著作有《菲鲁兹王朝史》《治国法典》等。

2 Ishwari Prasad, *A Short History of Muslim Rule in India*, Allahabad, The Indian Press Ltd, 1930, p.11.

3 今北方邦的坎比拉。

耶纳伽尔王国[1]。这也被印度教学者视为回归印度教信仰的历史趋势的证明。

从以上两件十分具有代表性的事件可以看出，在正面军事抵抗无法取得成功，且大概率是出于权宜之计的改宗行为之下，本土的印度教斗争人士会在机会成熟的时候伺机推翻或摆脱当权者，在成功掌握政权后，以回归原有身份（尤其是宗教身份）来动员、凝聚、发展壮大自身的势力。不可否认的是，在不同宗教信仰的参照比对下，加上政权地位的对比，尤其是在宗教身份与政治地位重合的对照下，比如统治者与被统治群体的宗教差别，宗教的差异性、互斥性、排他性会被显著放大，一方面激发对自身群体身份的认识，另一方面为政治斗争赋予更加深刻的内涵与意义。

总体而言，来自印度教教徒的联合抵抗，使穆斯林在印度次大陆的势力扩张并不顺利，当然，在抵抗中，宗教身份是作为群体的防御共识被唤醒的，为维护自身利益进行的武力抵抗提供了凝聚力。因此，宗教对立的前提是政治利益对立，发动战争绝不单纯是为了宗教而战，宗教只是赋予了战争以神圣的意义。纵览印度次大陆的社会结构，“种姓制度首先导致了印度社会分裂为互相排斥的阶层，享有特权的少数通过剥夺平民的大部分权利来维持自身既有的利益……除此之外，这些特权阶层一方面强加给被剥削者难堪的缺陷，另一方面规定了他们对于特权阶层的繁重责任和义务。这些邪恶导致了印度的领袖处于盲目的骄傲之中，因而封闭和偏狭”[2]。因此，面对共同敌人时

1　14—17世纪统治德干南部的印度教王国。

2　R. C. Majumdar ed., *The History and Culture of the Indian People* (Vol.V), Bombay, Bharatiya Vidya Bhavan, 1960, pp.126—127.

的短暂利益捆绑，并不能替代、抹去印度次大陆社会内部分裂的历史事实与结构缺陷。最终，穆斯林凭借武力和政治手腕，在印度次大陆再次建立起统一政权，这一次，又长达几个世纪之久。

行为上的武力抵抗，是由心理上的意识防线支配的，可在印度次大陆本土印度教教徒抵抗穆斯林征服者的斗争中，似乎在意识认知和心理防线上，并未取得全面的共识和统一。当次大陆本土印度教教徒的抵抗被最终击溃，在面对无力改变的现实时，在个体及群体心理的调试中，不可避免地会在一定程度上采取妥协的态度。这并不特殊，也不令人意外，这在传承下来的古老集体精神生活中有所体现："印度文化倾向于向内看和朝后看。向内是指个人的精神生活，朝后是指远古的神圣规范。"[1]

向内看表现在"伊斯兰教神秘主义与印度教神秘主义之间虽然有互动，但是印度教的主体退缩在保护壳中，根本上已经被一种政治失望的情绪所控制，只有转而向神寻求安慰。社会所经验的混乱表现在遁世者（Sannyasis）的激增上。正如那纳克清楚看到的，遁世（Sannyasa）变成了一种逃避主义"[2]。

朝后看则凸显为印度教内部的"保守性"和"狭隘性"。穆斯林征服了印度次大陆，建立了伊斯兰教政权。对印度教教徒而言，这是一个空前的经验。任何一个宗教都会使用国家机器作为传播工具，为自己寻求最有力的保障。"中世纪印度教高度僧侣化的性格替代了它

---

1 ［印］A. L. 巴沙姆主编，闵光沛等译：《印度文化史》，商务印书馆，1997年，第85页。

2 ［印］沙尔玛著，张志强译：《印度教》，上海古籍出版社，2008年，第81页。

在政治上所遭遇的挫折，作为防卫机制发挥作用。虽然保护了印度教，实际上却使印度教更为僵化。”[1]从中世纪开始，伊斯兰教逐渐成为印度次大陆的主要宗教之一。由于在教义及宗教实践活动等方面的巨大差异，两教遭遇的初期矛盾突出、对立抗争、关系紧张。尤其是穆斯林统治初期利用武力及法律强迫印度教教徒改宗伊斯兰教的做法，严重地侵犯了印度教本身，被视为典型的宗教压迫行为。这激起了以婆罗门为代表的印度教上层教徒的本能反抗情绪，做出了防御与抵抗的姿态。例如，为保持印度教自身的纯洁与神圣，对婚姻等规定更加严格，对妇女行为的要求更加苛刻，“不可接触”的思想更加强化。越是面临穆斯林统治的压力，印度教正统派越是囿于守势，极力收紧社会的联系，种姓的各种规定更加严格。如此一来，就进一步加固了印度教内部本身的“保守性”与“狭隘性”。“达磨被置于高于一切的位置，社会排斥的边界更为尖锐化，妇女被隔绝于深闺之中，童婚更为普遍……种姓分裂并再分裂，但仍是不容混合的。”[2]原社会种姓中处于高位的统治者、管理者和宗教文化权威，在无力改变权力、地位、土地等社会资源丧失这一现实的情况下，转而对可控的资源施加压力，强化以自身为主导的传统社会等级观念和宗教礼仪、生活方式，希望以此来对抗伊斯兰教的渗透。

于是，那些无论是处于穆斯林直接统治下的，还是独立的印度教王国中的民众，在思想意识、生活方式上更加趋向僵化保守，原

1　[印] 沙尔玛著，张志强译：《印度教》，上海古籍出版社，2008年，第104页。

2　R. C. Majumdar, *The Delhi Sultanate*, Bombay, Bharatiya Vidya Bhavan, 1960, “Introduction” , p.xvii.

有的习俗都被视作神圣、不可亵渎。这种严格化的倾向，本身也是强化老传统的表现。在《摩诃婆罗多》中，阿周那（Ajuna）[1]在俱卢之战[2]开战之际忧心忡忡，最令他担忧恐惧的是，战争双方原本属于同一家族，如果开战，可能会面临家族破碎，甚至毁灭的威胁，最严重的后果也会随之到来："如果家族遭到毁灭，传承的宗法也毁灭；而宗法一旦毁灭，家族也就陷入非法。一旦非法滋生，族中妇女堕落；一旦妇女堕落，种姓也将混乱。"[3]而在现实世界中，每当外族入侵导致混乱局面蔓延时，这种恐惧便会在传统社会中滋生。公元600—1000年间的一些经文和文学作品也曾提及，确保臣民履行瓦尔纳-达磨（varnashrama dharma，即种姓制度）是统治者的职责，[4]这一点，在伽兹尼攻占旁遮普，连年不断地侵扰印度次大陆的年月里，显得更为突出。著名波斯学者阿尔比鲁尼[5]也记录了次大陆的这种情况："古代的国王们，非常恪尽官员的职责，把大部分注意力投入在将其属民划分为不同等级上，以期杜绝混杂和无序。因此，他们禁止不同等级的人之间互相交往，并且强加给每个等级一种特殊的职业和技术，他

---

1 阿周那是般度五子之一，在《摩诃婆罗多》中是英勇的战士，也是坚守正法、勇于追求正义和真知的形象。

2 婆罗多族的后代（般度族和俱卢族）之间为争夺王位和国土，在俱卢之野大战十八天。

3 ［印］毗耶娑著，黄宝生等译：《摩诃婆罗多》，6.23.40—41，中国社会科学出版社，2005年，第三卷，第489页。

4 Dr. Brijendra Nath Sharma, *Social and Cultural History of Northern India, 1000~1200 A.D.*, New Delhi, Abhinav Publications, 1972, p.9.

5 亦称"比鲁尼"（al-Bīrūnī，973—1048），穆斯林学者、印度学家。波斯人，生于花剌子模的基发。精研数学、天文、哲学、逻辑、历史和地理等，而以数学和天文学成就最大。留世著作有《印度记/志》《马苏第天文典》等。

们不允许任何人超越等级界限，甚至对那些不安守自身本分者予以严惩。”[1]然而此种加固内部等级的做法，为迫使更多的低种姓印度教教徒转向皈依提倡平等的伊斯兰教提供了条件。

另一方面，印度教内部的实际状况纷乱繁杂，一言难尽。对那些追求纯粹宗教信仰的信徒来说，他们在具备教义理论基础的前提下，对社会多具有宏观的、超现实的理解与认识。从处理宗教与现实生活的关系来看，大致可将他们分为两类：其中一类信徒的生活是力图超越社会性的，他们的立意在于超越而非确认社会角色；另一类则偏向植根于社会生活，致力于在现实社会中通过宗教信仰来解救穷人而非统治穷人。无论在哪一类教徒的引导下，宗教生活都会呈现出整体上松散、趋于超越现实的特质。在宗教生活与日常生活水乳交融的表现中，不同的神灵、宗教体验方式、仪轨、行为方式等，让如今被称作印度教的这一宗教信仰，呈现出巨大的弹性，亦即人们常常谈及的包容性。那么，当包容性极强的、容纳多神信仰的印度教，在面对系统的、主张一神论信仰的伊斯兰教的进攻时，如何形成真正的统一战线，进行有力有效的抵抗呢？这在短时期的正面对抗中，确实很难实现。即使是宗教内部的防御机制，也只能发挥一时的应激效应。但从另一个角度来讲，印度教的弹性和超越性，同样防止了被对方永久性彻底打败的结局；长远来看，甚至还具有调整、吸收甚至消化对手的可能与潜力。印度教的发展历史，也确实证明了这一点。

类似的结果说明，一味的抵制并非唯一有效的自我保护方式，通

---

1 Edward C. Sachau (ed.), *Alberuni's India: An Account of the Religion, Philosophy, Literature, Geography, Chronology, Astronomy, Customs, Laws, and Astrology of India about A.D. 1030*. Vol.1, London, Kegan Paul, Trench, Trubner & Co., 1914, pp.99—100.

过强制手段将社群生硬地团结在一起，也只是权宜之计，结果只能是面对现实作出相应的妥协。在了解对方的过程中反观自身，发现自身落后的地方并加以改进，才是自我强化、自我提升、自我壮大，并由此与强敌对抗的最佳方式。诚然，这是需要时间与智慧的。于是，在外因的不断刺激下，印度教内部新思潮接连涌现，掀起了改革（帕克蒂运动）的又一个高潮。如印度现代著名哲学家、思想家拉达克里希南[1]所述："从印度教历史的开端起，文化就已由它所必须接受和战胜的新生力量，依照其自身牢固持久的思想而形成。每个阶段都有一种想要达到和谐的尝试。不过，和谐是动态的和谐。当这种动态的和谐或生活的有机节奏丧失时，这就意味着宗教需要改革。"[2]如前文所述，文化的交融、思想的碰撞，孕育出了伽比尔、那纳克等杰出的、超越宗教界限的思想家、改革家。而以此为主题的文学作品的传播，则极大地促进了人们思想意识的觉醒与转变。尤其是16世纪前后，在印度次大陆北方广为流传的虔诚派诗歌蓬勃发展，代表人物有苏尔达斯（Surdas，约1478—1581）、杜勒西达斯（Tulsidas，1532—1623）及其他许多诗圣。另外，15世纪由孟加拉地区的圣贤阇多尼耶（Caitanya，1488—1533）发起的强调公开唱诵圣歌的阇多尼耶运动，也试图将印度教的影响力从个人生活及家庭，扩展到更为广大的、联合起来的社会范畴中，不断增强印度教的社会凝聚力，以防止把公共事务的支配

1 萨瓦帕利·拉达克里希南（Sarvepalli Radhakrishnan，1888—1975），印度哲学家、政治家，印度独立后，担任印度首任驻苏联大使，以及首任印度共和国副总统。1962年当选印度总统。

2 ［印］A. L. 巴沙姆主编，闵光沛等译：《印度文化史》，商务印书馆，1997年，第114页。

权拱手让给当时强势的穆斯林。

由此可知，印度教的灵活性及包容性也可以发挥积极的文化整合作用。伴随着自身改革的持续，印度教的发展也朝向了更加切合信徒利益的方向，这为其自身的发展壮大奠定了切实基础，也体现了印度教本身强大、多元、灵活、包容的特性与潜力。但在面对伊斯兰教强势冲击的初期，应激防御性的自我保护导致了宗教内部的保守与僵化。由于印度教内部传统上的松散和种姓制度等原因，其在政治联盟上无法与教义、教规、教法森严的伊斯兰教相抗衡，紧随而来的负面结果直接暴露了此类防御机制的弊端。经过长期在困境中的调试与变革，印度教开放性的传统优势开始发挥作用，伴随着改革运动的高潮迭起，印度教在与伊斯兰教的抗争与妥协中，进一步发展壮大了自身。

综上所述，伊斯兰教传入印度次大陆初期，即建立政权之前，次大陆本土印度教民众在与伊斯兰教的接触中，并没有产生强烈的抵触、厌恶情绪，只是把它当作外来信仰的一种。伴随着苏非传教士的到来，尤其是当穆斯林以征服者、统治者的身份在次大陆定居之后，伊斯兰教提倡平等的主张对印度教低种姓教徒产生了吸引力，却使高种姓宗教特权阶层婆罗门提高了警惕，后者加强了宗教管理，强化了种姓制度，建立起社会集体意识上的防御机制，暴露了其宗教体制的“保守性”和“狭隘性”。但即便如此，印度教在组织形式上依然无法与教义、教规、教法高度统一的伊斯兰教相抗衡。印度教教徒依据过往历史经验，低估了穆斯林的实力与野心，他们松散的宗教、政治、军事联盟最终也没有抵抗住穆斯林的军事入侵。13世纪初，穆斯林在印度次大陆北部建立了统一政权，开始了对该地区长达几个世纪之久的统治。虽然印度次大陆各地印度教首领的武力抵抗从未间断过，印度教内部也面对挑战开始了漫长的改革之路，但最终在与穆斯林的较量与妥协中，印度次大陆社会的政治、文化面貌发生了巨大变化，印度教以更加富有时代内涵的面貌提升了自身的凝聚力，伊斯兰教也以独具的印度次大陆特色根植在了这片土地上。

第三节　印度次大陆中世纪宗教文化的特点及启示

一、印度次大陆中世纪宗教文化的特点

印度次大陆进入中世纪以后，经过千年发展的佛教、耆那教等诞生于本土的宗教逐渐式微，佛教几乎湮没于印度教改革运动——帕克蒂运动的潮流中，耆那教等其他规模较小的宗教各自寻找地方上的发展空间。在次大陆北部地区，尤其是以印度河与恒河为核心的广袤地带，印度教与伊斯兰教产生碰撞、冲突，勾兑、融合共存尤为突出。印度次大陆原本的多元宗教文化环境对新宗教信仰的进入并不陌生，但是伊斯兰教则不同，作为年轻的、较具先进性的宗教，其势力不断扩大。穆斯林最初以征服为目的的军事行为，不仅直接威胁并伤害到了印度教教徒的生命，其后期政权的建立也直接影响了印度教教徒的根本利益。因此，伊斯兰教与印度次大陆本土宗教文化间的冲突与对立，在争夺生存空间的斗争中不可避免。虽然是利益间的冲突，但是当不同的利益集团将宗教作为区分彼此的标志之一时，宗教文化间的冲突便是不可避免的。然而，冲突双方在大环境下相互吸收、相互妥协，一刻也没有停下过“融合”的脚步。即使单纯从宗教信仰角度出

发，各宗教的思想家、智者圣贤也会发现："没有一个信仰、体系或传统是完全自足的。"[1]在彼此利益冲突相对缓和时，人们是可以相安共处、彼此适应甚至相互融合的，这样不仅可以加深对其他世界观体系的了解，而且可以使自身的理论得到进一步发展。但是，当对利益，尤其是对权力的争夺变得激烈时，不同的宗教观念会成为最鼓舞人心的口号。

总而言之，在数个世纪中，穆斯林与印度教教徒共同分享土地与资源，共同在这片富饶的土地上繁衍生息。由于宗教与习俗的不同，当他们需要界定各自的身份时，文化的与宗教的取向起了关键作用。但是，这并不意味着一种永久的敌意在支撑着他们间的互动，宗教文化间的差异只有服务于政治目的时，才被当作权力阶层主导的政教之争的砝码，才会成为地方上暴力冲突的导火索。

此外，印度教内部的改革运动及伊斯兰教苏非派在民间的影响，也缓和了宗教间的对立，为不同信仰者提供了和谐的相处之道。实际上，无论是穆斯林作为外来者夺取资源、争夺政治生存空间，还是印度教低种姓改宗者希望改变生存境遇，除了在反对偶像崇拜这一点上穆斯林绝无妥协可能外，绝大多数穆斯林统治者和苏非派追求宽容和共存。因此"印度的伊斯兰教时期是复杂而多层的现象，不能简单归入完全同化或完全抵制的两种相反模式"[2]。无论是忽视还是过度强调这种宗教文化上存在的差异性，都会为社会的发展带来不稳定的因素。

1　［西］雷蒙·潘尼卡著，王志成、思竹译：《宗教内对话》，宗教文化出版社，2001年，第31页。

2　［巴］伊夫提哈尔·H.马里克著，张文涛译：《巴基斯坦史》，中国大百科全书出版社，2010年，第67页。

在民间，伊斯兰教苏非派的努力促进了二者的和平互动，缓解了正面冲突造成的社会压力。在漫长的相处中，伊斯兰教受印度次大陆本土宗教文化的影响，形成了自己的特色。同样，印度教在面临不断的挑战时，自身持续改革，虽然没有在根本上将矛头直接指向僵化的种姓制度，但通过声势浩大的帕克蒂运动，印度教内部的崇拜对象趋向统一，信仰的表达方式也由祭祀转向内心虔诚的皈依，赋予了印度教更丰富、深刻的内涵和时代精神，增强了印度教内部的凝聚力。在二者的互动中，印度次大陆社会形成了新的政治、社会、文化面貌。“在伊斯兰教传入印度后的数个世纪中，伊斯兰因素变得十分多元，其土生土长的、阿拉伯人的、非洲人的、波斯人的和中亚的各支融合形成了划时代的印度—伊斯兰文化。伴随波斯语成为本国语言，和印度一个朝代又一个朝代吸收波斯特性的帝国结构，这个地方发展出一种多维度的政治、文学和艺术传统。伊斯兰价值观和印度价值观的互动，以一种强劲的方式持续伴随着他们的文化，双方都没能完全同化对方。放大视角来看，南亚的伊斯兰教是范围更广泛的穆斯林文化传统的有机组成，在许多领域反映了自身的印度化特性，因此，无论是在次大陆与本土原生宗教文化的互动，还是与伊斯兰世界其他地区的伊斯兰文化间的互动，都显示出更为复杂的、多维度的特点。总而言之，伊斯兰教并未将印度次大陆伊斯兰化，印度次大陆这片土地也没有压制伊斯兰教自身的独特性。在很长一段时间内，伊斯兰教与本土宗教文化的整体竞争性和细节趋同性，是南亚地区多元文化互相交流的特性。”[1]

---

1 参见［巴］伊夫提哈尔·H.马里克著，张文涛译：《巴基斯坦史》，中国大百科全书出版社，2010年，第52页。

综上，此时期印度次大陆社会的宗教文化特点可概括总结如下：

第一，贯穿始终的宗教冲突。伊斯兰教由传入到在印度次大陆北部建立统一政权，与次大陆本土宗教的对立与冲突，是中世纪宗教文化中的主要矛盾之一。这种对立与冲突的姿态贯穿始终，时而激化、时而缓和。归结主要原因，是由于作为统治阶级的穆斯林从维护自身政权、利益出发，将宗教服务于政治目的。当政权不稳或掌权者缺乏对当地社会文化的认识、了解时，便利用宗教打压异己，或暴力对待其他宗教信徒以起到震慑作用，又或用自己狭隘、偏颇的观念激化社会矛盾，由此对社会发展造成了不同程度的影响。因此，在王权时期，君主个人的特性及强权的实施效果，直接由上而下地影响着社会整体文化环境的宽松或紧张。例如，德里苏丹国初期的强制改宗政策，及对非穆斯林的残暴迫害行为，与当时统治者权威的树立、政权的维护等紧密相关，推广传播伊斯兰教并不是这些方式、手段的初衷，也不是终极目的。莫卧儿王朝阿克巴大帝时期，推行实施宽容宗教政策，在一定程度上缓解了宗教对立带来的社会矛盾，这一由帝王主导的政策背后的主客观原因我们会在后面的章节一一分析。然而，即使在相对宽松的社会环境下，依旧不断有地方上的穆斯林王公利用时机，以维护伊斯兰教为借口，举兵起义。可见以宗教之名发动的政治甚至军事行动，不限于地域，也不限于对方的社会角色，常以超越世俗的名义对抗世俗对象。

第二，冲突中的妥协。外来宗教传入印度次大陆，这种经历对多元宗教文化的次大陆社会来说并不陌生。但是，13世纪初，德里苏丹国在北印正式建立政权，到了三百多年后的莫卧儿王朝，统治疆域覆盖了次大陆的绝大部分地区。穆斯林作为王权统治阶级的局面持续了六百多年之久，这种经历对次大陆本土人来说是空前的，也是无力彻底改变的。在抵抗的过程中伴随着调试与妥协，是历史进程中的必然。另一方面，作为统治者的穆斯林，在面对历史悠久、宗教文化多元的印度次大陆社会时，也逐渐清醒地意识到用伊斯兰教全面同化、强制改宗，根本是不可能实现的事情。本土强大的宗教哲学传统蕴藏着深厚的文化力量。随着时间的发展，不同宗教文化在相互碰撞中，不断涌现出新的思潮，及与之相匹配的改革运动。与此同时，伊斯兰教苏非派在11世纪进入印度次大陆后，在民间逐渐发展为一支强大的宗教力量，吸收融合了次大陆本土的宗教文化思想，采用了接近本土的习俗方式，与本土的宗教改革与思潮一起，积极推动了次大陆社会整体文化思想的丰富与进步。这种凝聚力代表了民间宗教文化的发展力量，自下而上地影响了统治阶级对印度次大陆社会的认知与理解，悄然影响了统治策略的调整，也为阿克巴时期的开放思想、宽容政策提供了基础。

此外，帕克蒂运动的领袖尊重伊斯兰教，并明确表达出彼此融合的愿望。需要指出的是，他们主要是印度教教徒，其改革思想发源于印度教传统，并且依照传统，不会劝服“异教徒”改宗，也不以赢得改宗者为目的。这种对传统的坚守，既是印度教宗教观内核的体现，也是不同于现当代改革者的很明显的一点。因为“对印度教教徒来说，宗教之间的差别，不在于它们的目的，而在于其本质的表现”[1]。由于有着吸纳包容的传统，这种融合的态度对于印度教教徒来讲是顺

1 ［印］A. L. 巴沙姆主编，闵光沛等译：《印度文化史》，商务印书馆，1997年，第103页。

理成章的。这恰好印证了拉达克里希南的观点:“印度教生活的长河常常是平静的，但也不乏急流；它流得那样远，以致只有用一种长远的观点才能公正地看待它的本质。……印度河流域文明值得注意的特征是其文化影响，而不是政治权利的连续性。”[1]

但是，从伊斯兰教视角来观察，若要保持宗教的纯粹性与群体的特性，尤其是特权性，来自印度教的吸收与融合是潜在威胁，这比立场鲜明、强制改宗的做法更令人不安。进而，这种默许融合的态度，就意味着对模糊彼此界限的认可，就意味着系统、鲜明、一神论的伊斯兰教，将趋同于松散的、宽泛的、多神论的和极具包容性的印度教，那么，就相当于伊斯兰教在本土化的过程中，将有所流失；而流失的程度，无人可以预测，也无人可以把握。这实际上就有了冒险性，让伊斯兰教正统派深感不安。正如印度社会学学者阿齐兹·艾哈迈德（Muhammad Aziz Ahmed）所言，彼时入主次大陆的穆斯林群体所要面临的主要问题是，“是与印度教融合，还是通过复归一神信仰和正统的宗教与政治形式来保留其身份”[2]。

由此可知，一方面印度教教徒在面对占据统治地位的穆斯林统治者时，不得不在政治对抗的同时作出妥协，印度教内部的改革与吸收借鉴便是自我调适的表现之一；另一方面，伊斯兰教虽在政治上占有统治地位，但作为外来宗教，为了在印度次大陆生根发展，也不得不作出相应的妥协与让步，在维护伊斯兰教信仰不流失于印度教文化的同时，即在

1　[印]A. L. 巴沙姆主编，闵光沛等译:《印度文化史》，商务印书馆，1997年，第87—88页。

2　Muhammad Aziz Ahmed, *Studies in Islamic Culture in the Indian Enviroment*, Oxford, Clarendon Press, 1964, p.191.

保持自身特色的前提下，在生活习俗、宗教礼仪等表现形式上，放松对次大陆本土宗教的限制与约束，接受本土宗教文化传统的表现形式。

第三，独具南亚特色的伊斯兰文化的形成。1206年德里苏丹国的建立，标志着穆斯林第一次在印度次大陆北部地区正式建立统一政权。此时，刚刚建立政权的君主们迫切需要强大的伊斯兰世界作后盾，便延续了政教合一的特点，在大多数苏丹执政期间，依旧承认阿拉伯帝国哈里发的中心地位。到1526年莫卧儿王朝建立时，穆斯林统治者随着自身在印度次大陆政权的逐渐稳固，及与次大陆本土文化的相互适应，已经产生了保障独立特色发展的诉求，而现实也提供了与之相匹配的环境。于是，随着帝国经济文化实力的发展壮大，对阿拉伯哈里发中心政权的依赖性逐渐减弱，也从波斯萨法维帝国的“附庸”地位中逐渐脱身出来，最终发展成为在伊斯兰世界与奥斯曼、萨法维三分天下的强大帝国之一。莫卧儿帝国利用了信仰逊尼派的奥斯曼帝国与信奉什叶派的波斯萨法维帝国间的紧张关系，凭借不断发展自身实力，成为伊斯兰世界中举足轻重的帝国，也成为另外两个帝国都想拉拢的对象。

总之，在印度次大陆的中世纪时期，印度教内部发生了范围广、规模大、时间长的帕克蒂运动。印度教不仅在神学、哲学思想上进一步发展，而且对僵化、繁缛的信仰仪式提出改革，在提升自身凝聚力的同时，将一些诞生于本土的同源宗教重新纳入到自己庞大的理论、实践体系中，整体呈现出具有时代特色的新面貌。与此同时，伊斯兰教在几个世纪的时间里，不仅通过与次大陆本土宗教文化的渗透融合、相互影响，形成独具南亚特色的伊斯兰文化，而且伴随着信众规模在民间的不断壮大与穆斯林政权的建立，最终成为印度次大陆的主要宗教之一。在民间发展壮大的过程中，印度伊斯兰教苏非派发挥了重要作用。

印度教与伊斯兰教的关系，经历了最初商路往来时期的彼此相遇知晓，又遭遇了入侵征服时期的对立对抗，之后进入相互一边妥协一边调整的勾兑期，终于在从未停止过融合渗透的漫长岁月中，形成了各自的历史、地域特色。两个宗教群体在长期的较量中，并未以数量上的多寡或社会地位上的悬殊压倒对方。在这一互动过程中，双方互相激发了各自宗教神学、哲学思想的发展，共同繁荣了印度次大陆的思想文化内涵。经过几个世纪的共存共生，在印度教帕克蒂运动与伊斯兰教苏非派运动的影响与推动下，在14、15世纪，印度次大陆已呈现出明显的宗教文化融合趋势。此时的印度次大陆，既存在不同教派间的相互排斥、冲突，也有各个教派内部的自我批判、改进，整体经历了互鉴、取精的过程，孕育了颇多思想深邃、高瞻远瞩、突破传统的历史性代表人物，他们的思想不仅被本教派的信徒继承发扬，更体现为新教派、支派的不断涌现。

在宗教思想家的推动下，人们对超自然神的认识与理解逐渐发生变化，从通过仪轨等外在形式传达敬畏，转向通过冥想等内在修炼方式表达虔信与爱，从表面的服从转向了内心的接近，对人与神的关系有了新的认识、新的定位和新的沟通途径。尤其是在阐释人、自然和超自然的神之间的关系与互动时，关注点逐渐向人倾斜，并对人自身的思考与爱的能力加以肯定。从而，对人与超自然的诸神或至高的主之间的关系与关联方式，有了更加鼓舞人心的解释，提出了更加发挥人的主观能动性的方式，即无论是印度教教徒还是穆斯林，都多多少少得到了类似的鼓励：从被动的敬神转向主动的爱神，从通过宗教权威规定的仪式仪轨连接神，转向通过自身的虔诚与爱来直接与神、主连接。虽然，并没有突破超自然、自然和人三者浑然一体的世界观，但是，对人的定位及主观能动性的认识进入了新的阶段。

二、印度次大陆中世纪宗教文化的启示

宗教作为人类认识世界过程中的一个阶段、人类自我认知的一个角度，以及与他人相处的一种方式，在人类历史中发挥着不可替代的作用。伴随着人类生产力的跨越式发展，宗教在人们生活中的地位也不断被调适着。在最初探知世界的过程中，人类由具象到抽象地确定了“神”的概念，通过阐释神与人的关系来认知人类自身；在这一过程中，人类代代传承的经验不断积累，生产力在近代得到了跨越式提升，智者突破了思想的深度与维度，开始尝试以人为本，出发探求生命、宇宙的终极存在目的、终极意义。结果，有些宗教走上了与哲学分道扬镳的道路，但是印度教和伊斯兰教并没有走向这个结果。

从宏观来看，宗教的历史折射了人类对社会认知的发展的历史，亦间接反映了人类历史。宗教思考因其所涉人类生活范围之广、程度之深，成为人类思想史中的宝贵财富，但其中暴露出来的弊病与对人类生活的消极影响，也是不容忽视的。从印度次大陆中世纪近千年的历史阶段来看，当伊斯兰教与政治目的相结合，以征服者的姿态进入次大陆后，引起了当地社会结构、文化面貌的重要改变；其自身在新的地理人文环境中，也形成了不同于其他地区的伊斯兰教特色。从微观来看，作为宗教权威，由于自身视角、所处环境及经历体验的不同，会对同一宗教做出不尽相同的解释；作为信徒，由于同样的原

因，会对同一宗教产生不同的理解，得出不同的结论。这些既是导致宗教内部分裂的原因之一，也是促使宗教发展的动因之一。

人类在调整宗教的内涵、地位、意义等的过程中，也反映出自身对生活的需求，换言之，人是按照自己的需求或目的，明确地或潜意识地调整宗教在生活中的位置的。由此，是人自己主导着宗教在生活中实际发挥的作用。简言之，人类的终极需求决定了宗教的发展走向。因此，通过对宗教发展变化的考察，可以探知人类在不同发展阶段，对人生的理解与追求。

伊斯兰教在认知层面的优势主要表现为“一神论”的核心思想。在宗教体系里，这体现了人类对自身群体认识的发展，隐含了对人类整体性、同属性的认识；在人类社会生活中也更容易成为统一的指导思想或发展方向。教义、教规、仪轨等细琐的规定，直接担当了社会法律的角色，规范了信徒在社会生活中的行为方式。所以伊斯兰教从诞生之日起便是政教结合的产物。伊斯兰教正统派乌里玛对宗教权力刻意垄断的做法，与印度教婆罗门种姓霸据宗教权力的行为相似，出发点相同，最终都是为了最大限度地维护自身权益，这都会导致来自内部反抗力量的积聚与爆发。

印度次大陆的苏非派发展与帕克蒂运动，为上述观点提供了实证。二者虽然不同质不同源，但却有着共同的发展方向，那就是揭露虚伪的宗教表象，打破僵化的宗教体制，争取平等的宗教权利，进而改善泱泱信众在现实社会中的境遇。可是，如果过分探究宗教义理，会将过多的注意力、精力投入到人神关系的思考与推理中，以及现实与虚幻的关系的思考中，从而陷入对形而上解释的追求，终究无力打破已有的社会格局。从这一点看来，无论是苏非主义还是帕克蒂运动，无论是随波逐流的平民信众，还是思想开放、探知欲强的帝王（如阿克巴）领袖，都无法触动社会的根基，无从改变社会的根本面貌和走向。因此，在印度次大陆，对人神关系的认识与定位，并没有改变以神为中心的认知方法，因此也没有发展到对人的现实关照层面上来。幸而，世界不是铁板一块，西边的欧洲迎来了文艺复兴，东边的华夏大地经历了宋明理学，进入莫卧儿时期的印度次大陆也经历了印度教教徒与穆斯林的长期相处，到阿克巴大帝时已经公开强调理性与仁慈，表现出对生命的尊重与热爱。但当时印度次大陆尚不可能走出神的影子，走入理性科学的时代。这是宗教本身的局限性所致，也是印度次大陆的生产力条件所致。即便如此，不能否认的是，阿克巴的“理性神学”已经走在时代的前面，这可以说是彼时社会文化现状在他个人思想中的积极的反映。

综上，这里首先从政教关系层面，初步探讨宗教在王权统治的政治、社会生活中的位置，及由此带来的启示。

首先，单一的或同源的宗教信仰在政权统一和地理位置相邻的区域范围内，有利于增强生活在这里的人群的集体认同感，建立共同的社会心理基础。然而，通过考察具有多元宗教文化特性的中世纪印度次大陆，会发现多宗教并存虽然一方面会引起社会冲突，但另一方面，多样的生活方式、多元的宗教信仰，体现了观察世界的不同角度，反映了不同社会各具特色的历史环境，可以激发出共存共生的新方式，或者宗教理解上的共识，有助于开放思想和长远眼光的形成。多宗教并存可以成为社会发展的催化剂。

其次，政治服务于人类的现实社会生活，属公共领域范畴；宗教源于人对客观世界的主观看法，属于私人精神领域范畴。当执政者在现实生活中拥有强烈的宗教诉求，并将其作为执政的因素，或直接利用宗教支持政权时，或宗教组织以宗教为指导管理集体社会生活，或宗教领袖担当政治领袖时，政与教便交织在一起，相互支持、相互利用，为个人或统治阶层服务，必将损害大多数人的利益。因此，当宗教对集体利益或大多数人的利益产生破坏作用时，便进入到公共领域，应受到政治手段的辖制；宗教不应插手政治，但可以帮助执政者认识社会、理解社会成员，从而制定更适合共同发展的政策。

再次，在王权统治时期，被统治社会的成功发展，才是王权巩固的保障。与被统治地域内的社会共同发展是统治者的职责。宗教既是君王私人生活的一部分，也是他认识社会的一个角度，但不应是统治的目的。政治统治着眼于现实生活，宗教可以协助统治者更好地理解现实生活，甚至可以帮助其更好地改进现实生活。但如果统治者用宗教指导施政，就等同于将个人意志强加于集体意志之上，不仅滥用了自己的职责，而且将有悖于社会的整体发展，其个人统治也将注定失败。

另外，在纵览印度次大陆中世纪主要宗教的发展变化时，相关的些许启示也得以凸显，概括如下：

首先，宗教教义内容越详尽，表述越明确，宗教组织方式乃至日常仪轨便越易趋于僵化，该宗教群体在短时间内相对越容易受到攻击。比如伊斯兰教，刚性较强，不利于其调整自身来适应时代变化。由于其弹性较小，变革只能发生在经文注释学及相关的分支上，结果导致内部分歧越来越多，宗教凝聚力易遭破坏。

其次，宗教形式松散有利于对抗文化环境的变化。在“形散神不散”的基础上，这种宗教遇到新兴的或外来强势宗教时，虽然在政治联盟（即组织形式）上处于劣势，但具有较强的灵活应变性。从长远角度来看，在外因的刺激下，不仅可以通过内部改革促进自身发展，以适应时代的发展趋势，而且内部的凝聚力会逐渐增强，有较大的发展空间。被统称为“印度教”的印度次大陆原生宗教便属于这一类。

再次，政治权威影响着宗教的走向。随着伊斯兰教在印度次大陆统一政权的建立，宗教与政治的紧密关系随即清晰显现。君王主导实施的宗教政策直接影响着政权的稳定。恰当的宗教政策可以帮助巩固政权；反过来，稳固的政权可以创造稳定的社会环境，为宗教文化的发展提供条件。

最后，灵活、富有弹性的宗教态度、宗教观，会因哲学层面的不断探索而深化，会因对人文社会的持续关怀而亲近社会。反之，政治与宗教的合体，在单一宗教信仰团体的内部尚可实行，在大领域、多元宗教文化的范围内，短时期内也许可以产生强烈的效果，长远则既不利于宗教的发展，也不利于政治的稳定。

当伊斯兰教在印度次大陆发展到莫卧儿王朝阿克巴统治时期，在宫廷和民间，无论是律法制度，还是语言文学、绘画建筑、音乐艺术等方方面面，都已经呈现出独特的南亚特色。当然，伊斯兰教在与当地文化的互动过程中，也已经不同程度地融入当地的社会文化中，并以其强大的生命力与活力，尤其是在社会中的地位与影响力，在相当大的程度上影响了当地文化的整体面貌，促使次大陆文化表现出新的时代特色。

由此可知，当某一宗教传入其发源地以外的其他地域后，在与当地宗教文化的互动过程中，必将经历冲突对立的阶段；而且这种宗教文化上的冲突，甚至会在某一时期成为社会的主要矛盾。但只要执政者恰当地控制教不干政，并为各宗教的发展提供相对自由的空间，那么，不仅可以缓和不同宗教派别间的对立紧张关系，而且可以为各宗教间的互鉴与融合提供契机，整体上促进社会多元文化的繁荣与发展。

历史上伴随着统治王朝的更迭，各宗教及宗教内部的各派别，通过不断调整自身来争取各自的生存或拓展空间。调整失败的宗教或教派随着时间的流逝被历史的洪流所淹没，同时又有新的教派在不同思想的碰撞中应运而生。无论是高高在上的统治者还是为生计劳顿的平民百姓，都有着自己对世界、人生的认知与思考。这既可以表现为被动的宗教继承，也可以表现为自我精神的无限追求。前者受社会环境的限制，后者是在现有环境中为了超越而不断努力，这种努力，是外界难以阻挡的。

第二章

莫卧儿王朝阿克巴大帝

阿克巴，那位一世之雄的自学的天才，俯视着一切，乃是一个由平常人形成的伟大形象；他本人失教不学，然而却倡导一种包罗人类心智中所有最崇高产物的哲学上及文艺上的诸说混合主义；他是一大帝国的建立者，是常临战场的将军，事必躬亲，而同时又是一位有自由精神的政治家，他全部嗜好都趋向于哲学式的冥想和超然的诗歌方面：这是一位面貌深沉而显有坚强意志的天才。[1]

1336年4月9日，帖木儿出生于撒马尔罕以南约80千米的渴石（Kesh，今乌兹别克斯坦沙赫里萨布兹［Shakhrisabz］），自称是成吉思汗的后代。他一生东征西战，立志将各蒙古汗国再度统一，恢复往昔辉煌。1370年，他建立帖木儿帝国，定都撒马尔罕。但在他1405年

1　［法］雷奈·格鲁塞著，常任侠、袁音译：《东方的文明（上）》，中华书局，2003年，第375页。

去世后，帝国很快陷入争夺政权、四分五裂的局面。帖木儿的四世孙乌玛尔·谢赫·米尔扎（Umer Shaikh Mirza）被任命为费尔干纳的省督，1494年，他在战争中处于劣势，被敌军包围阵亡。其子巴布尔时年12岁。通过谈判，巴布尔以割让费尔干纳的三座重镇——柯柬德（Khojend）、马尔吉南（Marghinan）及乌拉缇尤拜（Uratiupe）为代价，保住了继承来的其余土地。在接下来纷乱的战争中，巴布尔一边想收复失地，一边对撒马尔罕野心勃勃。在缺乏十足准备的情况下，他趁机探取撒马尔罕的政权，却被敌人"黄雀在后"收其大本营。慌忙之中他又举兵杀回费尔干纳，不幸路上身染恶疾，最终身边带着不足百人的亲眷与亲信，周旋躲藏于冬天的山谷里，成了一位"无国之君"（a king without a kingdom）。在接下来的几年中，费尔干纳几次在他手中失而复得，撒马尔罕也始终是他志在必得的目标。征战中他面临的最强悍的敌人是崛起的乌兹别克人，无力正面与之对抗的巴布尔取道喀布尔前往呼罗珊。喀布尔统治势力的内讧给予他一次难得的机会，他出乎意料地占领了喀布尔和伽兹尼，1504年在阿富汗东部登上了王位。紧接着在1505年1月，巴布尔支援盟军攻打杰赫勒姆河（Jehlum）南岸的佩拉（Bhera）地区，这是他第一次有机会进入印度次大陆。他穿过开伯尔山口，途经白沙瓦，一直抵达木尔坦，之后向西返回喀布尔。此行让他对次大陆西北部地区的环境，有了初步了解。

虽然从德里苏丹国（1206—1526年）时期起，穆斯林已经正式在印度次大陆建立政权，但是其王朝更迭频繁、内部争斗激烈，后期更是分裂出数个独立的穆斯林国家，如古吉拉特、孟加拉等。1518年，德里苏丹国洛迪王朝苏丹施行强权，以期挽回局面，结果直接引发了各地穆斯林首领的叛乱，印度教王公也加入其中。1524年苏丹伊卜拉欣（Ibrahim）的叔叔阿拉乌丁（Allah-u-din）为了夺取王位，向巴布尔请求援助。与此同时，拉合尔的首领道拉德·汗（Daolat Khan）也请求巴布尔支援，并以归入其政权作为回报。巴布尔率军向拉合尔进发，击败苏丹的军队，继而攻占迪巴勒布尔（Dipalpur），与道拉德·汗的军队会师。1525年底，巴布尔带领长子胡马雍（Muhammad Humayun Mirza）再次进军旁遮普，与苏丹伊卜拉欣的大军作战，旨在攻下德里，夺取北印的政权。

德里对巴布尔而言，意义非同寻常。他当时所在的喀布尔，北面中亚地区政权握在乌兹别克人手中，西面面临波斯的威胁而无力扩张，只有南下群龙无首的印度次大陆，才是唯一的契机。1526年4月21日，巴尼巴德（Panipat，又译帕尼帕特）战役，苏丹伊卜拉欣战死，洛迪王朝终结。巴布尔乘胜追击，于4月24日攻占德里，5月4日攻占阿格拉并立都于此,标志着巴布尔在印度次大陆正式建立政权，即莫卧儿王朝的开端。至1530年12月26日巴布尔去世，他留下的是一个尚未站稳脚跟的外来穆斯林政权。在海德尔·米尔扎（Haidar Mirza）撰写的《拉希德史》（*Tarikhi Reshidi*）中，他对巴布尔的品格作了这样的描述："在他所有（可贵的）品格中，他的慷慨与仁慈是首屈一指的。"[1]

巴布尔有4个儿子：穆罕默德·胡马雍、噶姆朗（Kamran Mirza）、信达尔（Hindal Mirza）和阿斯噶力（Askari Mirza）。长子胡

---

1 G. B. Malleson, *Akbar and Rise of the Mughal Empire*, Low Price Publications, Delhi, 2008, p.47.

马雍继承了王位，他出生于1508年4月5日。他接过根基未牢的莫卧儿帝国时，面临着巨大的挑战。对当地居民来说，他们不过是一群外来的异教统治者，与之前德里苏丹国的苏丹们并无两样。虽然胡马雍继承了父亲大部分的优秀品格，但他武断欠沉稳的性格，使他未能接稳权力，在巩固新帝国中央政权、建立法制等方面没能及时有所建树，致使地方上势力强大的王公们跃跃欲试，王室内部对继承权的争夺也如火如荼。1540年4月，腹背受敌的胡马雍在卡瑙季战役中被阿富汗人舍尔·汗·苏尔（Sher Khan Sur，亦称舍尔沙［Sher Shah］）战胜，后者继而攻占德里和阿格拉，建立苏尔王朝，设都德里。1545年舍尔沙去世，他在体制、田赋等方面的改革，凸显了行政治理方面的才能；在修筑道路、促进贸易等方面推行的政策，为后来莫卧儿王朝阿克巴大帝的改革提供了借鉴。1555年7月，胡马雍进占德里和阿格拉，莫卧儿王朝恢复政权，但是领土仍只有有限的范围。1556年胡马雍去世，2月14日，时年不满14岁的阿克巴在卡拉瑙尔（Kalanaur）继位。

第一节　阿克巴与莫卧儿帝国

穆斯林统治德里苏丹国的三百年间，内忧外患，政权更迭频繁，先后5个王朝的历位苏丹大多步履维艰。宫廷内部，穆斯林正统乌里玛力图操控政权，极力推崇对非穆斯林的宗教歧视政策；地方上，穆斯林统领及承认德里苏丹国穆斯林政权的印度教王公，各自为营，待时机成熟便脱离苏丹国宣告独立。受草原帝国崛起的影响，蒙古大军凶猛异常，给并不稳固的穆斯林政权带来极大威胁。莫卧儿王朝建立初期的三十年间，巴布尔统治四年，胡马雍在十年的努力后，使政权旁落，王朝更名易主十五年，再次夺回政权后不久意外身亡，将刚刚获得重生的莫卧儿帝国交给了少年阿克巴。如果阿克巴失败了，应该无可厚非或至少也在情理之中。但是，他成功治理帝国近五十年，为之后穆斯林在次大陆两个多世纪的统治奠定了基础。难怪后人认为，阿克巴才是莫卧儿帝国的真正缔造者。

一、阿克巴的少年时期（1542—1556 年）

阿克巴全名阿布-乌尔-法特·查拉-乌德-丁·穆罕默德·阿克巴（Abul Fath Jalaluddin Muhammad Akbar），1542年10月15日生于欧迈尔果德（Amarkot）（今属巴基斯坦信德省），母亲为哈米达·巴努（Hamida Banu Begum）。阿克巴出生时，父亲胡马雍已偕家眷退守信德地区两年之久，一直奋力抗争，伺机夺回失去的莫卧儿政权。1543年7月，胡马雍被迫撤离信德，偕妻儿及为数不多的亲信逃往坎大哈（Kandahar），在途中遭到四弟阿斯噶力的迎击，为了保全不满1岁的阿克巴的性命，胡马雍夫妇不得不弃战而逃，将襁褓中的阿克巴及照顾他的侍女留下。阿斯噶力将他们带回了位于坎大哈的领地，安置于后宫。胡马雍夫妇在少量随从的陪同下，安全抵达波斯，寻求庇护及援助。在波斯萨法维王朝国王达马斯普（Tahmasp，1524—1576年在位）的协助下，1545年初，胡马雍入侵阿富汗西部，率兵直攻坎大哈。得知此消息后，占据喀布尔的二弟噶姆朗派密使前往坎大哈，要求阿斯噶力将阿克巴秘密送往喀布尔，作为人质要挟来势汹汹的胡马雍。就是否听从哥哥的建议，阿斯噶力阵营中产生了分歧。有人看好卷土重来的胡马雍，建议阿斯噶力将年幼的阿克巴完璧归赵，博取胡马雍的信任，免遭他的驱赶。而另一派人则认为应该与噶姆朗结成联盟，共同抵御胡马雍的进攻。结果，阿斯噶力采纳了后者的建议，年幼的阿克巴在恶劣的严寒气候中，被送往喀布尔，在另一位叔父那里，继续做人质。幸运的是，在那里，他得到了姑奶奶（巴布尔最喜爱的姐妹）汗札达夫人（Khanzada Begam）无微不至的照顾。9月，胡马雍成功占领坎大哈，并以此为基地，于11月15日成功攻占喀布尔，噶姆朗逃往伽兹尼。离散已久的父子终于团聚。1546年春天，阿克巴的母亲哈米达夫人也前来团聚，年幼的阿克巴终于也得见母亲。

但好景不长，这年冬天，胡马雍重病缠身，卧床两个月。很多势利的权贵不看好胡马雍的结局，纷纷投靠他的二弟噶姆朗。噶姆朗趁机夺回喀布尔，并且再一次将阿克巴带回自己身边，安排亲信照看。胡马雍痊愈之后对喀布尔发起了猛烈进攻。乏力反击的噶姆朗只好用阿克巴的性命来威胁胡马雍。停火的胡马雍继续包抄进攻，于1547年4月28日再次攻占喀布尔，夺回阿克巴。噶姆朗于破城的前一天夜里潜逃了。

在接下来的两三年中，次大陆北部地区战乱不断，胡马雍忙于应战。此时的中亚地区仍然牢牢地控制在乌兹别克人手中，胡马雍杀回祖辈的中亚领地的可能性微乎其微。1550年，噶姆朗声称臣服于胡马雍，设计谋使胡马雍离开喀布尔，年仅8岁的阿克巴在导师穆罕默德·伽西姆·汗·比尔拉斯（Muhammad Kasim Khan Birlas）的辅佐下，代父统管喀布尔。胡马雍疏忽中计，性命难保，逃到了希尔丹山口（Sirtan Pass）。喀布尔再次落入噶姆朗手中，阿克巴第三次成为这个叔叔手中的人质。有惊无险的是，胡马雍很快重整旗鼓，带兵夺回喀布尔，阿克巴又平安地回到父亲身边。自此，胡马雍没再重蹈覆辙，再没让喀布尔从手中失落。他将吉尔克（Chirkh）地区分封给阿克巴，并安排锡斯坦的哈吉·穆罕默德·汗（Haji Muhammad Khan of Sistan）前来辅佐，同时负责阿克巴的教育。接下来的几年中，胡马雍的兄弟们相继臣服于他，噶姆朗1553年流亡麦加，1557年亡于该地；阿斯噶力1551年流亡麦加，不再对胡马雍的政权构成威胁。

来自家族内部的斗争，对胡马雍巩固政权造成了巨大的困扰，带来了不可逆转的损失，而这恰恰也是历来穆斯林统治者稳固政权的最大威胁之一。之后在与苏尔王朝残余势力作战时，胡马雍的得力助手贝拉姆·汗（Bairam Khan）屡立战功。阿克巴也在战斗中经受了历练。1555年7月23日，胡马雍成功占领德里，继而收复阿格拉。时隔十五年，再次回到首都的胡马雍日夜忙碌，在分身无术的境况中，派出阿克巴前往敌人残留部队所在的旁遮普，贝拉姆·汗协同前往。1556年1月，阿克巴抵达希尔辛德（Sirhind），在得到地方权贵的支持后，大力挺进，追赶敌人锡坎达尔·沙（Sikandar Shah）。此间，他接到来自胡马雍的一系列密报，得到指示，要求他尽快铲除余孽。阿克巴不负众望，奋勇杀敌。可谁知随后到来的，竟是胡马雍意外身亡的消息。胡马雍在德里皇宫的书楼上意外坠楼，弥留四天后于1月24日去世，终年48岁。胡马雍身边最显赫的忠臣达尔第·贝格·汗（Tardi Beg Khan）为了确保阿克巴能顺利继位，将胡马雍去世的消息封锁了十七天。他在妥善安排好继位事宜后，才将消息公之于众。2月10日，达尔第·贝格·汗让群臣汇聚于大清真寺，带领大家把对帝王念颂的祈祷词献给阿克巴，接着派出宫廷侍卫将皇冠护送给镇守在旁遮普的阿克巴。他特意将王位的隐患——噶姆朗的儿子安排在护卫人员当中，严格看守，可谓用心良苦。

确保王位被顺利继承后，达尔第·贝格·汗率众精心部署城内的防御工事，以防苏尔王朝来势汹汹、野心勃勃的残余势力——喜穆（Hemu）大军的攻袭。喜穆是原苏尔王朝最具实力的将军，无往不胜的人物。他并没有把千辛万苦杀回来的莫卧儿人放在眼里，正率领大军挺进阿格拉。虽然此时的阿克巴已经统管了旁遮普，德里、阿格拉和希尔辛德也在他亲信的掌控之下，但是，对抗喜穆的进攻胜负难算，而且，喀布尔地区也已经陷入了动乱。在前途未卜的境况中，13岁零4个月的阿克巴登上了王位。

喜穆在进军阿格拉的路上不断壮大自己的势力，攻下阿格拉后，便朝德里挺进。驻守德里的大臣达尔第·贝格·汗无力抵抗，逃往希尔辛德。得知喜穆占领德里的消息后，阿克巴汇聚群臣，共商对策。大多数官员建议阿克巴采取保守策略，先退回喀布尔，待壮大势力后再夺回德里。唯独大臣贝拉姆·汗不赞成此对策，强烈建议阿克巴取道萨特累季河（Sutlej），到希尔辛德与达尔第·贝格·汗的军队会师，之后共同杀回德里。他认为，德里才是重中之重，如果失陷于喜穆手中，那么接下来整个旁遮普地区也很难保住。占据德里，再攻取其他地区都是易事，反之则不然。这种想法与阿克巴不谋而合，他二人雄心勃勃，追求的是立足印度次大陆的帝国政权，而不仅仅是对地方小国的统治。

1556年10月，阿克巴按计划从贾兰特尔（Jalandhar）率军出发，到希尔辛德后成功与达尔第的军队会师，并争取到了被喜穆击败的一些王公贵族的支持。节外生枝的是，两位重臣贝拉姆·汗与达尔第·贝格·汗水火不容，前者属于伊斯兰的什叶派，后者则属于逊尼派。在希尔辛德会师后，贝拉姆·汗便找借口将达尔第唤入自己的帐内，杀害了他。此时，喜穆已在德里称王，马不停蹄地为扩大力量招募士兵。在得知阿克巴到达希尔辛德后，喜穆首先派出炮兵部队，抵达德里以北约48千米处的巴尼巴德，计划自己率步兵和骑兵随后到达。与此同时，阿克巴也已从希尔辛德出发，向巴尼巴德挺进。出发之前，阿克巴派出曾经跟随达尔第驻守德里的大将阿里·古力·汗（Ali Kuli khan-i-Shaibani），带领1万骑兵做先锋部队，先期抵达。阿里·古力·汗一举歼灭了喜穆的先头部队，首战告捷。

阿克巴与贝拉姆·汗于当年11月5日清晨抵达巴尼巴德。与喜穆率领的大军相对时，也许阿克巴会想到三十年前的祖父。巴布尔曾在此地击败洛迪王朝的大军，入主印度次大陆，继而建立莫卧儿帝国。面对苏尔王朝的残余势力，阿克巴此次经历的战争也意义非凡。勇猛的喜穆带领500象骑兵，打散了莫卧儿的左翼先锋队，不幸的是，他的骑兵部队没能及时赶来支援，更为不幸的是，喜穆的眼睛被贝拉姆·汗指挥弓箭手射中。在受伤后的仓皇逃跑途中，喜穆被莫卧儿军队掳获。据说，贝拉姆·汗将喜穆带到阿克巴面前，说道："这是您的第一场战斗，请您用手中的剑亲自处置掉这个异教徒吧，这会为世人所称颂的。"阿克巴答道："他现在与一个死人并无两样，让我如何再施刑于他？如果他尚存还手之力的话，我倒是愿意试试我手中的剑（与他搏斗一场）。"[1]最终，贝拉姆·汗砍下了喜穆的头颅，当下最大的威胁被铲除了。第二天，阿克巴率领莫卧儿军队凯旋德里。

---

1 G. B. Malleson, *Akbar and Rise of the Mughal Empire*, Low Price Publications, Delhi, 2008, p.71.

少年继位的阿克巴有着明确的使命感。童年的颠沛流离、父辈间的夺权斗争、辗转于各地的生活经历，都成为他认知世界、思考未来的现实基础。如何结束动荡而进入稳定，如何结束内部斗争而形成统一政权，如何协调不同的教派而共谋发展，都是少年阿克巴不得不面对的问题。为了寻找答案，为了解决生死存亡的问题，他只能竭尽全力。对三个世纪以来穆斯林政权在印度次大陆的更迭起伏，阿克巴以史为鉴，努力将征服者转变为名副其实的统治者。要让被统治的人民接受他，首先统治者要从心里真正地接受生活在这片土地上的人民，使自己成为他们中的一员，如此才能获得稳固的政权，推动王朝的发展。阿克巴在亲政后不久便开始推行宗教宽容政策，展现了他“治民先得其心”的统治核心精神，这为他今后的征服与治理起到了强大的支撑作用。

二、阿克巴的统治初期（1556—1560 年）

由于阿克巴年少继位，包括摄政大臣贝拉姆·汗在内的朝廷重臣都从心理上倾向于视其为需要教导、甚至可以摆布的少年，而非一言九鼎的一国之君。这一点阿克巴自己很清楚，也深有体会。还好，群臣们窥探不到阿克巴的真实想法与内心；作为放马后炮的我们当代人，也只是多了一点点事后诸葛的优势。

阿克巴在继位之初还是个少年，但这在历史上王权统治时期并不是稀有的案例。特殊的经历与地位，培养了他少年老成的态度与做事风格。他不识字，但是沿袭祖训，修建藏书馆收集保存各类书籍，尤其喜好让人读各类书籍给他听。他头脑清晰，心思缜密，善于观察，任人唯贤，对身边心怀不轨的大臣也有预防与对策。贝拉姆·汗之前私自刺杀重臣达尔第·贝格·汗，还有掳获受伤的喜穆后请阿克巴亲手处死的举动，暴露了他刚愎自用、心胸狭窄、不容异己的特点，其野心与残忍同样引起了阿克巴乳母阿纳迦夫人（Maham Anaga）的不满。这位陪伴阿克巴长大的女性在后宫中占有举足轻重的位置。她时时提醒阿克巴要尽快除掉隐患，早日掌权亲政。阿克巴一边积蓄力量，一边寻找合适的时机。行事谨慎的少年皇帝一边要让自己足够强大，一边要考虑适时适度地处治这位曾为国立功却没有摆正自己位置的要臣兼导师。直至1559年，阿克巴继位后的第三年，莫卧儿帝国的王权仍然掌握在摄政大臣贝拉姆·汗的手中。

1560年，阿克巴由阿格拉出发前往德里，并在到达德里后颁布诏令要开始亲政，且委婉地提出请贝拉姆·汗前往麦加朝圣，以满足他多年以来的愿望。在收到正式诏令前，贝拉姆·汗便已得到密报，他怒不可遏，与随臣商量对策，准备采取行动。阿克巴料到贝拉姆·汗会将旁遮普作为谋反基地，于是一边率兵前往，一边安排贝拉姆·汗的宿敌送他启程前往麦加。阿克巴不留余地的决绝之举，彻底激怒了贝拉姆·汗。他将家眷安置在比卡内尔（Bikaner）的义子处，随即举兵反叛。谁料想，义子见他大势已去，倒戈朝廷，于是反叛很快被镇压。一败涂地的贝拉姆·汗只得请求阿克巴宽恕。念有旧情，阿克巴赐予重金遣他远行麦加。行至古吉拉特时，地方官员对他礼遇有加，还妥善安排了他的离岸行程。然而，同年11月9日，贝拉姆·汗被积怨已久的宿敌刺杀。此时，阿克巴已回到了德里，开始亲政，时年18岁。

然而阿克巴宫廷内的隐患并未消除殆尽。野心勃勃的贝拉姆·汗的结局竟成为曾支持并协助阿克巴的乳母的机会，她想凭借自己在宫中及阿克巴心中的特殊地位，扶植自己平庸的儿子阿达姆·汗（Adam Khan）篡位，自己做幕后掌权者。阿克巴于1562年果断地除掉了阿达姆·汗，为自己的亲政扫清了道路。

阿克巴在继位六年后才成为真正意义上的莫卧儿帝王。与父辈的境遇不同的是，于外，莫卧儿暂时没有势均力敌的劲敌威胁，胡马雍早年在波斯宫廷寻求庇护的经历，为阿克巴初期的发展创造了良好的“双边”关系；于内，少年君主在肃清宫廷的道路上羽翼渐丰。他的经历、性格和少年继位的特殊性，都成为成长的优势，使他完成了亲政路上的历练。

幼年时的颠沛经历，加上天赋个性，让并不热衷于识字的阿克巴专注于对坐骑的驯服。他的行为显示出内在的征服欲和与世界连接的沟通能力。儿时不断变换的生活环境，让他对事物的认知少了些先入为主的成见，也许还激发了亲自探索求知的欲望。对于他成年后的性格，相关史料中自然少不了对帝王的溢美之词，但也不可全部视为空穴来风。总结下来，主要体现为：为人慷慨大度，头脑冷静、理智，爱好广泛，尤其善骑善射、善长途跋涉、好狩猎等，几乎所有需要力量和技能的运动，对他都有很强的吸引力，这些对征战和称帝都是必不可少的要素。少年继位虽然隐患重重，但也未尝不可化险为夷。因为少年继位，可以减少继位前宫廷内王位之争的内耗，避免自身狭隘利益的养成；少年思维开阔，有魄力，敢于畅想，乐于创新，办事灵活，提早进入角色，有助于更切实际地为如何治理好国家而严肃地思考；来自朝臣的轻视，可以积极地转化为证明自身能力的动力；资深大臣的初期辅佐，亦可转化为尽早亲政的动力，有助于学会思考、处理君臣关系。总之，早期的角色适应，为少年皇帝提供了深度思考的时间，促使他去考察与认知现实状况，为今后建设与改善制度体系、调整政策做好准备。阿克巴后来的作为表明，虽然难免常年征战，但他终究认识到合适的治国策略才是帝国权力稳固的真正根基。

其实，阿克巴执政期间，印度次大陆仍保持着地方割据、各自为王的局面。在战场上，阿克巴是统率全军的将领；回到首都，他统领着为数不多的臣服于他的王公权贵。对地方割据称王者的实际事务，他很难插手。1556年，阿克巴登基时，莫卧儿帝国的领土十分有限，主要由围绕在首都周围的省区组成：6个省区以6个主要城市为中心划分而成。6个城市为：德里、阿格拉、卡瑙季、江布尔（Jaunpur）、曼都（Mandu）和拉合尔。周边地区的情势也不容乐观，西边独立的古吉拉特王国控制在阿富汗穆斯林王公手中；东边的孟加拉、比哈尔和奥里萨掌握在阿富汗人手中；而位于印度中部曾经被征服的马尔瓦（Malwa）也再次独立，肯地斯（Khandesh）、拉其普塔纳（Rajputana）也未并入，拉其普特王公们对中央政权虎视眈眈；克什米尔地区处于独立状态；独立的南印度（德干地区）则未曾重视过德里的穆斯林政权。

到1560年阿克巴亲政时，莫卧儿帝国的疆域西至瓜廖尔和阿杰梅尔，东至勒克瑙（Lucknow）以及奥德省（Oudh）的阿拉哈巴德（Allahabad）和江布尔。其余的重要城市、地区如贝拿勒斯（Benares）、贾纳尔（Chanar）、孟加拉及比哈尔等，依然掌控在苏尔王朝的遗老遗少及其他阿富汗家族手中。印度次大陆的整个南部地区及大部分西部地区，依旧完全脱离于莫卧儿王朝的统治。

在强大的邻国波斯萨法维什叶派国王的眼中，阿克巴及其什叶派的摄政王贝拉姆·汗不过是他们的傀儡。在帝国内部，印度教教徒人口占据绝对多数，世袭的印度教王公权贵实际控制着很多地区，也掌控着地方军队。地方军队扮演着双重角色：当帝国统一对外作战时，他们负责投入武力；当改朝换代或王权不稳时，他们在地方王公的指挥下发起叛乱、起义，甚至还有可能组成地方军事联盟，共同推翻王权。总之，地方军队直接听命于地方首领。面对这种局面，中央政府也在各地布设了一定数目的皇家军队。皇家军队的将领由帝王亲自任命，直接听命于帝王，与地方军队并无联系，因此，也是地方起义、叛乱发生时最先起来实施镇压的军事力量。

莫卧儿帝国的法律制度是遵循《古兰经》和《圣训》而立的，并设大法官来主持。对伊斯兰教教法“沙里阿”的解释权主要掌握在正统伊斯兰教学者乌里玛的手里，他们热衷于在帝国立法和制定政策的过程中横加干涉，声称要保证穆斯林政权的纯洁性。民情不是他们关注的主要问题，他们最关心的是如何确保自己在统治阶层中的权威地位，谋取私利。但是在刑法方面，他们干涉的理由就没有那么充足了。刑事案件须在得到大法官认可的前提下，依照地方传统来审理。因为，虽然穆斯林与次大陆本地居民经过几个世纪的共同生活，习俗上已彼此了解，但是各地的习惯法不易改变，尤其在以家族氏族为基本单位来主导的农业社会生产模式下，各地方已经形成了历史悠久的仲裁、惩戒方式，不可强行改变。在尊重各族群的风俗、信仰的前提下，恰当地处理刑事、民事案件，才是君王树立权威、建立公正形象的有效途径。

除了军事与司法以外，建立合理有效的行政制度，是巩固中央政权、促进帝国统一发展的必要条件。无论是德里苏丹国时期各穆斯林王朝推行的行政制度，还是巴布尔在建立莫卧儿帝国以前，在费尔干纳和喀布尔等地采取的政策，都沿袭了中亚及阿富汗地区突厥人的统治手段，即由王权专制下的军事行政管理制度衍生出的大封建主制。之所以如此命名，是因为帝王将征服的土地分封给子孙后代及军事将领后，地方上的实权都掌握在这些受封者手中。虽然原则上此类分封土地是不允许世袭的，但是如果中央政权不够强大稳定，那么不可能有人愿意将到手的土地再交回去。往下蔓延，地方上的争权夺利会再次将土地无限制进行瓜分，导致纷争四起，内乱频仍。这是游牧族群生活方式的特质所决定的，也是他们在经历半游牧、半定居的生活后，最终走向定居模式的道路中，需逐步适应改善的地方。因此当他们在农业社会定居下来后，在制度政策、行政治理等统治管理方面，需要学习借鉴定居历史久、以农业经济为基础的被征服地区的经验与方式，才有可能以统治者的姿态长期进行统治。这并不一定是先进或落后之分，但确实是生活生产方式的历史经验积累导致的结果。

以游牧、半游牧为主要生产、生活方式的蒙古族群和突厥族群等，能征善战，在征服土地的速度上，犹如历史上空刮过的龙卷风。在征服了广袤的领土后，他们通常以分封土地的方式治理帝国，一是表达对功臣将领的奖励，二是顺应治理本身的需求。主王在各地驻扎军营，虽然适于流动作战，但不利于协力建造统一、持久发展的帝国。回顾历史，无论是威震一时的蒙古帝国，还是再现辉煌的帖木儿帝国，其开疆拓土，所向披靡，可谓无人能敌；但是，由于缺乏合理有效的行政制度，为王位继承、地方治理等诸多方面留下了太多隐患。一旦强王离世，帝国就失去了核心支柱，纷争四起，分崩离析成为必然。合理的行政制度如同帝国的理性框架，在制定规范、推行有力、行之有效的前提下，可以为帝国统一发展创造平稳的环境，这样才有可能走向长治久安。

如何整合各个地区，建立中央集权的大一统帝国，是阿克巴自1556年继位以后便一直需要面对的问题。帝国的根基是生活在这片土地上的人民，如果无论身处哪个阶级、从事哪种职业、信仰哪种宗教的人，都认可他的帝王身份、接受他的统治管理、听从他的行政执法、信服他的公平正义，那么，他才称得上是真正意义上的帝王，而非一个临时的外来统治者。虽然德里苏丹国于13世纪初在印度次大陆正式建立了穆斯林政权，但是三个多世纪以来，印度次大陆基本上处于政权分散、更迭频繁的境况之中，并没有形成核心的中央统治局面。大多数君主不过是政治角逐中闪耀一时的流星。为了争夺短暂的利益，他们在这片土地上造成的创伤，要大于留下的福祉。当然其中也不乏建立过丰功伟业的有识之士，他们留下的政策与制度，很是值得借鉴。对阿克巴来说，幸运的是，之前苏尔王朝的建立者舍尔沙，在行政改革方面显现了过人的才能，为他留下了非常值得借鉴的治国方案。

三、莫卧儿王朝的统一与扩张（1560—1605年）

阿克巴亲政后，各地此起彼伏的起义、叛乱依旧如常。前期帝王权威的树立、王位的巩固异常艰难。无论是喀布尔、拉合尔，还是德里、阿格拉，都处于动荡之中，危机四伏。经过连年的征战，在阿克巴强有力的军事力量中，占据凸出地位的是斋浦尔的拉其普特王公帕戈旺·达斯（Bhagwan Das）和他的侄子曼·辛格（Man Singh）。提前说一下，未来君主，阿克巴之子贾汗吉尔的王后也来自这个家族。

阿克巴在巩固帝国根基的初期，主要依靠强大的军事力量施展强权、扩张领土，羁縻与怀柔政策并行。对表示愿意归顺的地区，他仍让原来的头领管理土地，并对他的子孙委以重任。1562年，阿克巴同愿意归顺的王公罗比哈里·马尔的女儿结婚，并让他的妻弟担任要职。对不愿意归顺、拒绝投降的地区，阿克巴果断地使用强大的武力征服，继而兼并他们的土地。1560—1562年，他征服了马尔瓦。1564年，征服了冈德瓦纳。1561—1569年，征服拉吉普塔纳的绝大部分地区。1572年，阿克巴征服了古吉拉特，控制了次大陆和西亚间往来的贸易通路。此时莫卧儿帝国的领土已经扩大到包括印度次大陆西北部地区、中部地区，东至格拉姆纳萨（Karamnasa）河岸的广大区域。1574年，孟加拉和比哈尔也被成功纳入版图。但他依旧没有停止征服的脚步，继而又先后征服了喀布尔（1585年）、克什米尔（1586年）、信德（1590年）、奥里萨（1592年）和俾路支斯坦（1595年）。坎大哈在阿克巴即位后不久被波斯夺去，至1595年，坎大哈的省督自愿归顺莫卧儿王朝。这样，阿克巴就把帝国版图扩大到了包含整个北印以及今阿富汗的一部分地区。

阿克巴的武力扩展可以持续有力地取得成效，也受益于他与拉其普特王公的强强联合。作为本土军事力量最为强大的地区之一，拉贾斯坦的拉其普特王公们素来有次大陆护卫英雄的称号，阿克巴通过联姻等手段，将他们纳入帝国官僚体系内，顺利地将他们从对抗性力量转化为为帝国服务、为帝王服务的支持力量或联盟力量。这一做法看似老套，但阿克巴生为穆斯林统治者，拉其普特王公却基本上都是印度教教徒，他们的联姻具有多重意义。阿克巴曾先后与两位拉其普特公主结婚，并且让她们在后宫继续保持印度教的生活习惯，庆祝印度教的传统节日。

新征服地区绝大部分属兼并性质，有部分地区保留了原王公的领地，将它们变成附属国，这种情况在原拉其普特王公所在地区较多。阿克巴的更大目标是统一整个印度次大陆。他希望南印诸国能够接受莫卧儿的宗主权。1591年他派遣了4名使节分赴南印坎德希、阿马德纳加尔、比贾普尔和高康达四国探明态度。坎德希表示愿意接受，阿马德纳加尔故意怠慢，另两国未置可否。1593年与1600年，阿克巴两次派大军进攻阿马德纳加尔，兼并其部分领土，阿马德纳加尔国王退到腹地继续抵抗。此后，阿克巴又兼并了坎德希。阿克巴将比拉尔、阿马德纳加尔部分领土和坎德希划作三个省，连同马尔瓦、古吉拉特共五省，设为德干总督辖区，派总督统辖。这样，阿克巴统治时期的莫卧儿帝国，南方边界就到达了戈达瓦里河（Godavari River）以南。[1]到阿克巴逝世时，莫卧儿帝国的版图已扩大到北自克什米尔，南至戈达瓦里河上游，西起喀布尔，东到布拉马普特拉河（Brahmaputra）的广大地区。

阿克巴的祖父巴布尔在成功地征服了印度次大陆西北部地区的部分领土后，在阿格拉的短暂的五年统治期中，无暇创立一套服务于长治久安的统治政策，依旧沿袭了他所熟悉的中亚地区的军事行政管理制度。此前，在印度次大陆北部建立政权的德里苏丹国实行的也是这套制度。巴布尔时继续沿用，并无创新改革。简单说来，依据该政体，分封或附属的各地作为行政省，由驻扎的军队管理，军营即行政组织机构，军队总督在各省占据首要位置。而在此类军事管理体制内，从理论上讲，是不承认土地世袭制的。这种军事行政体制的特点

---

1 参见林承节著：《印度古代史纲》，光明日报出版社，2000年，第312—314页。

是，各地区的军事首领直接受命于君主，他们彼此间的独立，不仅可以在一定程度上遏制地方军事联盟的形成，而且有利于在动乱出现时及时有效地镇压。但是，这也就意味着割断了各地区间的有机联系，降低了将各地区整合起来统筹规划、建立真正统一帝国的可能。

换言之，这依旧是一种征服者从武力上控制各地区的手段，而非统治者赢得民心、实现统一、建立和平帝国的治国之道。反观舍尔沙在统治苏尔王朝的五年间，在体制、田赋等方面作出了重要改革，为阿克巴后来的施政与改革提供了借鉴。1566年，莫卧儿帝国首都迁至阿格拉。阿克巴建立了一套行之有效的官僚制度和法律制度，行政管理要比德里苏丹时期出色得多。阿克巴执政期间，当帝国整体局势相对稳定后，他开始集中力量推行国内政治、经济、文化和宗教方面的改革。“他的改革成果显著，结果形成了一种独特的也可称为莫卧儿型的穆斯林统治体制，即穆斯林的半世俗政体。”[1]主要体现在以下几个方面：

王权至上的世俗政体　与近代的世俗政体不同，阿克巴强调王权至上的根据是“君权神授”说，突出强调王权是真主赋予的世间最高权力，君主是真主选定的执行这一最高权力的世间代理，他人没有权力干涉。这样做的主要目的，是遏制宗教权威对政治的强力干涉，破除宗教对政治的支配权，但这并不意味着将伊斯兰教排除在政治之外，而是为了树立王权权威的无可辩驳的依据。如阿克巴宫廷史学家阿布勒·法兹尔在《阿克巴则例》一书的序言中写道：“在真主的眼中，没有比王权更为崇高的东西。”“国王的职位由真主授予一位杰出

1　林承节著：《印度古代史纲》，光明日报出版社，2000年，第318页。

的人物”，“不需要什么中间人的推荐”。[1]1579—1581年，阿克巴颁布《公众声明》(*Mahzar*)，宣布自己为伊斯兰教法的最高解释者，剥夺伊斯兰教学者（即乌里玛）和教法学家的权威地位，迫使乌里玛屈从于王权。君主，成为政、教的最高领袖。

中央集权制 德里苏丹国时期，首席大臣（وزیر，音译为瓦基尔）权势过重。到了莫卧儿王朝时期，阿克巴经历了前朝大臣贝拉姆·汗的摄政辅助后，不再设置这一职位。中央设4个大臣，分管财政、军事、宗教司法和工商业[2]等。全国划分为十五个省，实行行政、司法、军事分治，受中央相应部门指挥。省下设县，县级官员受省领导，但由君主直接任免。县以下设税区，农村是基层行政单位，由村里的长老会或潘查雅特（Panchayat，类似于村委会）执行传统职能。有些学者指出，“16世纪和17世纪的莫卧儿行政管理的原则与体制基本上是阿克巴创造能力的产物，它们的成功取决于这位独裁君主的勤奋和天分，他必须将它们应用于一个广阔而又尚未完全被征服的领土的管理中”[3]。弊端是，一旦强势的君王去世，他曾制定的原则与体制必然会失去大部分效力。在阿克巴时期，“从前独立的王国变成了这个日益扩张的帝国的行省。阿克巴强行把北印度的诸多地区国家统一起来，形成一个单一的、中央集权的政治体系。在这个体系内，莫卧

1 ［古印度］阿布勒·法兹尔著，布罗奇曼译：《阿克巴则例》，第一卷，加尔各答，1939年，第2—3页。转引自林承节著：《印度古代史纲》，光明日报出版社，2000年，第319页。

2 亦有说法认为4个大臣指曾经的宰相贝拉姆·汗、财政大臣、军队总督和大法官。

3 Vincent A. Smith, *Akbar, the Great Mogul, 1542–1605*, Delhi, 1966, p.354.

儿皇帝是其政治合法性与权威性的单一来源。……皇帝的军事力量使他能够对所有新并入帝国的领地施行严密的行政控制——而且在遭到抵制的情况下也能保持这种控制。莫卧儿王朝给纷乱不堪的印度社会带来了前所未有的公共秩序”[1]。

司法制度 皇帝是最高司法权威，被看成是司法的基石和上诉的最终审判官。在他之下是大法官执掌的法庭。各省、城市和县都任命法官，通常由伊斯兰教法学家协助办案。当诉讼双方都是印度教教徒时，任命印度教法学家协助审理，农民财产纠纷由村社的潘查雅特处理。但是，在实际执行中，分工并不十分明确，而且司法没有脱离宗教法，也没有编制独立的国家法典，因此法律体系尚不完备。值得一提的是，阿克巴很注重处理司法案件和上诉，有时会命令将重要的民事诉讼转给他自己的审判官。阿克巴曾说："如果我犯了不公正罪，我会站起来判我自己败诉。"[2]同时代的观察家谈道，他在司法审判管理方面非常热心和仔细，在实施惩罚时深思熟虑，在所有被判处死刑或断肢的案件中，他要求提醒他三次，再执行判决。[3]

曼沙布制[4] 在阿克巴之前，印度次大陆掌权的穆斯林君主主要采用臣服策略，对待承认中央政权的本土王公，以附属国的形式施政治理。即臣服的王公只要按时（通常是每年及重大节日）纳贡，平

---

1 ［美］约翰·F. 理查兹著，王立新译：《莫卧儿帝国》，云南人民出版社，2014年，第57页。

2 Vincent A. Smith, *Akbar, the Great Mogul, 1542–1605*, Delhi, 1966, p.344.

3 参见 Vincent A. Smith, *Akbar, the Great Mogul, 1542–1605*, Delhi, 1966, p.344。

4 曼沙布是波斯语Mansab的音译，意为“衙门”“官阶”。亦称“曼沙布达尔”（Mansabdar），即军事品级制度。

日地方上依旧实行王公自治。这种松散的“邦联”形式当然并非君主所愿，但如前文所述，现实中内外各方势力相互掣肘，如果没有突破限制的强人领袖，没有管理制度上的创新建树，这种局面放大来看，也是一种社会平衡模式。在王权社会时期，一方面，中央政权在军事力量上形成长期绝对的压倒性优势，是稳固统治地位的必要条件；另一方面，中央政权在制度上革新突破，制定适合本土的政策并有效实施，是社会稳定发展的保障，反过来也是政权稳固的保障。

在以往的基础上，阿克巴借鉴波斯经验，用带有军事性质的管理体制代替原有的纯军事行政体制。这种改革后的体制被称作曼沙布制，是一种军事品级制度，特点在于，它不把军事将领简单地行政化，让他们军事化管理世俗事务，而是把地方王公纳入军官体系，按行政体量划分行政等级或军事品级。被纳入体系的各品级官员直接受命并服务于中央，协助中央集权体制的运行。曼沙布制自1573年开始实行，规定全国制定统一的军事品级，共66级。[1]按品级定薪俸，按薪俸数量划拨相应的土地作为军事采邑。所有士兵要注册登记，战马要统一实行烙印制度。阿克巴定期亲自抽查、检阅军队。“阿克巴这项新制的创设是成功的，既避免了由国家统一养兵不可避免会带来的财政困难，又改变了以往贵族养兵的无序状态。这种办法也保证了君主对军权的较牢固的控制。”[2]因此，莫卧儿帝国的朝臣官员隶属的行政机构，是在一个明确的军事路线基础上组成的。

1　林承节著：《印度古代史纲》，光明日报出版社，2000年，第323页。

2　林承节著：《印度古代史纲》，光明日报出版社，2000年，第324页。

这样的革新，既利用了以往军事管理制度的经验，又整合了被征服地区王公的力量，赋予他们维护帝国的共同的使命感，尤其是在实质上解决了供养军队与财政税收的难题，遏制了军队力量独立发展带来的不稳定因素。但是，在官员任命上没有突破性的改革。推选、引荐等方式加固了官僚体制的官僚做派，这不仅是印度次大陆本土社会文化格局的弊端之一，也是王权时期历史局限性的表现。当然，由此也可以窥见阿克巴对权力的掌控：被任命的候选人主要通过王族及官员等引见，官衔的最终确定由君主本人视情况而定。在莫卧儿帝国时期，在官员的提拔问题上没有公认的考察标准，也没有形成既定规则，主要凭借官员候选人在皇帝面前的表现。

土地税收制度 莫卧儿时期的扎吉尔（波斯语jagir的音译，意为得到一块土地）制度可以追溯到突厥穆斯林的伊克塔（iqta）采邑制度。历史上，这种采邑制度在王朝更迭时有利于贵族获得土地、财富和在地认同。在阿克巴时期改革后的扎吉尔分封，是以曼沙布品级及其相应的薪金数折合土地税收入决定的。阿克巴推行的曼沙布制，使扎吉尔的分封办法和供养军队人数有了统一的规定。扎吉达不能世袭，拥有土地税收权而无所有权和占有权，去除了采邑性质。税率由国家规定，君主才是全国土地的最高所有者。但是实际上，由于各种原因，封地很难原样收回。

在苏尔王朝苏丹舍尔沙的税制基础上，依据阿克巴的建议，财政大臣道达尔·莫尔（Todar Mal）制定了改良后的新税收政策，可简单归纳为：中央政府直接任命税收官员，派往各地负责征税。帝国统一对土地实行准确丈量，将土地按质分为四等，每一等级土地规定相应的税收标准。1563—1570年，新政首先在王室土地上施行，

1570年起，新政开始施行于扎吉尔土地。1580年起，全国被划分为一百八十二个税区，严格按等级征税。改进后相对规范的征税制度，直接稳定并增加了中央政府的财政收入，对社会经济发展起到积极的促进作用。

宗教宽容政策 在阿克巴的一系列改革新政中，最为著名、影响最大，并引起当时最大争议的，便是公开支持一切宗教平等的宗教宽容政策。概括来说，阿克巴倡导帝国内各宗教一律平等，允许各宗教各行其事，主张各宗教教派消除相互间的对立与隔阂。阿克巴颁布诏令，允许各宗教按照各自的教规进行宗教活动，修建寺庙、教堂等，允许原被迫改宗伊斯兰教的人恢复原来的信仰，印度教教徒可以在政府和军队中担任要职。虽然这些做法在现代人看来，是统治者开明合理地履行了其职责，但是，在政、教不分的中世纪印度次大陆，这一做法不仅需要前瞻的眼光，更需要突破来自统治阶层内部重重阻力的勇气与能力。

阿克巴继位后，在贝拉姆·汗摄政时期，由帝国的伊斯兰教教长，一位什叶派学者——谢赫伽达伊（Gadai）教授他《古兰经》与《圣训》。后来随着贝拉姆·汗的倒台，逊尼派穆斯林开始在朝廷中占上风，尤其是在1564—1578年这段时期[1]。虽然什叶派在政治上失势，但阿克巴并没有因此而忽视什叶派人才，他始终对什叶派学者的才华与学识大加赞赏，并将他们留在宫中委以重任。

除去上述几项主要举措外，阿克巴还下令取消以往名目繁多的苛

1 参见Makhan Lal Roy Choudhury, *The Din-i-Ilahi or the Religion of Akbar*, Munshiram Manoharlal Publishers Pvt. Ltd., 1997, p.80。

捐杂税；发行标准货币、统一度量衡；鼓励资助建立大量伊斯兰教和印度教学校，规定把地理、历史、数学、天文等都列入教学内容；提倡和赞助学术研究。因此，在这一时期，莫卧儿宫廷学者荟萃，民间文化教育得到良好发展。另外，针对社会弊端，阿克巴下令废除一些陈规陋习，他的举措中包括允许寡妇改嫁，废除“萨蒂”（即妻子为亡夫殉葬自焚）制度，禁止童婚，禁止大办嫁妆，等等。

阿克巴一系列改革措施的推广，有效地促进了莫卧儿帝国农、工、商业的发展，为帝国整体发展奠定了经济基础，为文化繁荣提供了保障。“直至十八世纪早期，阿克巴和他的政府创造的这些结构依旧存在，令人惊异地没有发生什么变化。正规税收体系和扎吉尔体系一起对北印度的农村社会产生了强大影响。在具有压倒性优势的莫卧儿强权的推进和支持下，这个结构入侵到农村生活的坚硬内核，重塑了莫卧儿印度的经济、文化和社会。”[1]他的改革，“使莫卧儿政权具有了较突出的进步性，外来成分减弱，本土成分增强；宗教性质减弱，世俗成分增强。因此，它能获得包括印度教教徒在内的广大群众的支持，从而能在推动印度的社会发展和历史前进方面起更大的积极作用”[2]。在文化上，“阿克巴竭力促进伊斯兰教和印度教两种文化的接近和融合。在这方面他的贡献是任何印度穆斯林君主都无法相比的。他尽了最大努力，使伊斯兰教从突厥—波斯外来文化特点的状态中解放出来，使之与印度文化相结合，成为印度的伊斯兰教，适应他统治印度的需要。……文化上的互相渗透、吸收和某种融合为帝国政治上的

1　［美］约翰·F. 理查兹著，王立新译：《莫卧儿帝国》，云南人民出版社，2014年，第90页。

2　林承节著：《印度古代史纲》，光明日报出版社，2000年，第344页。

统一增加了一定程度的文化心理基础”[1]。在其统治下，中世纪时期的印度次大陆经济得到发展，文化得以繁荣，由此，阿克巴也被誉为印度次大陆历史上最伟大的君主之一。

由以往穆斯林的统治经验及莫卧儿帝国初期面临的困难可知，游牧半游牧的蒙古人、突厥人，甚至阿富汗人，受现实环境所限，虽然英勇善战，可以凭借武力占据统领地位，但是，缺乏定居后长治久安的制度设置和经验传承。每每在强势的首领去世后，其统治地区便陷入内部纷争的状态：争夺王位、抢占地盘、地方独立等，混乱不堪，被击败的首领或者积聚力量，卷土重来，或者另辟天地，占据新的地盘，否则就沦为“无国之王”，空具头衔，十分尴尬。阿克巴的祖父、父亲一辈都遭遇过此种境地，无论是否称王，战争是贯穿终生的主题。这对周边地区，尤其是孕育了农耕文明的富饶地区，构成了极大的威胁。

皈依伊斯兰教，赋予了四处征战的突厥人、阿富汗人无可辩驳的正义性。对偶像崇拜历史悠久、长期处于地方割据状态的印度次大陆来说，这是一场不可避免的阻击战。可是概观当时的印度，并没有做好统一作战的准备，也不可能做好此类准备。穆斯林从扩张领土到掠夺财富，从建立政权到统一次大陆，经过数个王朝几代人的争战、努力，已经知晓、了解、接受并尝试融入这里的本土文化。阿克巴本就出生在这片土地上，继位后，前事不忘，后事之师，加之天赋的骁勇善战、童年的颠沛流离、少年继位的历练，融合了对这片土地的熟悉与情感，在交错的文化氛围环境中，这位伟大的帝王应运而生。求知探索的天性、智者圣贤的指导、良师益友的影响，激发了他兼容并

1　林承节著：《印度古代史纲》，光明日报出版社，2000年，第343页。

包的情怀。阿克巴在位近五十年的统治，是他的能力、人格的最佳证明。

阿克巴大帝于1605年10月卒于阿格拉，之后其子、孙——贾汗吉尔和沙贾汗两位帝王部分继承和发展了他的统治精神和理念。

第二节　作为统治者的阿克巴

16—18世纪的伊斯兰世界由两大地区组成。一个是包括近东、印度次大陆和中亚在内的土地接邻地区；另一个是包括北非、苏丹非洲和东南亚的分散区域。16世纪初，在前一地区，突厥—蒙古势力建立了3个政权——奥斯曼帝国、萨法维帝国、莫卧儿帝国，属伊朗—突厥的乌兹别克人建立了布哈拉汗国，它们的首都分别是伊斯坦布尔、伊斯法罕、阿格拉和布哈拉。“奥斯曼人、萨法维人和乌兹别克人都是依赖特定的部落而掌握政权的，三个帝国的军事武备也比较类似。莫卧儿人则不同，他们的军队是由支离破碎的部落集团组成的。他们缺乏一致的族群或社会认同，其部分原因是帖木儿十四世纪在为西突厥斯坦的霸权而战时，削弱或者破坏了部落的内聚力。”[1]

一、政教关系

阿克巴首先通过加强中央集权、收紧王权来遏制统治阶层内部

1　参见［英］弗朗西斯·鲁宾逊主编，安维华、钱雪梅译：《剑桥插图伊斯兰世界史》，世界知识出版社，2005年，第64页。

的权力争夺。在边远地区，存留地方王公，只要他们承认莫卧儿的宗主权并按时纳贡，就给予相当程度的自治权，这是次大陆政治不变的特色，也是王公土邦大量存在的现实所致。尤其是拉其普特王公，自6世纪聚居在此之后，其英勇御敌的社会角色让他们成为本土人心中的“守护神”，没有他们的认可与支持，无法实现真正意义上的中央集权。为了达到这个目标，阿克巴认识到，征服他们的心，比掠夺他们的土地更奏效。如前文所述，阿克巴结合中亚的军事采邑制度，在印度次大陆革新设立曼沙布制，在联姻的基础上，积极将拉其普特王公与其他各地王公、官员纳入该制。按照层级，各地的王公贵族成为享用帝国采邑的封建主，义务是必须为统治者提供相应数额的骑兵。如此，军事力量、财政收入、行政任命等帝国的主要支柱，都直接受命于帝王本人。“反过来，拉其普特首领把自己放在了一个更为广阔的政治舞台上。他们不再陷于相互残杀的地方冲突，而是变成了帝国的将军、政治家和高级行政官员。……阿克巴在拉其普特人和莫卧儿人之间缔造了一条长达几近两个世纪的政治纽带。”[1]

莫卧儿帝国的建立，形成了外来少数穆斯林对次大陆多数本土各教教徒的统治，其中绝大多数，按照后来的分类，属于印度教教徒。征服是一回事，治理又是一回事，摆在眼前的人口社会、宗教文化、发展现状，都是检验统治者能力与智慧的真实挑战。在选任帝国的高级官员时，阿克巴没有任何歧视，一视同仁。“阿克巴缔造了一

1 ［美］约翰·F. 理查兹著，王立新译：《莫卧儿帝国》，云南人民出版社，2014年，第24页。

个具有不同经验和文化期待的复杂而异质的贵族集团。”[1]其实，任命印度教教徒为行政官员，并不是阿克巴的创新之举。之前在印度次大陆建立政权的穆斯林统治者都认识到，若没有印度教教徒参与行政管理，他们的治理根本无法实现，尤其像地方税收这一类事务，只能由本地官员按照惯例执行。阿克巴的魄力与格局让他在任命官员时再进了一步，能够对重要的印度教官员委以重任、授予极高的职位。这一做法不仅在当时的治理中立见成效，而且为后世所称赞。阿克巴在给布哈拉汗国的阿卜杜拉汗二世（‘Abdullah Khan Ⅱ，1583—1598年在位）的外交辩解书中提及：“那些印度教王侯的势力本来已经处于持久稳固的对立和反叛，但现在被彻底战胜了，并且与自己的敌人化为一体。”[2]

作为统治者的阿克巴，从制度上确保了军事力量的有序构成，及其对中央集权的保障；在用人上缓解了统治与被统治、外来与本土、宫廷宗教与本土宗教等各种对立关系中的紧张与对抗，为莫卧儿王朝的长久发展奠定了坚实的基础。

整体而言，在中世纪的印度次大陆，神依旧占据着人们生活、思想的中心地位，任何异己的宗教身份，都几乎不可能成为人民心中真正的权威。16世纪时，穆斯林以德里为中心建立政权已进入第四个世纪，无论是普通民众还是统治者，他们的脑海里是不具备“政、教二分”这个概念的，统治者很少出于单纯的宗教目的，对信徒群体施加

1　［美］约翰·F. 理查兹著，王立新译：《莫卧儿帝国》，云南人民出版社，2014年，第25页。

2　Asim Roy, *Islam in South Asia: A Regional Perspective*, South Asia Publishers, New Delhi, 1996, p.181.

迫害。但是，宗教本身的排他性，赋予了统治者“异教徒”的身份，这就迫使统治者必须认清政治与宗教的利害关系，恰当地使用手中这把双刃剑。

一系列穆斯林王朝的统治，不仅增加了印度次大陆社会的宗教多元性，也使穆斯林在当地的统治模式逐渐成形。考虑到“异教徒”统治带来的压力及由此引发的社会不稳定因素，大部分穆斯林统治者极力避免强迫性改宗事件的发生。尽管他们虔诚于自己的宗教信仰，但出于政治目的，他们清醒地控制并抵制乌里玛将政治宗教化的努力，全力制衡宗教势力在统治阶层内部的发展。穆斯林君主一旦向乌里玛妥协，承认他们对伊斯兰教法具有最高权威和最终解释权，便会沦为乌里玛的傀儡，陷入统治阶层的内部斗争。

如前文所述，阿克巴政策改革中的“基石”便是“王权至上”，以此彻底遏制住了乌里玛对王权的干涉与挑战，他以政、教最高权威的身份行使帝王的权力。在法理上政教一体的伊斯兰政权，意味着在现实实践中具有天然的内在矛盾性。因此，在治理中清晰地分担角色，遏制矛盾的发酵，这是阿克巴作为帝王的过人之处，也是平衡统治阶层权力结构的最优解，是政治实践的进步体现。其实，地方上势力强大的穆斯林王公，尤其是德里苏丹国瓦解后霸据地方的家族势力，也对中央政权虎视眈眈，并不会因为同属伊斯兰教，就迎合服从。这也说明了宗教在政权争夺中处于附属角色，绝非主导因素。也就是说，宗教一致是政治统一的锦上添花，却不是政治统一的必要条件。例如，孟加拉、奥里萨和比哈尔等地区，及次大陆西部部分地区的穆斯林王公们，势力强大，军事实力雄厚，在次大陆定居的时间比莫卧儿人要早得多，无论从心理上还是行为上，他们都很难轻易归顺中央。他们自认为是德里苏丹穆斯林统治者的王族后代，不肯降服，伺机而动。因此，用强力手段制衡统治阶层内的政教关系，对巩固政权具有至关重要的作用。

这种制衡乌里玛权力的作为，阿克巴也并非首创者。穆斯林在次大陆的统治史上不乏明君，他们的作为值得借鉴。按照伊斯兰教理论，王权要受乌里玛约束，这是因为穆斯林政体的法律要依照伊斯兰教法来制定并执行，乌里玛具有对伊斯兰教法沙里阿的最高解释权，在这方面，君王苏丹也要服从。但是，历代王朝的苏丹们只要具备条件，都不愿遵从这个规定。在多数情况下，苏丹们总是把对沙里阿的解释权掌握在自己手中，并根据维护统治地位的需要自行颁布法令。例如，德里苏丹国的阿拉乌德丁·哈尔吉（Ala-ud-Din Khalji）、穆罕默德·宾·图格鲁克（Muhammad bin Tughluq）都是奉行王权至上的典型，他们不允许乌里玛干预朝政，打破了乌里玛对司法的垄断。阿拉乌德丁·哈尔吉曾在一次与法官的谈话中说："我根据有利于国家及谨慎从事的原则颁布命令。我不知道它们是否符合沙里阿的规定，我也不知道在末日审判时，神会对我怎么样。"[1]他主张宗教要远离治国方略。他坚定地驳斥了要求将他的印度教臣民伊斯兰化的乌里玛们。他是首位与印度教女性结婚的德里苏丹，他还安排王子们与印度教公主们联姻。他雇用印度教税收官管理帝国的财政。穆罕默德·宾·图格鲁克是另一位德里苏丹国时期的明君，他曾从非乌里玛的学者中选拔法官。若乌里玛的判决有失公允，他会予以改变；若乌里玛触犯法

1　参见［巴］伊夫提哈尔·H. 马里克著，张文涛译：《巴基斯坦史》，中国大百科全书出版社，2010年，第61页。

律，他会同样治罪。他友好地对待印度教教徒和耆那教教徒，还参加印度教的传统节日——霍利节（洒红节），并对伊斯兰教以外的其他信仰表现出哲学探讨式的爱好。总之，图格鲁克的种种举动，都被正统乌里玛视为背叛伊斯兰教的印度教化的行为，后者因此发起战争。此外，还有以吉亚斯-乌德丁·巴勒班（Ghiyas-ud-Din Balban）为代表的神化君权者。“他强调登上王位是神的意志，王权是神授予的，他是神在这个世界上的代表，在神性上仅次于先知。因而他认为贵族和乌里玛不能评判、约束他的行动。他还强调，正因为王权神授，国王就有无限的专制权力，从而，他也必须具有超人的威严和地位，以保证人民的服从。与这个主张相呼应，在宫廷礼仪上，他规定官吏进见苏丹必须着朝服，除少数大臣可就坐外，其余的人只能站立侍候。还规定了对苏丹的匍伏跪拜和吻脚礼。”[1]

在社会发展的王权时期，可以实现君主的核心权力，而在宗教盛行时期，君主的权力需要得到各教派的接受与认可。就这一点而言，在纯粹的宗教意义上，是不可能实现的。但是，树立世俗统治的绝对权威，却未尝不可以做到。这样做的前提是，在施政、治理的过程中，臣民之身份须优先于宗教之身份被考虑，在社会公共领域强调属民身份，淡化教派身份。如果可以具备这样的宏观格局，那么，在帝国治理下的公共生活，将有可能给予属民相对宽松的发展环境，有可能引导宗教身份进入私人领域，发挥辅助作用。

毕竟，每种宗教在纯粹的义理层面，都具有普适的一面，但是，在现实实践中，却不可能真正存在普适意义的宗教。因为，地理人文环

1　参见林承节著：《印度古代史纲》，光明日报出版社，2000年，第271页。

境上的差异，决定了各个宗教生来固有的特性。诚然，在特定的历史时期，在不同的语境下，宗教可以发挥出凝聚、引领群体发展的重要功能，例如，王权时期，在征服土地与镇压叛乱时，以强势宗教政策作为依据，可以发挥震慑作用，是树立权威的依托之一，但这终究不是长久之计。在和平治理时期，恰当的宗教政策，也是巩固政权的必要手段。

阿克巴在借鉴前人经验的基础上，明确推行倡导宽容的宗教政策，为次大陆社会的整体发展提供了缓和的社会心理基础和宽松的文化发展环境。他这样的开明做法，并非完全偶然。来自中亚的莫卧儿人（察合台-突厥人）在环境与个人经历的影响下，对伊斯兰教的接受与吸收，受半游牧、中亚、波斯等历史、地域、文化等多方面的影响，在进入次大陆之前已形成自身的中亚-波斯特色。而且，他们最初的征服并不是以传教为目的的。因此，在建立、巩固政权的道路上，君主与宗教的关系及对宗教的理解，具有很强的变通性。例如，巴布尔的表现就有悖于逊尼派正统穆斯林，在《巴布尔回忆录》中，有记录他及家人对饮酒的热爱与颂扬。在胡马雍失去政权的时期，由于需要波斯萨法维王朝的支持，他可以接受并支持伊斯兰教什叶派；莫卧儿政权牢固后，为了摆脱波斯的控制，寻求与奥斯曼王朝保持良好的外交关系，他们又可以支持逊尼派而遏制什叶派的发展。凡此种种，皆是出于政治目的。

这种不羁的思想与对权力的追求结合在一起，为莫卧儿人的自我认识、自我定位提供了发挥的空间。并且，在大时代、大环境宗教文化思潮的影响下，阿克巴较具魄力的、甚至前沿的观点与做法，是他个人的敏感、洞察与开明所致，也是时代发展的反映。他的天性与实践，并没有违背家族的传统。印度史学家珀西瓦尔·斯皮尔在评价莫卧儿人时说："一般说来，莫卧儿人在心灵上是一个非宗教的种族。用已故的萨尔达尔·潘尼迦的妙语说，他们是'职业国王'，他们对于统治比对宗教宣传更感兴趣。"[1]另一方面，阿克巴虽然传承了这种"职业国王"的素养，但他本人似乎对宗教表现出了与政治同样浓厚的兴趣。有学者认为这没有超出王权统治的考虑范围："阿克巴从未幻想过建立一种让印度教教徒和穆斯林都放弃自己所坚守的传统而信奉的新宗教，他所需要的是找到一种方法，将印度人信仰的巨大洪流疏导到与两个宗教社团的传统都截然不同的目标。他的办法是创造一种以皇帝为中心的宗教崇拜。"[2]这里面提到的"新宗教"，即"以皇帝为中心的宗教崇拜"是本文后面将要着重讨论的"神一信仰"[3]。但笔者认为，除去政治因素，阿克巴本人的特性中依然含有"不可二分"的宗教因素，而且是较具特色、与其他方面互为证明的突出因素。这一点将在下一节中展开论述。

总之，在阿克巴统治时期，政治与宗教尚未呈现出"二元对立"的局面。但是，既然是以外来穆斯林征服者的身份统治次大陆，那么，"异教徒"身份在统治者身上的表现，将使宗教因素在政治生活中更为凸出，使得宗教成为维护政权的双刃剑。信奉伊斯兰教的莫卧儿人在面对次大陆的被统治族群时，最好采取适时的政策，疏导、转

---

1 ［印］A. L. 巴沙姆主编，闵光沛等译：《印度文化史》，商务印书馆，1997年，第514页。

2 ［印］A. L. 巴沙姆主编，闵光沛等译：《印度文化史》，商务印书馆，1997年，第515页。

3 即The Din-i-Ilahi，英文译为"the Divine Faith"，笔者经过初步探讨，不认为其自成一教。依照《现代汉语辞典》的解释，暂取较为贴近的译词，译为"神圣信仰""神一教"等。

移、缓解因宗教差异而带来的政治、宗教的双重对立性。不得不说，阿克巴较为准确地把握了政教二者的关系，明确推行宗教宽容政策，利用“疏”而非“堵”的方式削弱了宗教间对立的尖锐性，发挥了宗教对政治的辅助作用而非破坏作用。在统治阶层内部，宗教又成为君主、宗教学者、军事首领三方权力制衡中的关键因素。阿克巴颁布诏令，宣布王权至上，确立君主的政教最高权威地位，有力地保障了世俗政权的稳固，树立了统治者的绝对权威，由此加强了中央政府的执行力，为帝国发展创造了稳定的环境。阿克巴利用宗教中共通的一面去统一，而非用排他的一面去制造根本的分裂。

作为一国之君，阿克巴首先将所有生活在多元宗教文化环境中的印度次大陆人视为自己的臣民，而非不同宗教的信仰者。对官员、人才等的选拔与任用，较之宗教身份来说，才华与品质是他首要看中的，能够更有效地履行职责的，才是他眼中的最佳人选。这一点也不是阿克巴的创新，历来的穆斯林君主都是这样做的。但是，提升印度教教徒官员在宫廷中的任命比例，并给予高级别的地位权力，是阿克巴统治时期最为显著的特点。“到十六世纪，印度教服务种姓——卡特利（Khatris，即刹帝利——笔者按）、卡亚斯特（Kayasths）、婆罗门和其他种姓——已学会了波斯文，在政府管理中变得不可或缺。”[1] 阿克巴对他们的任命，兼顾管理目的和现实状况，还有对他们能力与学识的赏识，例如财政大臣道达尔·莫尔、统管斋普尔等地区的拉其普特王公帕戈旺·达斯、曼·辛格、帕尔·莫尔（Raja Bhar Mal）

1 ［美］约翰·F. 理查兹著，王立新译：《莫卧儿帝国》，云南人民出版社，2014年，第69页。

和比尔巴尔（Birbal）等。除管理人才外，宫廷内的首席乐师丹森（Tansen）、首席画师达斯瓦·纳特（Daswa Nath）、首席御医莫哈代乌（Mahadev）和昌德拉森（Chandrasen）等也都是印度教教徒。[1]他还将众多印度教学者吸纳入宫廷，[2]在他著名的“宫廷九杰”（Nine Jewels）中，有不少于4位是印度教教徒。[3]

当然，这也顺应了政治生存的需求。一边是阿克巴礼贤下士，另一边是朝臣的忠心辅佐。在阿克巴的军队中，有接近一半的士兵是印度教教徒。[4]在阿克巴继位初期，当摄政大臣和乳母相继展露篡权的野心时，是印度教官员拜哈里·莫尔（Behari Mal）协助他渡过难关的。不单单是对待与王权直接相关的官员、士兵，他对普通百姓的态度与作为，以其执政早期颁布的诏令为参考，也可举例一二。在一份1561年4月颁布的诏书中，阿克巴授予一位印度工匠封地，将其纳入皇家官员编制；在一份1562年5月24日颁布的诏书中，阿克巴赐予一位印度教教徒收入补助金（revenue grant）。[5]他曾说过：“端正的品

---

1 Makhan Lal Roy Choudhury, *The Din-i-Ilahi or the Religion of Akbar*, Munshiram Manoharlal Publishers Pvt. Ltd., 1997, pp.83, 138.

2 他们被分为5个等级，共30个人左右。具体名单参见Makhan Lal Roy Choudhury, *The Din-i-Ilahi or the Religion of Akbar*, Munshiram Manoharlal Publishers Pvt. Ltd., 1997, p.138。

3 多数学者认为这9位声名显赫的人物在不同时期有不同的人选，因此不同的史料提供的名单不尽相同。参见Makhan Lal Roy Choudhury, *The Din-i-Ilahi or the Religion of Akbar*, Munshiram Manoharlal Publishers Pvt. Ltd., 1997, p.83。

4 Makhan Lal Roy Choudhury, *The Din-i-Ilahi or the Religion of Akbar*, Munshiram Manoharlal Publishers Pvt. Ltd., 1997, p.88.

5 Edited by Irfan Habib, *Akbar and His India*, Oxford University Press, New Delhi, 1997, p.276.

行才会得到主的赞许；我从没看到过任何人被正直的人引入歧途。”[1]他这种切实朴素的用人之道、待人之道，为多元文化帝国的稳定提供了最基本的保障。他的实际作为也证明了他的思想认知与推行政策的一致性。

二、统治者身份的考察

在这里，我们将从三个方面——作为统治者的基本必要条件、莫卧儿帝国所处的客观环境，以及生为君主的自身条件等，来考察作为统治者的阿克巴大帝。

一位王权时期的帝王应具备的必不可少的条件是：首先应拥有强大的军事武装力量，这是征服领地的前提条件；其次他应是弱者的保护者而非欺压者，否则，不仅仅落下暴君之名，更严重的是不可能执行长期且有效的统治；最后，需要得到地方强权的支持，这一点是统治者稳固政局、树立权威的关键。概而言之，一要有战斗力，二不能行暴政，三要做到强强联合又不失主位。

在武力征服的能力上，前文已经叙述了阿克巴从伴随父亲夺回莫卧儿帝国的王权时起，在军事方面的历练就从未停止过；他继位后莫卧儿帝国领土的不断扩张，也进一步证明了他的军事能力。在莫卧儿政权建立后，在印度次大陆这片富饶而充满魅力的土地上，各方势力各有所持，各据一方，难分高下：高傲的拉其普特人以祖辈英武善战

---

1 Edited by Irfan Habib, *Akbar and His India*, Oxford University Press, New Delhi, 1997, p.277.

的传统为荣耀，他们眼中的穆斯林是外来入侵者、异族统治者，他们时刻可以与其一决胜负；阿富汗人经过几个世纪的融合，已将自己视为生活在这片土地上的正式成员，伺机夺取政权也并非不可能；散据各地的土邦王公，也不可能轻易将权力拱手相送；前朝遗留下来的穆斯林贵族，依旧把持着所剩不多的地盘，自封为王。面对如此局面，阿克巴率兵四处征战、平息叛乱，这是保障政权的必要条件，是作为帝王首先要完成的功课。因此，军事竞争力的保持，永远是维护王权的前提条件，是获得和平谈判主动权、说服对方的最有力保障。

在征服领土后，如何征服民心，才是坐稳王位的日常功课。在占领土地后，征服土地上的人，得到他们长久的接受和认可，而不是一时的妥协，阿克巴才能由征服者变身为统治者，由威胁者变为保护者。在次大陆社会的传统观念中，对不同种姓的人群有着不同的道德要求，这也是婆罗门立足于上层社会的依据之一。这就为不同人群的出现与存在提供了理由，人们在潜意识中易于接受差异的存在，也就是说，生活在这里的人们的基本理想“是均衡而不是平等，是和平而不是自由”[1]。这也暗含了对一种社会秩序的期望，即对类似君主这样可以提供安全保障的权威角色的需要。

王权时代的阿克巴是如何胜任这一角色的？首先，他通过逐步剥夺乌里玛宗教势力的权力，将政教大权都集中到自己手中，遏制了宫廷内部矛盾的蔓延。同时，最为重要的是，他跨越种族、宗教等因素，平等地看待所有民众，不会以信仰为由无端地践踏臣民的尊严，

1 ［印］A. L. 巴沙姆主编，闵光沛等译：《印度文化史》，商务印书馆，1997年，第184页。

为社会整体发展提供了宽松的氛围，逐渐得到了大众的认可。阿克巴的统治“建立在这样一种理论的基础之上，即王权是真主放射出的一束光芒，是只有当数千种崇高的必要条件都齐备于一人之身时才能赐予的一件伟大的赠品。他广泛的征服使他确信，他就是真主选中的人，受真主的信托而拥有天地万物。增进普遍的和谐是他的职责。他认为，统治者与臣民关系的紧张不是完善的政府应有的标志。阿克巴的行政制度虽然基于伊朗的传统，但很大程度上是按古代印度和德里苏丹国的成功经验来制订的,并且直接吸收了舍尔沙的惯例”[1]。于是，他将莫卧儿帝国的根基建立在统治者和臣民良好的关系之上，真正实现了立足于印度次大陆的统治。

具备了强势力量，和确定向与臣民建立良好关系的方向发展，中间还有一环，那便是如何将由上至下的力量贯穿起来。地方王公的归顺与臣服、支持与辅佐，正是这最关键的一环。那么，联姻、授品、封地等，应该是征服后迅速达到此目的、巩固统治的极其重要的途径。阿克巴热情地通过联姻及保留臣服了的王公的地位、权力等方式，安抚并拉拢了最具对抗力量的拉其普特王公们。他将他们当中的贤才能人拉拢到自己身边，联以姻亲，委以重任，吸收为支撑帝国发展的核心力量。阿克巴不仅得到了印度教教徒中精英人士的协助，而且积极推行宗教宽容政策，安抚人心。他恩威并施，采取武力镇压与宗教宽容并重的手段，成功地实现了稳定江山的目的。

既然看到了帝国整体发展的契机，那么，也意味着他们可以为

1　[印] A. L. 巴沙姆主编，闵光沛等译：《印度文化史》，商务印书馆，1997年，第379—380页。

获取共同的利益而努力。不同教派的有识之士即使不能同心同德，也不会贸然对抗或反对。阿克巴与拉其普特的公主们通婚，但并不强迫她们皈依伊斯兰教。其中最为著名的是与王公帕戈旺·达斯家族的联姻，王公的侄子曼·辛格也是宫廷中的重臣，阿克巴的王子，未来君主贾汗吉尔的王后也来自这个家族。在宫中，他开创了多宗教信徒共同生活、共同庆祝各种节日的局面；在巩固王权上，他实现了强强联合，获取了拉其普特人的大力支持，进一步壮大了军事力量。与君主结成君臣联盟的拉其普特王公们，在自己的疆域内给莫卧儿专门划出了一些军事采邑。“阿克巴的政策成功地把拉其普特的头领变成了效忠莫卧儿的勤王者，从十六世纪末起，拉其普特的队伍在帝国的各种势力中代表着某种最难对付而又是最可靠的因素。阿克巴在处理与拉其普特的关系时精明地承认了在这样的帝国中的政治现实：80%～90%的居民不是穆斯林，其中以印度教教徒为主，但也有耆那教徒、泛灵论者、基督教徒、犹太教徒和琐罗亚斯德教徒。”[1]对次大陆情况清醒的认知、对臣民诚心的了解、对王公积极的拉拢，最重要的是对他们的尊重与信任，成就了阿克巴的伟业。

最终，阿克巴成功地由征服者过渡为雄才大略的统治者。在他长达四十九年的统治期间，莫卧儿帝国的领土不断扩大，印度次大陆免于外族入侵，证明了他在军事武装方面的强大；开明、无歧视的宗教宽容政策，保护了普通民众的利益，说明他是位开明有格局的君主；采取联姻、封臣等非战争手段兼并领土，展现了他具备纵横捭阖的谋

---

1 ［英］弗朗西斯·鲁宾逊主编，安维华、钱雪梅译：《剑桥插图伊斯兰世界史》，世界知识出版社，2005年，第79页。

略才能；对人才的无偏见任用，表现了他在内政方面的治理有方。在他的统治下，莫卧儿帝国实现了军事安全、政治独立、信仰习俗自由，跻身于同时代先进帝国之列，实现了国内的经济发展与文化繁荣。次大陆历史推进到了发展的“黄金时期”。

除去对上述条件的考察，阿克巴在位时莫卧儿帝国所处的客观环境及他自身的先天优势，也同样值得关注。

莫卧儿王朝建立早期，巴布尔与波斯的萨法维王朝创建者伊斯玛仪一世（Isma’il Ⅰ，1502—1524年在位）曾联合打击乌兹别克人；胡马雍不敌舍尔沙流亡在外时，也是求庇护于萨法维的达马斯普一世。莫卧儿王朝和萨法维王朝虽然分别信奉逊尼派和什叶派，但是这不妨碍他们在地区政治博弈中微妙的联盟。随着萨法维王朝实力、势力的壮大，其与西面的奥斯曼帝国关系愈来愈紧张，对外高加索地区的争夺也愈发激烈。萨法维为了避免东西两线作战，尽量与莫卧儿维系良好的关系，双方的矛盾焦点集中在阿富汗，尤其是对坎大哈的争夺。总体而言，在莫卧儿王朝阿克巴统治期间，尤其是1578—1590年间，什叶派的萨法维王朝与逊尼派的奥斯曼帝国间相对战事频繁。因此，同属逊尼派的奥斯曼也希望与莫卧儿王朝交好，以牵制萨法维帝国。

在阿克巴少年时期，由于王位不稳，在与奥斯曼帝国的关系方面，他一直持积极态度。随着奥斯曼帝国放弃在苏伊士地峡挖掘运河的计划，以及奥斯曼帝国远征军在波斯湾和印度次大陆海岸的败绩，葡萄牙人控制了公海，这就影响了印度次大陆穆斯林到麦加朝觐的路线，他们更加依赖取道波斯。波斯与莫卧儿总体上保持着友好关系，但时而由于坎大哈问题，时而由于次大陆穆斯林赴麦加朝圣的困难，两国关系时好时坏。位于阿富汗中南部的坎大哈具有战略意义，且商业农业都发达。阿克巴宫廷的伊斯兰教教长麦赫杜姆·穆尔克（Makhdum al-Mulk）发布了一道命令，声称由于朝圣的陆路通道为“异端”萨法维所控制，海路又为信奉基督的葡萄牙人所控制，印度穆斯林可以不履行朝圣的义务。[1]1576年，达马斯普驾崩，他的儿子伊斯玛仪二世（Isma'il Ⅱ，1576—1578年在位）接替了王位，由于伊斯玛仪信奉逊尼派，形势有所缓和。但随着阿克巴政权的日益稳固与莫卧儿帝国的发展，萨法维王朝意识到，不可能像当初设想的那样将莫卧儿帝国默认为附庸国。萨法维统治阶层内部的变更，也让阿克巴卸下了历史原因造成的心理负担。但作为新兴的穆斯林政权，一旦脱离了与什叶派波斯王朝的历史联系，便也会成为在伊斯兰世界占据中心地位的奥斯曼帝国的忌惮目标。“三国鼎立”的局势逐渐形成。

呈上升趋势的莫卧儿帝国，无论在地理位置上还是实力上，实际都已经让奥斯曼帝国鞭长莫及。为了既不伤害与另外两个伊斯兰大国的外交关系，又可以独立发展而不受他们的牵制，阿克巴于1579年开始在礼拜五的讲经[2]中用自己的名字代替哈里发。此举之后的三个月，他又让宫廷中的宗教权威乌里玛签署相关文件，同意将帝国的政、教最高权力都交与君主。随后，阿克巴颁布了著名的《公众

1 参见Ira Mukhoty, *Akbar the Great Mughal*, Aleph Book Company, 2020, pp.197—200。

2 阿拉伯语khutba，意为“演讲”，音译“胡特巴”“呼图白”或“虎托布”。是穆斯林在星期五的午祷或其他重大节日时，由伊斯兰教教长或阿訇对教徒诵读的一种规定的经文，其中应提到在位哈里发的名字，以其名义祈祷祝福；但在独立的伊斯兰教国家里，则以苏丹或元首的名字代之。中世纪印度德里苏丹国的一些苏丹、苏尔王朝的舍尔沙，以及莫卧儿君主如阿克巴、沙贾汗、奥朗则布等均以自己名义宣读khutba。在武力征战中，战败国同意以战胜国元首的名义宣读之，意味着承认战胜国的宗主权。

声明》，宣布自己为政、教最高权威。这份诏令由于历史学者文森特·史密斯的误译——“不谬敕令”（infallibility decree，亦译“无误法令”）而被人们赋予更多的宗教含义。而笔者更倾向于认同巴克勒（Buckler）及罗伊·乔杜里等学者的看法，即《公众声明》的政治意义大于宗教意义。不可否认的是，阿克巴能够适时地颁布《公众声明》，是基于他缜密的心思与高超的政治手段。该声明可谓一举多得，平衡了内外多层关系：一方面，获得了与另外两个伊斯兰大国平等的地位，既摆脱了默认的宗主国什叶派波斯帝国，又没有陷入逊尼派奥斯曼帝国的掌控中；另一方面，将宫廷内什叶派元老的失落感转嫁到乌里玛头上，同时巧妙地剥夺了正统乌里玛的最高宗教权威地位。帝国在真正意义上获得独立的同时，阿克巴的中央集权也得以实现。《公众声明》颁布的意义，可谓大矣。

在此前，阿克巴已经在做“前沿”的实践活动了。1575—1579年间，他已在皇家道堂定期举办讨论会。最初他只邀请逊尼派穆斯林学者，请他们在面对面的交流讨论中辩明真知，提供理论依据，协助化解矛盾，解决帝国面临的问题。阿克巴的这一创举，与他儿时的学习方式是否有关？对宗教问题的讨论，是否是在与什叶派波斯帝国及逊尼派奥斯曼帝国的关系的调整过程中引发出来的思考？阿克巴是否想从宗教中，尤其是正统逊尼派伊斯兰教中寻找治国的真谛？亦或政权神圣化的方式？不管怎样，讨论的过程让他大失所望，这些平日里趾高气扬的正统派大学者，在面对面坐下来后，抓紧时机在君主面前为自己谋求利益，相互指责，甚至谩骂，没有一丝探讨问题的热情与愿望。火上浇油的是，由阿克巴亲自任命的伊斯兰教教长阿卜杜拉·纳比（Abdul-a Nabi），本应负责整顿朝廷内部贪污受贿等腐败行为，却在履职过程中私自不断膨胀权力，多次在没有得到阿克巴准许的情况下，擅自决定执行酷刑。类似的事件层出不穷，让阿克巴越来越清醒地认识到，宗教长老在倚仗宗教特权，没有边界地挑战王权。最终，1581年11月，阿克巴下令，取消宫廷内伊斯兰教教长一职，将此职权分散到六个省[1]的教长手中。随后，阿克巴将皇家道堂对各宗教派别人士开放，邀请什叶派穆斯林及各个宗教的学者圣贤参与讨论，海纳百川，试图在开放式的交流中，完善自身的认知体系，为莫卧儿帝国的发展寻求道路。

在位期间，阿克巴与葡萄牙传教士的接触，缓解了莫卧儿王朝和葡萄牙人在领海权上的紧张关系。1556年，阿克巴继位时，葡萄牙人已经在印度次大陆的西海岸建立了大量的要塞和工厂，甚至在东海岸也建立了一些。换言之，那一时期印度洋的航海权主要掌控在葡萄牙人手中。1572年，阿克巴攻下古吉拉特，在这里，阿克巴拥有了第一座沿海城市。他开始就包括商贸在内的很多海上活动等权利问题，与葡萄牙人正式进行交涉。阿克巴与葡萄牙人的关系中，宗教方面的交流固然新奇，但贸易和航海权等实际问题，更是他的着眼点。

与海岸掌控权更多、经验更丰富的葡萄牙人建立良好的关系，熟悉其基督教文化的背景，也许是阿克巴在尝试通过更好的沟通，寻找

---

1 分别是：（1）旁遮普，（2）德里、马尔瓦和古吉拉特地区，（3）阿格拉、卡尔比（Kalpi）和戈兰伽尔（Kalanjar）地区，（4）萨尔朱河（Sarju river）附近的哈吉普尔（Hajipur）地区，（5）比哈尔，（6）孟加拉（参见Makhan Lal Roy Choudhury, *The Din-i-Ilahi or the Religion of Akbar*, Munshiram Manoharlal Publishers Pvt. Ltd., 1997, p.57. ）。

恰当时机，争取海上领权。学者马修（K. S. Mathew）认为，以阿克巴的实力是可以与葡萄牙人抗争，进而建立海军的。[1]他认为，阿克巴没有这样做的原因也许是担心这会有悖于他宗教宽容的基调，他不愿对天主教徒显示敌意；或是为了自身利益，保护己方船只的安全。[2]但仔细推敲，这两种解释似乎都站不住脚。阿克巴的宗教政策是针对次大陆社会多元宗教文化的现实环境制定的，不是一种特意的标榜，无须对非本土的天主教徒故作姿态。作为君主，阿克巴清楚自身的利益源自次大陆社会的整体利益。实际上，主要控制了北印度大部分地区的莫卧儿王朝，并没有得到德干地区王公们的完全认可与支持。在内部不具备团结作战实力的前提下，与海上经验丰富、实力雄厚的葡萄牙人作战谈何容易？既然不能彻底解决问题，何必急于求成，破坏一直良好的关系？于是，阿克巴下旨允许他的臣民在朝圣时自愿选择陆路或海路，并承诺每位朝圣者的朝圣费用将由国库支出。很快，莫卧儿与汉志（Hijaz，今属沙特阿拉伯）的交流发展起来了。除了海路朝圣者往来，双方还建立了神职人员间的交流。有趣的是，与帝王有不同政见的贵族，也会跑去汉志寻求庇护，或者作为惩罚被流放到汉志。阿克巴对麦加国王也是不断献礼，力图与他保持密切联系，这也有利于他了解臣属们在朝圣途中的活动，以及流放到汉志的贵族们的图谋。

阿克巴对地区关系的敏感与重视，对外交手段的灵活运用，让

1 K. S. Mathew, "Akbar and Portuguese Maritime Dominance" , Edited by Irfan Habib, *Akbar and His India*, Oxford University Press, New Delhi, 1997, p.256.

2 Edited by Irfan Habib, *Akbar and His India*, Oxford University Press, New Delhi, 1997, p.265.

他在处理与伊斯兰世界其他国家的关系上，表现良好。他借助奥斯曼与萨法维在领土、宗教、被殖民第三方间的矛盾等方面的问题，有效地化解了自身同萨法维王朝在领土上的争执，与之长期保持着友好关系。与在岸的葡萄牙人，与穆斯林圣地汉志的阿拉伯人，与强大的奥斯曼人，甚至与中亚的乌兹别克人，他都可以协调处理好双边与多边关系，为莫卧儿帝国的发展争取了空间。

历史环境塑造了时代的佼佼者，家族的优良传统在阿克巴身上充分地体现出来。阿克巴的祖父巴布尔是莫卧儿王朝的创立者，他“好像中世纪骑士文学中的英雄一样。在他的回忆录中，显出是一个在波斯文艺复兴时代可想象的最完美无疵的理想君主。他那突厥—蒙古的血统，使他具有顽强的勇气和百折不挠的精神。但在他家族中，这种突厥人的粗暴性情，早已因受伊朗环境的影响而缓和起来。而且，他也是一位真正的文艺复兴型的人物——一位具有帝王血统的上层人物，酷嗜文学与美术，切望遵循着人文主义的一切形式，他是文艺爱好者、冒险家，同时又是政治家。如雷农所说，他‘具有伟大的良知，一定程度的知识，和并无宗教狂热的温和性格，敏锐公正，不偏不倚，心胸豁达——这位帖木儿和成吉思汗的后裔，成为在十六七世纪使莫卧儿王座一放异彩的一些哲学家的君主们的始祖’”。[1]从阿克巴的治国治民、征服扩张、施政改革的作为中，我们同样看到了他祖父的影子。“阿克巴，那位一世之雄的自学的天才，俯视着一切，乃是一个由平常人形成的伟大形象；他本人失教不学，然而却倡导一种

---

1 参见［法］雷奈·格鲁塞著，常任侠、袁音译：《东方的文明（上）》，中华书局，1999年，第364页。

包罗人类心智中所有最崇高产物的哲学上及文艺上的诸说混合主义；他是一大帝国的建立者，是常临战场的将军，事必躬亲，而同时又是一位有自由精神的政治家，他全部嗜好都趋向于哲学式的冥想和超然的诗歌方面：这是一位面貌深沉而显有坚强意志的天才。”[1]

综上所述，阿克巴不仅具备作为统治者的必要条件，在帝国发展的前提下，还会适时抓住时机，利用客观历史环境的变化，使莫卧儿王朝在伊斯兰世界中脱颖而出。出生在印度次大陆外来统治者家族的阿克巴无时无刻不需要摆平野心与智慧、武功与文治、宗教与理性的天平，因为他要统治的是大多与他持不同宗教信仰的泱泱民众，如何不让宗教信仰成为动摇统治地位的导火索，是他无法回避的重要课题。对宗教这把双刃剑的利用，直接关系到统治地位的牢固与否及帝国的发展。在这一点上，阿克巴不仅继承了家族统治的传统，而且审时度势，在认清国内社会状况与国际政治形势的前提下，实施了现实而有效的治理政策，不但巩固了统治阶级的地位，而且维护了帝国的生存发展。

第三节　身为穆斯林的阿克巴

一、世俗身份的限定

阿克巴是莫卧儿帝国的最高统治者、政教的最高权威，他对宗教

1　［法］雷奈·格鲁塞著，常任侠、袁音译：《东方的文明（上）》，中华书局，1999年，第375页。

的认知与定位，建立在权力地位和政治视野的基础上。除应统治需要外，其与生俱来的穆斯林身份、对其他宗教的探索热情、组织并参与各类宗教实践活动等，都直接影响甚至决定着他对神或最高实在的认知与理解。这种认知与理解是随着时间的推移、个人经验的积累及所处环境的变化而改变的。虽然这种动态发展在不同阶段体现出不同特色，但其中的共性与基点是本文尝试发掘的要点之一。

如前文所述，虽然阿克巴决策的出发点与目的首先受到帝王身份的限制，换言之，政治影响及效果是他需要首先考虑的问题，即需要解决的主要矛盾，但是，“政教不分”的实际状况决定了决策过程中必不可少的宗教因素的存在，只不过这些宗教因素在发挥作用时，受到了权力和地位的客观限制。此外，地区性的文化传统、生活习俗等，也在很大程度上决定了宗教在个体身上表现出来的差异。“在绝大多数情况下（估计超过95%），宗教徒赖以发现他或她与实在者之关系的那个宗教传统，在很大程度上取决于宗教徒出生的时间和地点。他或她对该信仰在精神上的忠诚与他或她的出生地以及养育他或她的环境有着明显的依赖关系，我们可以把这种依赖关系称为宗教知觉和信仰的遗传及环境的相关性。”[1]因此，对阿克巴宗教身份的探讨，不可能脱离他生存的客观自然环境和社会、历史人文环境的背景去进行。这些同样也是阿克巴精神追求、哲学探讨的依据，是他的宗教思想观形成的源头。概言之，生活、成长的环境与经验不仅是个体宗教观形成的基础，也会以抽象的思维认知形式反映在个体的宗教观中，

1　参见［英］约翰·希克著，陈志平、王志成译：《理性与信仰》，四川人民出版社，2003年，第85—86页。

并成为个体评判其他宗教文化现象的依据与参照。

阿克巴丰富的阅历及与伊斯兰苏非派大师的交往，有助于他形成对各宗教、教派开放的态度。虽然这种姿态引起了正统穆斯林的不满，甚至引发叛乱，但一方面，有些叛乱是以宗教信仰为借口的政治利益斗争，另一方面，虽然有些对立是纯粹宗教性质的，但若从国家整体利益出发，尊重多种宗教信仰的态度，才是社稷稳定的前提。探究与包容的精神使阿克巴的宗教观的形成始终保持着活力，也使他不同于那些利用宗教打压异己的统治者和思维僵化的宗教领袖。随着年龄的增长，思想逐渐成熟后，阿克巴的宗教观呈现出多元开放的形式，这恰好反映了现实中印度次大陆多元宗教文化社会生活的面貌。

阿克巴儿时即表现出对动物和大自然的极大热爱，喜好运动。活泼不羁的天性，也让年幼的阿克巴更偏爱骑马狩猎等运动。虽然不热衷于识字学习，但他非常喜欢让别人读书给他听，尤其喜欢苏非神秘主义诗歌，包括哈菲兹（Hafiz）和鲁米（Jalalu-d din Rumi）的诗歌等。他的图书馆中藏有来自各国的文学、历史、科学、哲学等名著典籍，这些书籍依据撰写的语言不同而分类陈列，包括印度斯坦语[1]、波斯语、希腊语、克什米尔语及阿拉伯语等。每天有专门的学者为阿克巴依次诵读这些书籍，通常他们会得到阿克巴的犒赏。通过这个方法，并不识字的阿克巴可以了解历史、知晓科学、洞察哲学，当然也被文学作品所熏陶。他没有将祖辈尊重知识的传统丢弃掉，更重要的是以此为自己的统治策略积蓄了力量。

1　即بندوستانی，乌尔都-印地语的早期形式，莫卧儿王朝时期流行于北印地区，在使用中吸收了大量波斯语、阿拉伯语、突厥语等的词汇表达，随着帝国的扩张得到了发展。

通过阅读这种静态的、定型的方式，可以获取知识，领略到人类思维的强大；通过与拥有不同信仰的人的接触，阿克巴感受到的是人的才华与能力，认识到无论持何种宗教信仰，都有可能成为令人敬仰的圣贤。因为，无论属于哪个宗教信仰，每个人对世界都有各自的真知灼见，在各自的信仰体系内可以合情合理地探求真理。阿克巴洞察到的是人的价值，不同的宗教信仰是人们各自认知世界的不同途径，并且反过来成为个人文化身份的一个重要组成部分。而以偏概全地仅以宗教信仰为标准来标明个人的身份，只能人为地划定出各个团体间不可逾越的鸿沟，为整体的团结造成难以克服的障碍。这一思路，与其治国的理念是一致的。

从统治者的角度出发，维护帝王的利益，阿克巴要做的不是四处树敌而是广结良友。帝王通过一时的征服来获取民众被动的服从，是无法构建起真正具有凝聚力的帝国的，只有得到人民内心的认可，被视为帝国的治理者与保护者，才能称王、成王。民众在其统治下可以过上安定自由的生活，才是巩固政权、发展帝国的基石。如若先凭借武力制服，再施行宗教打压，那么，属民首先会将自己视为某某教派的一员，而非君王统治下的帝国的臣民。因此，正视宗教身份，强调国民利益，争取属民内心的认可，是阿克巴对帝王身份的理解，也是他执政的出发点。

继位后前二十年的征战，使阿克巴充分认识到武力征伐只能获取一时平静，长久安定的局面需要通过树立人人信服的至上权威来完成。这个权威不是由驻扎在各地区的皇家军队来维持的，更不是由宗教上的强力对峙、打压来建造的，而是通过保证生活在各个地区的百姓可以延续祖辈的传统、安心地继续过传统的生活来建立的。如果能让持有不同信仰的人平和地生活在一起，那么他们就会感受到帝国对他们的保护，不但认可自己属民的身份，而且会将帝王视为神的化身，对其无条件服从。所幸，阿克巴找到了方向，并朝着这个方向努力前行。

二、阿克巴的宗教立场

在现当代研究者对阿克巴的宗教观的评价中，欧洲历史学家普遍把他当作伊斯兰教的背离者，或较为缓和地视他为“折衷主义者”“调和主义者”或“混合主义者”等。认为阿克巴背离伊斯兰教的欧洲学者，评判他的思路与依据主要可分为两大类：一类是从评价者的主观身份出发，主要是19世纪配合殖民政治而兴起的以“印度学”为开端的东方学研究初期西方学者的论调，不免带有基督教胜出伊斯兰教的暗示；另一类是20世纪初较为激进的观点，认为阿克巴在思想上是一位自由主义的代表，又因为在他们看来伊斯兰教与自由主义在本质上是不相容的，因此，阿克巴自然就被排除在伊斯兰教信仰之外了。现当代印度教历史学家则不然，他们将阿克巴定位为拥有自由主义思想的穆斯林，认为他是一位具有印度次大陆多元文化特点的、思想开明的穆斯林。

回到历史语境中，从《阿克巴本纪》《阿克巴则例》等宫廷史官的记录文本可以了解到，阿克巴本人是不赞成传统印度教教徒和穆斯林倡导的宗教形式主义，及不同宗教间的对立姿态的。在阐述人与神的关系时，阿克巴的观点与帕克蒂教派，即虔信运动的本土思潮有共通之处。具体表现在1591年在回答次子穆拉德（Murad）的质疑时，阿克巴说："对独一无二的（主）的虔诚，无论是在形式、物质属性、文字还是声音方面，都超越了语言的限制。对独一无二的主的虔诚，本身就是独一无二的。"[1]阿克巴强调神圣实在的绝对性，认为在导师的引导下，通过对自我的修炼便可达到认知绝对实在的目的，这一点与伽比尔及那纳克的看法接近。

在穆斯林群体中，当时无论是宫廷中的乌里玛，还是地方上的穆斯林王公或宗教学者，都有谴责阿克巴的声音甚至抗议行动。其中最具代表性的是乌里玛学者巴达乌尼（Abul Qadir Badauni）。面对此人的指责，阿克巴是这样评价的："没有任何剑能割断他目光短浅的脑子里的静脉。"[2]另外较具代表性的还有纳格西班迪（Naqshbandi）苏非教团的长老谢赫艾哈迈德·希尔信迪（Ahmad Sirhindi，1564—1624）。他谴责阿克巴没能维护次大陆穆斯林群体的利益，控诉他干涉穆斯林群体的信仰自由，甚至对他们进行间接迫害，完全没有尽到作为一个穆斯林统治者的义务，公开指责他的叛教行为。从社会角色来看，"乌里玛依赖国家来资助、组织和管理清真寺、慈善信托、神学院以及每年一次的圣城朝觐。国家则依靠乌里玛担任法庭法官和在地方伊斯兰社区中实施社会和道德领导"[3]。阿克巴却越来越清晰地认识到，大多数乌里玛"既不是玄思冥想的知识分子，也不是严肃的宗教思想

1 Edited by Irfan Habib, *Akbar and His India*, Oxford University Press, New Delhi, 1997, p.89.

2 Asim Roy, *Islam in South Asia: A Regional Perspective*, South Asia Publishers, New Delhi, 1996, p.174.

3 [美]约翰·F. 理查兹著，王立新译：《莫卧儿帝国》，云南人民出版社，2014年，第37页。

家。许多人腐败而世俗”[1]。

也有观点认为，阿克巴在继位后的最初二十年，即1575年之前，都可称得上是虔诚的穆斯林。这样判断的依据是以皇家道堂为分界线的，其判断的逻辑是，作为虔诚的穆斯林，阿克巴尝试从伊斯兰教中探寻真理，以辅国政，因此开设了皇家道堂，以供穆斯林逊尼派学者交流思想、化解分歧。但是，他的思想转折恰恰是发生在旁听讨论的过程中，因为期待中的义理讨论并没有发生，取而代之的是乌里玛之间的互相指责、争权夺利。这令阿克巴甚为失望，遂全面开放道堂，邀请各宗教的学者圣贤汇聚一堂，各抒己见。尤其是基督教传教士的应邀加入，被视为阿克巴叛离伊斯兰教的突出标志。这种外在形式上的变化，诚然可以在一定程度上反映思想上的转变，但是，由此作为判断他背离宗教信仰的依据，如今看来，是过于草率了。这类看法可以作为谈资，甚至作为宗教斗争、政治对立中的工具，但是作为定性研究的依据，没有力度，也没有必要。毕竟，我们研究的目的是尽力客观、全面地探讨具有代表性的历史事件、历史人物的成因和产生的影响，以帮助我们更好地理解人类历史、人类自身，而不是贴个标签了事。

与上述类似的观点在此不再一一列举，只是想以反例的形式说明对文献材料及以往观点的甄选与使用，需剔除掉对当代研究不再具有意义和价值的观点与方法。因此，当我们抛开对阿克巴有没有叛离伊斯兰教这一判断的纠结后，文献中提供的一系列信息：伊斯兰教长老对他的指责、批判，皇家道堂中参与人员和其开放程度的变化，阿克巴宗教

1 ［美］约翰·F. 理查兹著，王立新译：《莫卧儿帝国》，云南人民出版社，2014年，第37—38页。

政策的推行，等等，都可以成为朴素的历史材料，为我们的推理、论证提供依据。那么，这样的依据还有：阿克巴与其史官阿布勒·法兹尔、费兹兄弟间日渐深入的交流、日渐深厚的友谊，以及1601年其长子萨利姆（Salim，即后贾汗吉尔）的反叛。在政治语境里，志同道合的朋友是宫廷中的亲信，父子反目是常见的争权戏码。在宗教思想研究的语境里，我们关注的是才华横溢的法兹尔兄弟二人的什叶派身份及其博学开放的思想，以及萨利姆反叛前后阿克巴政策行为的变化。

虽然在政治、社会文化语境中，阿克巴的思想主张与宗教行为有被人为夸张、利用的地方，但也说明在一定程度上，阿克巴的开明思想和宗教政策产生了广泛深远的影响，触动了当时的社会传统，并触碰了传统社会中各宗教集团的利益，其中包括个别穆斯林群体的利益。值得我们探讨的是，他不同凡响的“特立独行”，他的宽容、开放态度，是否具有前沿性的思想基础？这种兼容并蓄的宗教思想的成因都有哪些？这对宗教文化传统深厚的次大陆社会的整体、长远发展而言，都具有哪些深远意义？它对我们了解王权时期的印度次大陆社会，对我们评价今日的次大陆社会，又有哪些启示与帮助？

了解阿克巴的宗教立场，我们发现他写给布哈拉汗国统治者阿卜杜拉汗二世的一封信比较具有代表性，虽然这封信的首要性质是外交信函。这封信由阿布勒·法兹尔起草，从宗教和国家关系的角度大概描述了阿克巴在宗教问题上的立场。其中，阿克巴明确表明，他的宗教信仰基础是“日光照耀下的宝石——理性”[1]。阿克巴认为，理性仅

---

1 Asim Roy, *Islam in South Asia: A Regional Perspective*, South Asia Publishers, New Delhi, 1996, p.174.

是一个标准，如何甄别这个标准的正误，需要仔细研究信仰原则的细微差别，并对宗教法解释者的动机进行批判。他以谦恭的态度承认自己是一个“普通的、无关紧要的凡人，是万能的真主的创造物，是真主的使者穆罕默德的追随者，是《古兰经》和《圣训》的信徒”[1]。换言之，他始终是一位思想开明、善于学习思考的穆斯林。

还有一种判断源自对阿克巴自我陈述的曲解。“以前我迫害他们，是为了让他们和我的信仰达成一致，并且让他们知道我的信仰是伊斯兰教。随着知识的增长，我羞愧难当。我自己都没成为一个穆斯林，却去压迫别人成为穆斯林，这是很不恰当的。”[2]很明显，说这话时，他认为强迫别人信仰伊斯兰教，是违背伊斯兰教宗旨的行为。任何强迫他人信仰伊斯兰教的人，包括他自己，都不配被称作穆斯林，都不是一位真正的穆斯林。因此，在他看来，真正的穆斯林意味着包容、理解、不胁迫。阿克巴对伊斯兰教的认识与理解是循序渐进的，姻亲、朋友、皇家道堂的开放、与外国使节的接触往来等多种途径，加之自身的兴趣品性，都可以帮助他深入了解其他宗教的义理与表现方式。与苏非神秘主义契什提大师的交往，与宫廷中阿布勒·法兹尔两兄弟在宗教探索方面的志同道合，让他对造物主的笃信，对宗教形式的不拘一格，有了更深层次的认知与理解。但是，君主身份的至高地位和视野、个人品性的特殊性，也拉开了他与大众信徒认知的距离。一方面，他可以出于政治考量制定并推行政策；另一方面，他个人的

---

1 参见 Asim Roy, *Islam in South Asia: A Regional Perspective*, South Asia Publishers, New Delhi, 1996, pp.174—176。

2 Asim Roy, *Islam in South Asia: A Regional Perspective*, South Asia Publishers, New Delhi, 1996, p.171.

宗教观和宗教实践会显示出不易被理解的特性。将这种特性放在次大陆的宗教文化语境中考察，则具有一定的超前性和独特性；但若放在同时期，即16世纪末欧亚大陆的语境中观察，会发现这与各地的宗教改革思潮有一定的契合性。毕竟，那是马丁·路德后的时代，那是后苏非主义泛神论的时代，是后虔信运动的时代。

普遍说来，印度次大陆本土的穆斯林民众并不欢迎阿克巴的宗教政策，也不赞成他与非穆斯林妇女通婚，更不支持他修建印度教神庙的举动。“不过阿克巴出于脾性和帝国的需求，希望将他的国家变成包罗万象的统一体。他对宗教问题的自主性、批判性的思考，在与葡萄牙耶稣教会、印度教、耆那教和琐罗亚斯德教的教士们的教派对话中显示了出来……阿克巴总体上并没有放弃他的伊斯兰教身份，遵循的是一种更融合的苏非派伊斯兰传统，这激怒了一些正统的乌里玛。”[1]在中世纪的印度次大陆，紧张关系始终存在于正统派乌里玛和苏非派之间。“阿克巴在位时期，伊斯兰正统领袖中最狭隘的激进主义者一致认为伊斯兰教法必须严格实施。灵活或妥协被看作是必须避免的软弱。所有可能被怀疑为离经叛道的人都要残酷镇压。例如，许多苏非主义者或神秘主义者经常在他们入定时表达与一元论接近（如果不是相同）的观点。大多数苏非派大师因而受到怀疑。非正统的什叶派，无论是其波斯分支，还是出现于古吉拉特各沿岸城市的伊斯玛仪派，都是迫害的目标。”[2]

---

1 ［巴］伊夫提哈尔·H.马里克著，张文涛译：《巴基斯坦史》，中国大百科全书出版社，2010年，第80页。

2 ［美］约翰·F. 理查兹著，王立新译：《莫卧儿帝国》，云南人民出版社，2014年，第38页。

反对者、心怀不满者在宫廷内外的穆斯林群体中大有人在，由于无法与君主正面抗衡，很多人便将矛头指向了阿克巴身边志同道合的亲密朋友，在宫廷担任史官的御用文人、诗人——阿布勒·法兹尔。他不仅有过人的才华，更具有开放的思想及积极探讨的精神，但他也同样感受到现实环境的阻拦与突破传统的艰难。当他在记述西方科学在印度次大陆发展的艰难时，曾描述道："自古以来，提出质疑是不被鼓励的，提问和调查被视为叛教的先驱。凡是从父亲、亲戚或师长那里得到的教导，都被视为神圣法令，任何不满都会被指责为不虔诚或无信仰。虽然每代人中都有少数精英会承认这种墨守成规的做法会带来许多弊病，但他们也不愿亲自在实践的道路上迈出一步。"[1]在谈到属于不同宗教派系的科学家间难以实现交流时，阿布勒·法兹尔将其原因归咎于"僵化习俗的冷风扑面而来，而智慧之灯却微光摇曳"[2]。由此可知，阿克巴的思想及做法未必是最具创新性的，但他付诸实践的魄力，却是值得称赞的。特别是在启蒙导师之一沙·阿卜杜尔·拉迪夫（Shah Abdul Latif）的影响下，阿克巴提倡认知、冥想、推理等宗教实践方式，尤其尊重个人的修行，主张在导师的引导下，最终实现"整体和谐"（sulh-i kul）[3]。这本身从宏观上凸出了人类的整体性，淡化了差异性，同时将信仰的重心从形式上转移到内涵上，突出了时代特色及多元文化影响下的南亚伊斯兰特色。

---

1 *A'in-I Akbari*, Ⅲ, tr. Jarrett, rev. Sarkar, Oriental Reprint, 1978, pp.4—5.

2 *A'in-I Akbari*, Ⅲ, tr. Jarrett, rev. Sarkar, Oriental Reprint, 1978, pp.4—5.

3 参见 *The Emperor Akbar, A Contribution Towards the History of India in the 16th Century*, translated and in part revised by Annette S. Beveridge, Thacker, Spink & co., Calcutta, p.127。

总之，在家族、时代、历史、思潮、苏非、本土文化等诸多因素的共同影响下，阿克巴逐渐形成了高瞻远瞩、具有鲜明时代特色的宗教观和个人思想体系。由于在实践中碰触了穆斯林乌里玛的现实利益，也因为一些不符合伊斯兰教传统的做法难以被穆斯林大众所接受和理解，他在社会上、历史上受到了正统穆斯林的抨击。但是总体来说，阿克巴的宗教观并没有背离伊斯兰教的核心思想，不能以简单的叛教与否去探讨、理解他的宗教观，也不能以此作为衡量他宗教思想水平的标尺。阿克巴宗教思想形成的根基是印度次大陆多元的宗教文化环境，其思想观念的发展符合时代及印度次大陆整体文化环境的发展趋势。他广泛接触各宗教的智者圣贤、积极开展宗教活动，也是合乎时代发展要求的行为。而且，值得肯定的是，尽管身为一国之君，这种实践活动的开展依旧需要非凡的魄力与眼光。

三、“千年之际说”的影响

伊斯兰教中的“马赫迪”（Al-Mahdi，意为救世主）之说起源很早，虽然并不直接引自《古兰经》，但是在《圣训》中就有所涉及，因此，它在逊尼派和什叶派中都有各自的释义和理解，在不同的时期和地区，也有“马赫迪”显性或隐性降世之说。进入16世纪后,印度次大陆地区的穆斯林当中也流行起“马赫迪”即将现世之说，称在距先知穆罕默德降世千年之际，“马赫迪”将临世，清理世间的一切不公正、欺骗、混乱等。“随着伊斯兰教千周年——希吉拉（Hijra）的第一千周年，始于1592年9月27日——的临近，印度穆斯林的千禧年情结日益高涨。关于先知穆罕默德只在他的墓穴中待一千年，然后就作为马赫迪（Mahdi，即麦赫迪）重返人间的传说，开始广泛传播。”[1]很多文学作品也都围绕“马赫迪”的显现展开，这种说法在各地都引起纷杂的议论，甚至成为伊斯兰学者讨论的命题。无论在印度次大陆还是在其他穆斯林国家，各种地方都有人声称自己就是那位先知归真千年后降临人世的救世主。以印度次大陆为例，江布尔的米尔·赛义德·穆罕默德（Mir Sayyid Muhammmad）、德里的鲁格努丁（Ruknuddin）、古吉拉特的赛义德·艾哈迈德（Sayyid Ahmad）、贝亚纳（Byana）的谢赫阿里（Ali）等都声称自己就是“马赫迪”。[2]这在穆斯林群体内部引起了混乱，伊斯兰教内部新的释义与观点也纷纷涌现。穆斯林史学家巴达乌尼在他的著作《史乘选萃》（*Muntakhabut Tawarikh*）中如此描述这一时期的社会状况：“苏非主义的问题，关于科学的讨论，哲学和法律方面的查询，是家常便饭。”[3]这一运动在古吉拉特和印度次大陆西部尤为声势浩大，追随者被称为“马赫达维”（Mahdawis，意为Mahdi的追随者，或追随Mahdi的人）。阿克巴征服古吉拉特地区后，与他们有了直接接触。但是，他“既没有迫害这个异端教派的首领，也没有迫害这个教派的追随者。相反，他允许马赫达维圣人在法塔赫布尔西格里宫廷上举行的宗教讨论中解释和捍卫他们的教义”[4]。

1　［美］约翰·F. 理查兹著，王立新译：《莫卧儿帝国》，云南人民出版社，2014年，第38页。

2　Makhan Lal Roy Choudhury, *The Din-i-Ilahi or the Religion of Akbar*, Munshiram Manoharlal Publishers Pvt. Ltd., 1997, p.14.

3　Makhan Lal Roy Choudhury, *The Din-i-Ilahi or the Religion of Akbar*, Munshiram Manoharlal Publishers Pvt. Ltd., 1997, p.14.

4　［美］约翰·F. 理查兹著，王立新译：《莫卧儿帝国》，云南人民出版社，2014年，第39页。

1578年，阿克巴结识了苏非长老达吉尔丁·阿周塔尼（Taj-al-din Ajodhani）。在阿周塔尼的影响下，阿克巴系统地了解了苏非派泛神论、苏非派“完人”观念等。结合当时印度次大陆各地区相继兴起的“马赫迪运动”，阿克巴深受触动。“在伊斯兰教希吉拉历第一千纪（一千个太阴年，比太阳年短，始于穆罕默德于公元622年从麦加迁移到麦地那的壮举之后）于1591—1592年终结之时，印度莫卧儿王朝的皇帝阿克巴就在进行这样一种意义深远的审视。他特别注意诸多宗教社群之间的关系，以及在已呈多元文化之态的印度对和平共存的需要。”[1]“阿克巴坚持认为，千纪之交不仅要有欢乐与庆典（在希吉拉历的第一个千纪于1591—1592年圆满终结之际，德里与阿格拉举行了许多庆祝活动），而且要认真思虑我们生活于其中的世界的喜悦、恐惧和所面临的挑战。这种看法不乏真知灼见。”[2]

而此时，伊斯兰教在印度次大陆需要复兴的信念已经流传开来。它的根源来自部分所谓虔诚穆斯林对当时印度次大陆形势的分析，尤其因为穆斯林在印度次大陆处于少数群体的地位，他们在内心始终存在一定程度的诉求，希望在多元宗教环境中凸显伊斯兰教的地位，或从精神上称之为复兴伊斯兰教。在此次运动中，以谢赫穆巴拉克·纳高利（Mubarak Nagori）为代表的宗教上的改革主义和自由主义的发展，遭到了正统派乌里玛的强烈抵制。在阿克巴的支持下，谢赫·穆巴拉克·纳高利和他的两个儿子——费兹和阿布勒·法兹尔最终占了

1　［印］阿马蒂亚森著，刘建译：《惯于争鸣的印度人：印度人的历史、文化与身份论集》，上海三联书店，2007年，第207页。

2　［印］阿马蒂亚森著，刘建译：《惯于争鸣的印度人：印度人的历史、文化与身份论集》，上海三联书店，2007年，第220页。

上风，在宫廷中得到阿克巴的器重。于是，在宫廷中形成了正统派与改良派的对立斗争，最终改良派在阿克巴的支持下胜出，正统派在宫廷中逐渐丧失话语权和优势地位，这不仅引发了他们的不满，更触及了他们的实际利益。

“神一信仰”颁布后，有追随者乘机恭维，尊阿克巴为“完人”“千年复兴者”和“时代的主宰”。[1]有些穆斯林认为，阿克巴把达吉尔丁·阿周塔尼所专注的“完人”的神秘理论应用到自己身上，其依据是阿克巴期待自己的追随者在他出现时会拜倒在他的面前，而此举是虔敬神的方式，只有真主才能得到。但实际上，在帝王面前拜倒从巴勒班时代就已经出现了，而且这也是苏非派契什提教团内对苏非大师表达敬意的方式之一。

四、印度次大陆多元宗教文化环境的影响

阿克巴出生时，他父亲胡马雍已被舍尔沙夺去了地盘，他降生在一个为他们提供庇护的印度教教徒家中。虽然这几乎不可能在初生婴儿的心中留下记忆，但这个事实却不能被磨灭，在阿克巴的潜意识中，自己已与印度教教徒建立了最初的亲密联系。阿克巴成人后娶印度教女子为妻子，让他对印度教教徒的生活产生了最直观、深刻的认识。阿克巴儿时的什叶派导师拉迪夫，不仅指引他走向“整体和谐”的最终追求，而且教给他当时广为流传的波斯语神秘主义诗歌，这对

1　参见金宜久主编：《伊斯兰教史》，江苏人民出版社，2006年，第337—338页。

启蒙时期的阿克巴也产生了不可低估的影响。因为，在现实生活中，这样的理念与次大陆多元宗教文化环境十分契合。而且，这种多元氛围不仅仅存在于大众生活中，也体现在阿克巴的莫卧儿宫廷中。如前文提及，大臣官员、乐师画师、嫔妃侍者等，大家朝夕相处，都是统治阶层中的重要成员，只不过这个阶层金字塔的顶尖是穆斯林。有些人认为，阿克巴允许印度教嫔妃在后宫中保持印度教生活习惯、日常仪式，甚至节日庆典，仅仅是因为其外在形式的相异性吸引了他。但是，从阿克巴时期起，宫廷开始组织学者大量翻译印度次大陆本土的包括两大史诗在内的各类经典作品，还有皇家道堂中邀请各宗教人士交流讨论，都可以让我们想见阿克巴对不同思想理念的好奇心与求知欲，而这似乎也是阿克巴身上公认的特质。他对次大陆各个宗教的探究，是他深入了解印度次大陆，甚至了解世界的方法途径之一，其最终目的也是为了更有效地巩固政权、统治帝国。

诚然，阿克巴的帝王身份决定了他政权第一的考量与决策模式，但这并不意味着他不可以具备与普罗大众一样的、人类共通的、朴素的情感。也许，在他即位之初，他还是个少年时，这样的情感流露更自然，更不加掩饰。那时他身边的摄政大臣贝拉姆·汗曾在诗歌中表达过对他的看法，而且表达这一看法的原因，更像是出于不满和抱怨。据说，这首用突厥语创作的抒情诗问世于1560年之前，彼时的阿克巴还没有亲政。贝拉姆·汗在诗中责备阿克巴对印度教教徒的偏爱甚于对穆斯林的偏爱，就好像他自己是个印度教教徒一样。[1]由

1 参见［美］约翰·F. 理查兹著，王立新译：《莫卧儿帝国》，云南人民出版社，2014年，第14—15页。

此，我们是否可以看到一个土生土长，没有以各种身份为筹码，没有以掌控政权为第一考量，而愿与身边各色人等和睦相处的热情少年形象？独掌政权后，在南征北战的日子里，作为穆斯林统治者，阿克巴也曾用强制手段推行伊斯兰教，比如在1574年，他把印度教的神圣城市布拉亚格（Prayag）改名为阿拉哈巴德（Allahabad，意为“真主之地”）。通过观察这类反差行为，我们或许可以推测：从个人性情来讲，阿克巴开放热情，不以宗教作为身份差异区别待人；他对印度教等其他宗教教徒的感情，本源于现实中成长、生活的环境。从帝王身份来讲，无论哪个宗教信仰的信众，首先是他的臣民，其次才是教派信徒；而且，只有淡化后者的身份，才能加强前者对他的忠诚。这是他作为统治者宽容的一面，也是富有谋略的一面。而类似强迫更名的行为，也恰好体现出他强硬的一面。恰当地表现宽容，适时地显示强硬，都是树立权威的有效手段。

阿克巴的一些生活细节和举动表现，常常会被正统穆斯林抓为“把柄”，诟病他的“叛教行为”。比如，他会参加声势浩大的印度教传统节日，如兄妹节（Rakhi）[1]、屠妖节（Deepavali）[2]等。在耆那教、印度教以及传统社会习俗的影响下，他甚至颁布了“保护母牛”的规定，制定了一个阻止屠宰动物的官方政策，并表现出对素食主义

1　以印度教妇女为兄弟绑在手腕上的带子命名，又称保护绳节。在这天，女子会为兄弟右手腕系上一条护身符，或一条叫Rakhi的神圣绸带，也叫圣线，祝愿对方平安长寿。中古时代的印度有些地方身处危机中的妇女亦会在可依托之士手腕上系上一条Rakhi，结义为兄妹，以求保护。该习俗从吠陀时代即开始流传。

2　又称为万灯节、排灯节、印度灯节，为印度历7月的第一天，一般在公历10月末到11月初。这一天是新月降临的日子。

的偏爱。实际上，素食主义和节制屠宰动物也是苏非派穆斯林推崇的美德。阿克巴在宫中、在旅途中都会饮用恒河水，还会让厨师将从朱木拿河（Jumna）或杰纳布河（Chenab）打来的水与恒河水混在一起做饭。其实，这种做法在次大陆历代穆斯林君主中有着长久的历史渊源。早在德里苏丹国时期，不仅像穆罕默德·宾·图格鲁克这样的苏丹在远征战役中要喝恒河水，就连居住在德干这样遥远省份的穆斯林和印度教教徒，都买恒河水来满足生活之需。恒河水是生活在次大陆这片土地上的人的神圣之水，它的意义似乎已经超越了宗教。此外，阿克巴对太阳、光及火的热爱也被解读为颇具争议的宗教行为。诗人穆拉·舍利（Mulla Sheri）曾为讽刺阿克巴的这种“叛教行为”，特意创作了叙事诗——《千缕光》（*Hazar Shu'a*）。不过也难怪，因为他犯下的“光火之罪行”确实是“罄竹难书”。例如，在1578—1579年期间，阿克巴接待了来访的古吉拉特琐罗亚斯德教教徒，后来他还特意邀请琐罗亚斯德教学者来访；耆那教学者潘·昌德拉·乌巴特亚（Bhan Chandra Upadhyay）为阿克巴写过一本祭祀太阳神的手册（*Surya Sahasra Nama*）；众所周知，他常年允许印度教王妃在后宫内掌管圣火（hom），还会诵读一千遍太阳的名字……可是，对火、光及太阳的崇拜，在几乎所有地方都是人类早期原始崇拜的内容之一，这不仅是历史悠久的琐罗亚斯德教的信仰，在中亚、印度次大陆也存在类似的崇拜。更何况在《古兰经》中，也有对太阳的赞美；在伊斯兰文学作品中，还会将世俗的帝王比作太阳，视其为世间主持公正、维持秩序的光明之代表。还有，君主出现在日出时分，是为了他的臣民能够清晰地看见他、崇拜他，这种做法虽然主要来源于印度教传统，但借用此举加强权威，政治意义显然远远大过宗教意义。关于诵念千遍太阳名字的做法，没有找到具体的考证依据，但似乎与苏非派对反复赞念这种方式的强调有关，也与阿克巴对数字“一千”的关注有关。

除了具象的表现，最后，我们尝试从抽象的理论土壤中发掘一下次大陆多元环境的影响。也许，在商羯罗之后的世界观论述中，“不二论”的认知趋势就一直继续发展，“人性”与“神性”的非二元对立性也可以被应用在对君王的设定中。然而，这种认知方式，是不同于天启系一神论宗教体系中“神”与“人”的二元对立关系的。这也许会成为激发阿克巴思考、探究、融合的动因之一。阿克巴曾和印度教圣贤结交，探讨印度教信仰的义理。他对瑜伽修行和灵魂转世说、对印度教传统文学都表现出浓厚兴趣。一些历史学家曾指出，从某种程度上来说，阿克巴的宗教多元观，和伽比尔及其他人的不同宗教信仰汇合论有联系，他和盲人诗人苏尔达斯的长时间对话，和达杜（Dadu）长达四十天的讨论，把虔信派诗人杜勒西达斯投入监狱后又释放，都暗示了他们之间对某些问题持有共同兴趣，并有可能达成某些共识。但是，同伽比尔等宗教领袖相比，阿克巴提出的“神一信仰”处于君主和统治阶层的层面，而伽比尔等领导的宗教运动却是大众化的、通俗化的。阿克巴只是订立了新的礼仪，而伽比尔却几乎把所有旧的礼仪都丢弃了。在皇家道堂里的讨论似乎没有让阿克巴完全走入印度教庞大深奥的思想世界，印度教教徒也没有在宗教上将阿克巴视为同路人。例如，杜勒西达斯通过诗歌传达了印度教的改革与剧变，但并不寄希望于阿克巴和他的朝廷以及他的印度教贵族，而是在对罗摩的祭拜中寻求庇护。这也反映了印度教贵族比穆斯林更不认可阿克巴的“神一信仰”，在其十八位追随者[1]中，只有比尔巴勒（Birbal）一名印度教教徒。

综上所述，在政治统治需要、帝王身份的限定下，基于对印度次大陆社会客观环境的感受与思考，阿克巴在自身追求宗教哲学解释的过程中，与苏非派圣贤及各宗教信徒接触、交流、探讨，也受到了伊斯兰教"千年之际说"的影响。这一切不仅促使阿克巴对伊斯兰教的理解逐渐加深，而且也帮助他逐渐形成对其他宗教的理解与态度。在16世纪，对理性主义的普遍推崇，也帮助他透过宗教更加关注人的思想与价值。经过对相关史实的了解与分析，笔者认为，阿克巴对宗教的理解可归纳为："不同宗教，乃认知世界、认知神的不同途径。"

印度次大陆的社会环境、他在这里的成长与统治，都反映在他对宗教的哲学式思考中，他可以接受各种宗教信仰不同的礼仪、习俗。但是，求知欲、探知心并不能改变他作为统治者的思考角度。诚如马克思主义哲学之解释："宗教是按人的样子'生产'出来的；宗教表明它的具体发源地在于社会、经济的冲突和需要。马克思把人的全部意识视为以集体的力量为基础，视为持续演进的社会历史和秩序的镜子。……但宗教可以成为社会控制的一种策略。因为一个社会的支配性观念就是其统治阶级的观念，所以，宗教的意识形态是由权力和地位维系起来的，而"神"也就变成体现这种权威的地位提升和操纵的一个符号。"[2]客观环境既促成又限制着阿克巴宗教思想观的形成。他思考的目的，没有跳出满足统治需要的限定，没

1　另有12名追随者一说。

2　［美］W. E. 佩顿著，许泽民译：《阐释神圣——多视角的宗教研究》，贵州人民出版社，2006年，第26页。

有脱离王权统治的需求。幸好，他正视并接受了印度次大陆的多元宗教文化，所形成的宗教观具有特殊的多元性。他也倡导“理性”，但是，理性的出发点仍旧是“统治需要”，对宗教的思考最终仍旧是要服务于统治的目的的。

第三章

阿克巴的宗教文化思想

11世纪之前，伊斯兰教进入印度次大陆主要依靠两种途径，一是民间海上和陆路的商贸往来，二是阿拉伯帝国在次大陆的扩张。后者主要涉及信德、木尔坦等地区。阿拉伯帝国的对外扩张与征服，虽然政治与传教的目的并举，但是，急速扩张的阿拉伯帝国幅员辽阔，对次大陆已是“后顾不及”，因此，在这里的传教力度并不强。当地民众无论是被迫还是自愿改宗者，依然按照原来的方式生活。11世纪前后，苏非派进入印度次大陆，他们以传播伊斯兰教为己任，开始了广泛的民间传教活动。苏非派在次大陆能够被快速接受，也源于其与这片水土的契合。灵活性、适应性、个性较强的伊斯兰教苏非神秘主义派别，在印度次大陆找到了适于生长的土壤，结合当地流行的圣人崇拜以及受中亚影响的陵墓崇拜等文化习俗，伊斯兰教得以在这里生根发芽，逐渐融入普通民众的生活中。苏非派以著名的苏非长老为中心，成立了不同的教团，得到了从民间到君主的认可与尊重。

从13世纪突厥穆斯林在北印正式建立政权，到16世纪莫卧儿王朝的建立，伊斯兰教作为统治阶层的宗教成为了次大陆宗教文化的重要组成部分。其信徒在社会构成中的地位差异，决定了伊斯兰教内部人员构成的两极分化格局：顶端是掌握最高政权的统治阶层，末端是本土种姓制度中的底层群体。后者改宗伊斯兰教在理论上获得了一次改变处境的机遇，但是现实中并没有配套的政策、职业的调整、生活地区的迁移等切实的事情发生，因此结果是他们依然生活在社会的最底层，从事着原来的职业，甚至膜拜着原来的神灵；如此，他们与宫廷贵族群体构成了次大陆穆斯林群体的两端，生活并无交集。这也是主张平等的伊斯兰教在印度次大陆产生内部种姓划分的直接原因之一。

从统治阶层的角度出发，伊斯兰教虽然是上层统治者的信仰，但是为了巩固政权，吸收印度次大陆本土文化传统，在政策上推行鼓励和睦相处的宽容宗教政策，才是保障统治阶级利益的可靠途径。不可否认，排他性是宗教的特性，也是立教的根本，但是，维护自身差异性的结果不是必然导致对立与冲突，相处的方式是可以选择的。由下至上的选择包括可以回避冲突，由上至下的选择主要依赖于社会政治权益的分配。反观历史，教派间的暴力冲突通常由政治、利益纷争引起，而且，只有在利益的争夺中，宗教的差异性才特别容易凸现出来，或被利用起来。在印度次大陆社会历史上，宗教本是渗透入生活各个层面的固有部分。宗教上的“宽容”，便是对次大陆文化的尊重、理解与认可。

苏非派是在信奉伊斯兰教的伽兹尼王朝苏丹马茂德入侵期间进入

印度次大陆的，最早来到并定居北印的苏非是胡吉伟利[1]。他于希吉拉历431年，即公元1039年经由开伯尔山口进入次大陆西北部地区。苏非派在传入印度次大陆后经历了形成、兴盛、进一步发展和衰落的历史过程。在次大陆本土宗教及神秘主义思想的影响下，苏非派在这里表现出新的活力，其影响渗透到中世纪印度次大陆政治、历史、文化的方方面面。苏非圣人在民间广泛深入的活动，无心插柳地协助穆斯林统治者巩固了政权，因为他们受到印度教和伊斯兰教底层民众的认可与欢迎，在一定程度上缓解了穆斯林与印度教教徒之间的冲突，推动了伊斯兰文化与印度教文化的相互渗透与融合。

为了制衡统治阶层内乌里玛的权利，有名望的苏非大师深受穆斯林统治者的青睐，君主和贵族阶层不仅积极与苏非大师接触、交流，还为他们在社会生活中提供庇护，甚至给予一定程度上的扶持。来自统治者的物质与政策支持，让印度次大陆的苏非派得到了相对宽松的发展空间，各教团在各地纷纷建立修道堂，积极地传播伊斯兰教苏非派思想。在次大陆本土神秘主义思想的影响下，苏非派也在此经历了较长时期的泛神论的兴起。这不仅反映了其与印度次大陆本土文化的

1　胡吉伟利（Ali Hujwiri，1010—1079），11世纪印度伊斯兰教神学家、苏非派长老。生于伽色尼。早年在家乡学习宗教知识，深入研究哈拉智（al-Hallaj，858—922）的著作。后外出旅行，受业于巴格达、塔巴尔斯和呼罗珊等地的苏非圣徒。1039年被派遣到拉合尔传播伊斯兰教，获得极大成功，遂以“达塔·甘吉·巴赫什”（Data Ganj Bakhsh，意为知识财富的伟大赐予者）的称号闻名于世。一生在神秘主义体验中度过。宣扬一神论、禁欲主义和神秘的爱；主张绝对服从真主，通过不断忏悔、赞念和断念，达到与主合一的境界。但亦主张苏非派信仰和功修与正统派信仰和沙里阿法相一致。

交汇融合，在某种程度上也反映了其收效于阿克巴统治下相对繁荣的思想文化发展。

反过来，在苏非派学说和实践的积极影响下，极富洞察力和魄力的阿克巴大帝推行新政，尤其在宗教政策上冲破了伊斯兰教正统派的束缚，采取一系列促进伊斯兰教与印度本土宗教平等相处的措施，让莫卧儿时期印度次大陆的文化面貌焕然一新。但值得注意的是，作为与官方正统派有别的民间宗教派别，绝大多数苏非派始终与统治者刻意保持距离，以自己独特的教义和方式活动于印度次大陆底层社会。也正是由于苏非大师纯粹的宗教追求与实践，他们为伊斯兰教与印度次大陆本土宗教提供了契合点，搭建起穆斯林与印度教教徒沟通的桥梁。“十五世纪和十六世纪，苏非派的印地语诗歌无论在农村还是城市的条件下，都得到了很好的发展。十五世纪时伽比尔和那纳克等圣者的出现，以及与他们有关并构成巴克提（即帕克蒂——笔者注）信仰新阶段的虔诚派文学作品的问世，是两个世纪以来印度教圣者与苏非派之间互相影响的结果。”[1]因此，在穆印文化不断趋向融合的环境下，阿克巴适时推出提倡平等的宽容宗教政策，并在宗教实践中付诸修建皇家道堂、发起“宗教对话”、提出“神一信仰”等行动。根据这些有据可考的施政改革、宗教实践、思想言论等文献记载，阿克巴大帝一生中较为一致的、循序渐进的、独具个人特色的，并凸现时代特色的宗教思想观，有望被琢磨于此，以资切磋。

---

1 ［印］A. L. 巴沙姆主编，闵光沛等译：《印度文化史》，商务印书馆，1997年，第426—427页。

第一节　阿克巴推行的宗教政策

阿克巴统治初期，地方上起义叛乱不断，宫廷内穆斯林正统派乌里玛主张对“异教徒”实施宗教迫害政策，强势干政。这并不是阿克巴遇到的特殊问题，这是从13世纪起，穆斯林在印度次大陆正式建立政权后便未曾间断过的问题。站在同样的历史问题面前，莫卧儿王朝的统治者务实行事，保持着理性的认知与判断：“早期的莫卧儿统治者没有把宗教的认同与对王朝的效忠联系起来，这是由于他们考虑到：他们既要用伊朗什叶派穆斯林，又要用印度人，而且还统治着非穆斯林居多的人口，当然这种考虑是可以理解的。”[1]

但是，阿克巴亲政前，帝国一直处于前途未卜的境地，还在其父手中丧失政权十五年。面临着历史问题的一再重演，阿克巴对宗教上没有建树、政治上争权夺利的乌里玛逐渐丧失信任，在时机成熟时便确立牢固的中央集权制，将宗教最高解释权和政治最高统治权一并握在手中，在施政时成功遏制住乌里玛的影响，公开推行宗教宽容政策。在国家治理和宫廷生活中，阿克巴身体力行积极倡导非宗派对立的精神，开明行事。他的儿子贾汗吉尔在谈及父亲时说：“他与每种种族、每种教义以及每种派别中的好人好事联系在一起……在他无以匹敌的统治下的宽阔天地里，各种宗教信仰的经师可各得其所。这种

1　[英]弗朗西斯·鲁宾逊主编，安维华、钱雪梅译：《剑桥插图伊斯兰世界史》，世界知识出版社，2005年，第64—65页。

情况与其他王国的做法不同，比如在波斯，只有什叶派的地位；在奥斯曼（原中译文为土耳其——笔者按）、（非莫卧儿）印度和图兰，则只有逊尼派的地位。”[1]

将建立及巩固政权放在首位，而非狂热的宗教征服，是莫卧儿王朝初期统治者在处理政治与宗教关系时的明智之举。以宗教政策辅助政权统治，是王权时期巩固中央政权的有效手段。但毕竟，宗教信仰与政治关系不可分离的现实，要求决策者必须做出明确的抉择，在一段时期内引导整个社会的发展走向。依照美国学者默罗德·韦斯特法尔[2]所言，“信仰间关系问题以及由之生发出来的宗教排他主义问题始终是作为政治关系问题贯穿于人类历史的，人类信仰间的对立与不和谐总是直接间接地根源于宗教与政治的复杂关系之中”[3]。为了缓解这种对立与不和谐，法律政策的制定与施行，是最直接有效的手段之一。

就阿克巴个人而言，他的精神追求不可能摆脱统治者身份的限定，但他明智地将“理性”作为对外公布的标准，这样便打开了各宗教间的壁垒，成功地将自己置于政教的最高权威位置，为政策的

---

1 [英]弗朗西斯·鲁宾逊主编，安维华、钱雪梅译：《剑桥插图伊斯兰世界史》，世界知识出版社，2005年，第81页。

2 韦斯特法尔（Merold Westphal），美国宗教哲学家。现任美国福德姆大学哲学系“杰出哲学教授”讲席职位。1966年毕业于耶鲁大学，获得博士学位，先后在耶鲁大学等校任职。曾担任过美国黑格尔学会会长、克尔凯郭尔学会会长等。研究领域是康德以来的欧洲大陆哲学，致力于构建不同思想家之间的对话。

3 杨乐强著：《走向信仰间的和谐——多元论哲学之信仰和谐论比较研究》，中国社会科学出版社，2009年，第4页。

推行提供了前提保障。在“理性”指导下推行的宗教政策，既关注印度次大陆的多元宗教文化状况，又关照各派教徒的真实感受，反过来也映照出他在个人思考中对宗教持有的态度。阿克巴不可能只从单纯的宗教哲学角度出发处理个人的精神追求，也不可能抛开宗教而只从纯粹的政治角度来治理国家，此二者本是你中有我、我中有你的共生关系。作为君主，只有拥有开阔、长远的眼光和关照现实的态度，才能制订出符合国情、顺应民心的政策。阿克巴宽容宗教政策的实施，确实显示出他的雄才大略。具体表现如下。

1562年，他颁令禁止把战俘变为奴隶，宣布战俘的妻子儿女不受株连之罪，亦不可将他们作为奴隶，遂取消奴隶贸易。1563年，他下令取消对印度教教徒征收的香客税；1564年，又取消对非穆斯林民众征收的歧视性的人头税（jizya）。回顾以往，德里苏丹国的穆斯林君主们不仅通过上述两项税收获取巨额财政收入，而且通过此种政策性的强制宗教歧视行为，来显示伊斯兰教的优越性，迫使不堪重负的底层民众改宗伊斯兰教。阿克巴的政策虽然没能在短期内为财政收入作贡献，却为社会稳定、生产力持续发展创造了条件。此举减轻了底层民众物质及心理的双重负担，即使改宗信仰伊斯兰教，也不是完全出于被迫。阿克巴推行政策之初遭到财政大臣和正统派乌里玛的强烈反对，但他顶住来自统治阶层内部的压力，坚持执行，他的威严与强势也彰显了王权时期一位帝王的远见卓识与非凡魄力。阿克巴还废除了遴选政府官员时的宗教限制，任人唯贤；他甚至取消了对印度教建造神庙的限制，也禁止强迫战俘改宗伊斯兰教。他明确下令宣布：“印度教教徒在年轻时被迫改宗为穆斯林者，允许恢复其祖上的信仰，任何人不得干涉宗教信仰。……如果人们希望建立礼拜堂、祈祷室、偶像庙和拜火寺，不得干扰。”[1]这相当于在中世纪的印度次大陆宣布了宗教信仰自由，对比几百年后这片土地上政教纷争时的状况，此举可谓意义大矣。虽然是王权时期的一君之言，但君明言正，从对广大民众生活的影响来看，其历史进步性不可否认。

在阿克巴之前，在次大陆对印度教教徒施行宗教宽容政策的穆斯林君主，在德里苏丹国时期，在克什米尔、德干地区亦有先例。在废除人头税，以及允许曾改宗伊斯兰教的非穆斯林恢复原来信仰等问题上，克什米尔苏丹扎因纳尔·阿比丁（Zayn-al- ‘Abidin）的做法也是声名在外的。苏丹阿比丁给出的响当当的理由是，要依照《古兰经》的教导行动——“让宗教中没有强迫”[2]。向印度教教徒和其他非穆斯林征收香客税的做法，在伊斯兰教教法中并没有明确的规定，属于征服者、强权者的“发挥”。在阿克巴统治后期，他甚至废除了天课税（zakat，穆斯林“五功”之一，当穆斯林的个人资产超过一定限额时，需按一定比例缴纳课税）。这种做法显然有悖于正统伊斯兰教教法，其被废除的理由是不以宗教为基础征税，如果不对非穆斯林征收香客税、人头税，也不应以宗教原因，对穆斯林征收天课税。他还对反对该指令的官员说，帝国繁荣发展，国库充盈，官方已经不需要征收天课税了。当然，作为宗教义务，这并不会阻止虔诚的穆斯林继续捐款给穷人。从阿克巴这一挑战宗教传统的指令和他给出的理由可以看出，这位不羁的帝王胸怀宽广，无人能驯。

---

1 Abul Fazl, transl. by Blochmann et al. V. 1, *Ain-i-Akbari*, Calcutta, 1939, p.217.

2 Asim Roy, *Islam in South Asia: A Regional Perspective*, South Asia Publishers, New Delhi, 1996, p.180.

1574年，“毗讫罗摩历[1]1631年（公元1574年），在肖隆（Shoron，巴里扬卡帕［Baliyan khap］）西骚里村的拉奥·兰迪·拉伊（Rao Landey Rai）主持召开了一次部族联盟（sarv-khap）的潘查亚特会议，讨论自莫卧儿统治出现以来这个国家政治形势的变化。阿克巴最近发布的帝国公告给予宗教信仰和各部族（khap）潘查亚特以完全的自由”[2]。

1578年，阿克巴“下令对所有敬神赠地的所有权进行全盘清查和核实。所有那些不能验证的敬神赠予地立即被收回。此后，他大大缩小赠地的面积和数量，严格禁止自行继承的做法。后裔必须申请圣俸；他们的请求可能被恩准，但更可能的是被驳回。不过，最沉重的打击是把敬神赠予地分配给所有宗教（而不只是伊斯兰教）的学者和僧侣。生活在修道院（maths）中的瑜伽师（Yogis）获得了土地。琐罗亚斯德教的牧师（帕西人）得到了土地。甚至婆罗门祭司也得到了阿克巴的赏赐”[3]。

1580年9月11日，阿克巴下令取消对非穆斯林征收的人头税：“依照当前诏书（firman）……印度的某些社群议事会在穆斯林苏丹时期，在朕统治以前，被课以某些赋税，兹予豁免。在朕治下，每个社群议事会得我应允，可自由行使其传统之职责。在朕眼中，印度教徒

1　即Bikram Sambat（Vikram Samvat），该历法纪元始于公元前58年，是一种在印度次大陆广泛使用的历法，也是孟加拉国和尼泊尔的官方历法。

2　Pradhan, *Political System*, Appendix 4, Case 48, pp.257—258. 转引自［美］约翰·F. 理查兹著，王立新译：《莫卧儿帝国》，云南人民出版社，2014年，第86页。

3　［美］约翰·F. 理查兹著，王立新译：《莫卧儿帝国》，云南人民出版社，2014年，第38页。

和穆斯林俱为一体，故朕赐此等议事会以（行动）自由。他们免纳吉齐亚（jazia，宗教税，即人头税——笔者注）及其他赋税。”[1]

阿克巴厌恶自以为是的宗教学者的伪善。他关注地方民情风俗，尊重各宗教传统，结合社会人文环境，政策上有所调和、有所突破。他宣布废除印度教传统中要求妇女殉夫的萨蒂制度（sati），阻止儿童婚姻，允许寡妇再婚，等等，这种改革表面上看是针对印度教习俗，但实际上是着眼于屏除整体社会中的陋习，具有时代进步性。另一方面，他禁止穆斯林传统习俗中的堂表兄弟姊妹结婚，鼓励穆斯林男子剃须（1592年），对穆斯林禁酒的规定有所放松。后者虽然与个人嗜好，或者说莫卧儿人的嗜好相关，但关照对象依然是整体社会的共同生活。这些规定条款，大多涉及日常生活中的陈规旧习，就算是没有宗教背景的支持，也不是轻易可以改变的；更毋庸说涉及到带有宗教意义的生活细节时，例如剃须、饮酒等敏感话题，必然会引起正统穆斯林的不满，其收效不可高估，也不容乐观。

阿克巴对政策的制订与推行，是带有实验性质和调节预期的。在延续了苏尔王朝苏丹舍尔沙的土地丈量、收成评估及税收方法后，他尝试由朝廷任命的税官直接从耕种者手中收税，以取代与地方村社村长老会首领交涉的传统做法。但当他发现此种简单替代传统、忽视传统影响力、缺乏过渡方式的做法会引起社会基层的动荡时，立即撤销了此种尝试。阿克巴以理性为指导，从社会现实出发的政策改革，虽然具有理想主义性质，虽然在层层执行过程中、在宗教

---

1 ［美］约翰·F. 理查兹著，王立新译：《莫卧儿帝国》，云南人民出版社，2014年，第87页。

人士的抵制中，效果终究难尽人意，但其剔除社会陋习、改善民众生活方式的目的是值得肯定的，也彰显出他作为帝王的社会责任感与魄力。

面对印度次大陆共生共存的各派宗教信仰，阿克巴与各宗教的圣哲贤士积极交流，大力支持他们的宗教活动，为各宗教的发展提供了前提条件。在宗教宽容政策下，各个宗教得到了较为宽松的发展空间，反过来，这也促进了莫卧儿帝国的社会稳定与和平发展。

首先，了解一下对耆那教发展的影响。“阿克巴非常尊重耆那教导师喜拉毗阇耶。莫卧儿王朝的一些统治者还发布诏谕：在耆那教的巴朱瑟纳节期间，在凡是耆那教徒居住的地方，一律禁止杀牲。德里和艾哈迈达巴德的耆那教名门望族，建筑了若干杰出的耆那教寺庙，他们在莫卧儿宫廷中也有影响。在莫卧儿时期，耆那教的在俗弟子，在拉贾斯坦的政治活动中也起了重要作用。”[1]对规模小却历史悠久、理论系统完善的耆那教的支持与保护，与耆那教长老的密切往来，对耆那教徒的重视，对耆那教节日的尊重，都说明阿克巴在宗教思想上的开明与探索的态度。论文《阿克巴与耆那教徒》的作者普什帕·普拉萨德（Pushpa Prasad）认为：“也许阿克巴之所以被耆那教吸引，主要原因是耆那教主张不杀生、对一切生灵仁爱，以及关于灵魂轮回的学说。我们看到了阿克巴是多么坚决地保护该教派，抵抗任何不宽容的行为；还看到在他统治的最后25年间，他是如何用自己的方式去安抚耆那教徒的感情与他们敏感的心灵。正因如此，他在耆那教的传

1 ［印］A. L. 巴沙姆主编，闵光沛等译：《印度文化史》，商务印书馆，1997年，第150页。

统中，为自己赢得了永久的名誉。”[1]字里行间，我们似乎感受到了强大的帝王之心同样拥有丰富而敏感的一面。

其次，观察阿克巴的行为及政策对锡克教造成的影响。阿克巴在位的将近五十年间，锡克教经历了三代师尊的更替，他们依次是第三代师尊乌莫尔·达斯（Umar Das，1552—1574年在位）、第四代师尊拉姆·达斯（Ram Das，1574—1581年在位）及第五代师尊阿尔琼（Arjan，1581—1606年在位）。阿克巴与乌莫尔·达斯有过交谈；他曾赐地给拉姆·达斯，即著名的锡克教圣地阿姆利则；在与第五代尊师阿尔琼交流后，阿克巴宣布减免旁遮普省一年的税收。阿克巴对锡克教徒的友好态度，无形中为他们的发展提供了保护与支持。在阿克巴统治时期，锡克教徒几乎遍及印度次大陆各地。在赐圣地阿姆利则之前，在第三代师尊的努力下，戈因德瓦尔（Goindwal）成为锡克教徒朝圣的中心。另外，克什米尔、喀布尔、德里、阿格拉等地都有锡克教徒聚居，几乎在每个省份都可以找到锡克教徒。可是，就在阿克巴去世后不到八个月，阿尔琼就在拉合尔被贾汗吉尔的属下折磨致死了。

最后，简要谈一下阿克巴与基督教的互动。阿克巴在位期间，先后三次接待耶稣会使团，并邀请基督传教士参与皇家道堂的讨论，这种开放包容的态度受到穆斯林正统乌里玛痛心疾首的斥责，却是基督教传教士津津乐道的成就。更为重要的是，耶稣教士对此时期印度次大陆社会生活的记录，以及与阿克巴交流往来的记录，成为了难得的史学材料。“1572年，在古吉拉特征战期间，阿克巴接触到了基督教

---

1 Edited by Irfan Habib, *Akbar and His India*, Oxford University Press, New Delhi, 1997, p.108.

徒。他让一位孟加拉的耶稣会教士朱里安·佩雷拉（Julian Pereira）教给他基督教神学知识。1578年，果阿的葡萄牙总督德梅内兹（Dom Diego De Menezes），派遣安东尼奥·加布拉（Antonio Cabral）到帝国宫廷，给皇帝讲基督教神学。通过与加布拉的交谈，阿克巴熟悉了基督教和欧洲，接着他要求总督再给莫卧儿宫廷派遣两位更有能力的传教士。三位耶稣会教士在莫卧儿使臣的陪同下，满怀使那个时代最强大的君主改宗的希望，从果阿来到法塔赫布尔-西克里城（Fatehpur-Sikri）。代表团由意大利耶稣会教士拉道尔夫·阿卡维亚（Rodolfo Acquaviva）率领，成员包括加泰隆·斯潘尼亚（Catalan Spaniard）、安东尼奥·蒙塞尔拉帖（Antonio Monserrate）和弗朗西斯科·恩里奎兹（Francesco Enriquez），后者是穆斯林改宗的教士。这几个人中，蒙塞尔拉帖最能言善辩，他记载了逗留在次大陆期间所观察到的皇帝本人、莫卧儿宫廷状况及辩论场面。阿克巴不仅在宫中建了小教堂，他甚至还允许传教士们自由地向印度人传教。但与耶稣会教士们的很高期望相反，阿克巴除对天主教表示了崇高的敬意之外，并未走得更远，也从来没有改宗。他与高素质以及常常不同脾气的人交往中的机敏和不拘，源于自信和开放的辩论水平。”[1]看来基督教士也没预料到，会在历史悠久的印度次大陆见到一位好奇心如此之重的穆斯林君主，他们的“普世”意愿，在这位开放的君主面前，略显“狭隘”了。

总体说来，阿克巴的宗教措施，在一定程度上缓和了当时的宗教矛盾，为不同教派和平相处提供了前提，为不同宗教信仰各自的发

1　［巴］伊夫提哈尔·H. 马里克著，张文涛译：《巴基斯坦史》，中国大百科全书出版社，2010年，第82页。

展创造了条件，莫卧儿帝国的政权也因此得到了巩固。阿克巴作为穆斯林君主，他尊重包括印度教在内的各种宗教，但对社会习俗中的陋习，无论是哪种宗教所倡导的，都明令加以禁止。这一做法，配合他的宗教宽容政策，再一次证明了他颁布法令治理国家的着眼点是社会现实，是臣民百姓，而不会受到宗教教条的机械制约，也不会简单利用宗教教条谋取短时利益。阿克巴当政时期，以史为鉴，推行新政，又善于用人，并通过颁布法规条令推动不同宗教信仰间的相互尊重，促进不同群体间的和睦相处，带领帝国进入和平发展时期。宫廷中，印度教教徒也逐渐取得了相对平等的地位，增强了各教派教徒对中央政权的信心，加强了帝国的凝聚力。

但是，阿克巴的宗教改革虽然具有历史进步性，但从根本上说仍是为统治阶级利益服务的，具有治标不治本的狭隘性，无法根本解决社会问题，因此后世的纷争与最终莫卧儿王朝的没落不可避免。这也是历史发展阶段及社会环境的局限性所致，作为个体，即使是帝王之身，面对这样的客观条件，也无法突破和逾越，就算在精神世界寻求突破，在宗教范畴的限定下，通过改变宗教关系的方式，也无法找到解决人类精神枷锁的有效途径。毕竟，宗教改革是历史前进的需要，但却不是历史前进的原动力。

第二节 阿克巴发起的“宗教对话”

一、“宗教对话”之开端

对于印度次大陆来说，莫卧儿人是外来的异教统治者。但是最初，在次大陆本土人看来，这也不是什么破天荒的、大不了的事情。自古以来，通过开伯尔山口和波伦山口，从西边和北边进入次大陆的外族接连不断。随着阿克巴统治地域的扩张和新政的推行，次大陆再次步入了穆斯林统治的帝国时代，这一次，这个王权家族一统治就是三百年，实际治理期也有二百年。为家族统治筑牢基石的，正是阿克巴大帝。

阿克巴以史为鉴，审时度势，在位期间推行开明的宗教宽容政策，开展了一系列大胆的改革措施。如上文提及，宫廷中，谢赫穆巴拉克·纳高利及他的两个儿子费兹、阿布勒·法兹尔是阿克巴的良师益友，对他的宗教观产生了相当深远的影响。穆巴拉克家族的祖辈由也门移民而来，谢赫穆巴拉克在印度次大陆创建了宗教学校，因学识广博而为本地人尊崇。费兹和阿布勒·法兹尔兄弟二人才华横溢，博闻强记，精通阿拉伯语、波斯语、梵语等多门语言，对各派宗教都有所了解，且不乏独到的见解。他们与思想开放的阿克巴志同道合，后者对他们赏识有佳，常常邀请他们共谋大事。费兹和阿布勒·法兹尔分别出生于1547年和1551年，比阿克巴小几岁，恰好是易相处的同辈人。自幼受父亲的教导，他们学识丰富，眼界开阔。由于信奉伊斯兰教什叶派，在穆斯林中属于少数派别，所以即使他们的家庭处于社会上层，也躲不开宫廷中逊尼派朝臣的排挤。兄弟二人的成长经历使他们对其他处于劣势的教派信徒有感同身受的同情，对社会中各异的生活处境有着较为深刻的理解，极其反对教派仇视与宗教排斥。费兹被阿克巴任命为王子们的导师，也时常出任使者。在费兹入宫供职的最初几年，才学出众的阿布勒·法兹尔并不热衷于政治事务，他故意与宫廷保持距离，婉拒了阿克巴的邀请。但是随着兄长费兹与阿克巴友谊的日益深厚，1574年，他被正式引荐给阿克巴，从此开始了宫廷史官的职业生涯，也开始了与帝王的莫逆之交。他渴望与不同宗教教徒交流的极大热情，对阿克巴产生了重要的影响。

在16世纪的伊斯兰世界，苏非派已经发展成为理论系统、实践行为等方面都很成熟的伊斯兰教中的重要派别，在北非、中东、中亚、南亚有着不同的起伏的发展路径。各地都有著名的苏非圣贤大师，及供信徒学习或拜谒的苏非修道堂。虽然他们大多与王室政权刻意保持距离，但是与王公贵族的私交是普遍存在的现象，被邀请做后者家族中的后代的导师，也是常有的事情。阿克巴所在的家族也不例外，因此苏非派思想对阿克巴的宗教观产生一定的影响也是十分自然的。

印度次大陆本土多元文化的土壤滋养了苏非派的成长与发展，苏非派提倡的神智、神爱等理念和修行方式，与印度教帕克蒂派强调的虔信、虔爱等感受神的修行方式等在实践方式上有相同之处；苏非派主张信徒可以在修行中通过神秘直觉通达与真主合一的境界，也较容易被追求获得解脱的至高境界“梵我合一”的印度教徒认可；苏非派从诞生之日起就反对繁琐僵化的宗教仪式，这与帕克蒂运动阶段的印度教主张也十分契合。总之，在时代发展中对现状的关照与改革的努力，在两个派别的发展中都有体现，这与在世俗中争权夺利的穆斯林乌里玛、印度教婆罗门形成鲜明的对比。

在阿克巴的生活中，他每日都要面对官员的世俗、乌里玛的气焰，还有大学者的伪善。苏非大师的造访，可以让他在对比中感受到苏非的脱俗。乌里玛也好，苏非也罢，都是伊斯兰教的追随者，都是穆斯林群体中的佼佼者，却在生活中形成如此之大的反差。不可避免地，类似的一些问题摆在了阿克巴面前：宗教究竟是如何规范和指导人们的思想和行为的？在人类共通的属性上，宗教究竟可以产生多大的影响？人们究竟是如何去解释和看待宗教的？等等。也许是出于为类似的问题寻找答案，也许是出于为满足自己的好奇心另辟蹊径，也许是为了给各派人士提供一个交流的平台，也许是为了遏制宫廷斗争的新尝试，也许是并不精通伊斯兰教的帝王想为自己开设一个私人学校，也许是为了选贤拔士，也许是想探知通达最高实在的途径……出于种种可能，1575年1月18日，阿克巴大帝在东征结束后来到法塔赫布尔–西克里城视察，下令在此建造“皇家道堂”，并“颁布诏令：（每周四晚）凡是探求世界本真、寻求心灵觉醒等有宗教诉求的各方人士，不分阶层、不分教派，都可以聚集在这个神圣的殿堂内，畅谈各自的精神体验、各自在探求世界本真过程中对真理的不同认识”[1]。此建筑由四个大厅组成：西厅为穆斯林学者聚会讨论的场所，南厅为大学者所用，东厅为朝廷的贵族和官员提供了结交的场所，北厅为圣贤修士的处所。建立初期，阿克巴每周五及宗教节日都会到道堂去巡视，依次听取讨论。按惯例，每到一个厅堂，该处的成员都会推选一位优秀人士，介绍给阿克巴，阿克巴每次寻访也都会带去恩赏。

用开放的态度与各方人士交流，是阿克巴非常突出的优点之一。“无论怎样夸大都很难描述（阿克巴）向所有希望倾听他的人敞开心扉的程度。因为他几乎每天都会创造机会，使任何一名平民或贵族能与之相见和交谈；他还努力表明他自己乐于交谈，对所有前来与他交

1　Abu-l-Fazl, trans. from the Persian by H. Beveridge, *Akbar Nama Ⅲ*, Low Price Publications, Delhi, 2007, p.158.

谈的人和蔼可亲而非冷目以对。”[1]阿克巴在开放皇家道堂的初期，并没有邀请伊斯兰教以外的信徒或学者参加，即使是在伊斯兰教内部，也主要局限于逊尼派学者参与。当然，这是由现实情况决定的，并不是他一时头脑发热的结果。他一直以来与各宗教人士的积极沟通与交流，本身便是一种非正式“对话”的方式。皇家道堂的开放，为这种“对话”逐渐转向正式拉开了序幕，也显示出当时社会状况本身对信仰间交流的需求。这是阿克巴在宗教中寻求政治出路的一种尝试，是用宗教来提升他政治形象的一种努力，也是体现他个人宗教哲学追求的一种方式。这种“对话”既是宗教的，也是政治的。“在潘尼卡那里，信仰间的对话被看作是诸信仰相遇所触发的相互认知的话语活动，并且常常关联着某种社会的困境和难题，交织着某种伦理的危机和普遍的责任。”[2]对自己、对帝国，身处最高位的阿克巴是肩负重任的，他这种首先以个人的姿态面对同一宗教内不同集团的“对话”方式，为后来各宗教间的对话与交流提供了合理的发展逻辑。这既体现了他理想主义的一面，又在现实组织、推进方面体现了他务实的一面。

“对话，尤其是关涉到人类生存领域的对话，不管是以文化的方式还是以信仰的方式，所要达到的一个基本目标就是在有限的文化维系系统与更为开放、更有发展可能性的前景之间建构一种通道，一种从此在到彼在的跃迁方式。但这只是一种宏观性的蓝图式的目标，它

---

1 ［美］约翰·F. 理查兹著，王立新译：《莫卧儿帝国》，云南人民出版社，2014年，第46页。

2 杨乐强著：《走向信仰间的和谐——多元论哲学之信仰和谐论比较研究》，中国社会科学出版社，2009年，第228页。

可能包含有某种设计性的构想价值，带有一种理想主义的情怀。它只有在参与到现实的具体问题的解决过程之中发挥其指导或规范作用，才能务实性地显现它的责任、使命和价值。”[1]开端是有用意的，但发展与结果却不是一己之力可以控制的，随着事态的发展、个人思想的变化，会有一些二者相互作用、相互影响的阶段性、标志性结果产生。

在皇家道堂开展的“对话”活动，起初只有逊尼派穆斯林被邀请参加。本是希望通过倾听他们的辩论，不具备读写能力的阿克巴既可以丰富自己的知识，增加对自己所信宗教的理解，又可以为统治找到扎实的理论依据，甚至找到精神的真正归属。但是，事实上，乌里玛抓住这个难得的机会，在君主面前唇枪舌战、相互指摘，还不失时机地大肆吹捧自己，将他们内部的政治矛盾和盘托出，企图通过矛盾公开化来逼迫君主抉择。初期的尝试似闹剧登场，反而让阿克巴不再对他们寄予任何期望，做出了邀请其他派别人士参与的决定。这看似让阿克巴探寻真理的诉求遭受了打击，但也促使他更快地到伊斯兰教之外去寻找统治的理论根基。

此种公开对话的方式一经启动，就意味着阿克巴迈出了改变现状的坚定的一步。他已将内心的想法付诸实践了，接下来，只有方法和规模的调整，而不会有做或者不做的问题了。“一旦信仰者作为信仰间的对话者出场，就已预示着绝对性思维方式不合时宜，绝对真理观不再有价值，绝对性难分难解的排他主义没有前景。这意味着对话本

1　杨乐强著：《走向信仰间的和谐——多元论哲学之信仰和谐论比较研究》，中国社会科学出版社，2009年，第212页。

身就是对绝对化语境的解构和摧毁，是对生存语境和生存价值的重新探寻和重新建构的过程。"[1]

二、"宗教对话"的发展

"对信仰生活的本质或真谛的深刻认识和把握，是在通过信仰间对话所酿成的开放、互动、比较、映照的语境中进行的，人们也只有通过信仰间对话才能拨云破雾，超出信仰内和信仰间的盘根错节，在了解了所有信仰的同时，达到对自己信仰传统的深刻认识。"[2]阿克巴在皇家道堂开设的公开讨论与对话，虽然真正的初衷存在种种可能，但不容置疑的是，除去暴露出的政治斗争外，阿克巴个人在对信仰的探知与了解方面，会有一定的收获。无论是出于哲学探讨的目的还是为统治寻求理论依据，开放的心态与理性判断，是他思想认知过程的依据，由此他的宗教观逐渐呈现出个人特色，并不怠付诸于实践。伴随着阿克巴将各派宗教信徒都邀请到皇家道堂来参与讨论，一种趋向于真正的"信仰间对话"的局面被打开。虽然这与现代意义上的"宗教对话"存在很大差距，但由宫廷主持、多宗教代表参与的谈话，其时代进步性不言而喻。这一创举是阿克巴被后世传颂的要因，也是他在教内颇具争议的行为。但无论如何，这都展现出阿克巴大帝的前瞻性与魄力。

---

1 杨乐强著：《走向信仰间的和谐——多元论哲学之信仰和谐论比较研究》，中国社会科学出版社，2009年，第210页。

2 杨乐强著：《走向信仰间的和谐——多元论哲学之信仰和谐论比较研究》，中国社会科学出版社，2009年，第207页。

约1578年，基督教佩雷拉（Pereira）神父被邀请到皇家道堂，参与到讨论中来。自此，印度教、耆那教、基督教、犹太教、琐罗亚斯德教等各个宗教的圣哲长老都被邀请到了皇家道堂，共同探讨宗教信仰，解答阿克巴对各个宗教中难以理解的部分所提出的问题。我们从参与讨论的人员及讨论内容角度出发，以1578年为分界线，将在皇家道堂的讨论分为两个阶段。

第一阶段，即1575—1578年，只有穆斯林乌里玛、谢赫等参加道堂的讨论，参加者实际表现出来的主要目的是击败另一方。名义上要探讨教义，实则抛出政治事件，进而相互指责评判，甚至直接影响到官员的任免。阿克巴发现，无休止的教派内部争斗时时威胁着统治阶层的执行力和王权的巩固。如何不让派系仇视、阶级仇恨影响统治大局，如何保证优秀的官员不会受到来自无知、顽固的正统乌里玛或宗教法官的不公正待遇，等等，一系列棘手的问题统统摆到了他的面前。布洛赫曼教授认为："阿克巴很重视印度臣民的信仰。每当夜幕降临，他在法塔赫布尔-西克里的一块石头上独坐沉思时，他都决定要平等地对待帝国中的所有人。但由于观点极端的学者们不断敦促他迫害印度教（教）徒、信仰其他宗教者和不信仰宗教的人，而不是治愈战争给人们带来的创伤，他就发起了辩论，因为他觉得也许是他错了，所以他认为，作为统治者，他的责任就是去'调查研究'。每周四晚上，阿克巴都要在法塔赫布尔-西克里的那座专门为辩论而修建的宫殿内举行辩论会。"[1]

1　［英］G. B. 玛勒森著，赵秀兰译：《阿克巴大帝时代》，中国画报出版社，2017年，第234页。

作为穆斯林统治者，帝王肩负着一项与治理国家并重的任务——捍卫伊斯兰教法的权威性。对伊斯兰教法的解释权，多数情况下都掌握在资深乌里玛的手中，这使他们成为历代帝王的“法律顾问”。教法学家按级别可以分为：伊斯兰教总教长[1]、首席法官[2]、教长[3]。莫卧儿王朝由伊斯兰教教长担任乌里玛发言人的角色，是伊斯兰教法沙里阿方面的权威。在涉及到宗教及法律事务时，君主需要向他咨询。教长还肩负监督乌里玛的职责，有权阻止任何他认为不利于伊斯兰教的事情发生。他不仅是国内的法律最高执行官，甚至还有为君主加冕的权力，并借此将部分财权拢入手中。经由亲信的推荐，谢赫阿卜杜拉·纳比于1563年被任命为莫卧儿王朝的伊斯兰教教长。在内斗不断的彼此揭发指证中，阿克巴下令清查此人，最终这位教长屡屡贪污受贿、玩忽职守的罪行被一一证实。类似的情况在宫廷内屡见不鲜。1575年4月12日，阿克巴正式下令整顿改革，大多数腐败的法官被免职，由教长率领的乌里玛的权力也被削减。随着对乌里玛信任的丧失，阿克巴决定自己担任宗教裁决人的角色，逐渐将政、教权力合并收入自己手中。其实，自莫卧儿王朝建立起，宗教长老延续穆斯林政权结构中的传统地位优势，依仗自己的宗教知识与宗教权威，牢握对《古兰经》、教义、教规、教法等的最终解释权，就不断倾轧反对者，制造不公正，干涉王权。这种狭隘的立场助长了统治阶层内部的政治分裂，且不利于公平公正地落实执法、管理原则。为了摆脱宗教权威指手画脚的干扰，阿克巴要重新定义王权。

---

1 即Shaikh-ul-Islam（the Chief of Islam），也译作大阿訇或大伊玛目。

2 即Qazi-ul-quzat（the chief of the Qazis）。

3 即the Sadr（the Chief）。

1579年左右，皇家道堂的讨论进入第二阶段，各种宗教的信徒都被邀请加入。阿克巴较为明确地表示，不同的宗教信仰代表追求真理的途径不同。他下令让阿布勒·法兹尔安排在宫中点燃长明的圣火。从1580年起，宫廷中开始公开地行俯身礼，拜日、火。随着对各种宗教的了解逐步深入，阿克巴更加清醒地认识到顽固守旧的乌里玛等伊斯兰教宗教权威的狭隘性。针对他们对行使王权、治理帝国造成的障碍，阿克巴进一步采取了一系列实际举措。1579—1581年，阿克巴颁布了《公众声明》，公开剥夺了伊斯兰学者（即乌里玛）和教法学家的权力，并发布了一系列关于宗教改革的法令。

1582年，"神一信仰"公开发布。该信仰宣称，理性是探索宗教信仰问题的基础，并据此规定了伊斯兰教的"十诫"和"十德"。"宗教与宗教之间创造性的对话活动，常常是多元论方法的一个组成部分。在对话中，每一种宗教都可以在互相取长补短的氛围中独立地向对方学习，也许甚至在某种意义上受到对方的改变。"[1]巴达乌尼报告说，在1578年，先知穆罕默德的名字已经在星期五的礼拜中被去除了。而通过《公众声明》，所有的解释权力和宗教法则的运用权力都从乌里玛的手中转移到了君主的手里。此声明是以《古兰经》的权威和先知穆罕默德的传统为基础发布的。它把阿克巴描绘成"伊斯兰教的苏丹"。此外，它还规定，皇帝的命令"只要不违反《古兰经》经文"，就必须执行。[2]

1　［美］W. E. 佩顿著，许泽民译：《阐释神圣——多视角的宗教研究》，贵州人民出版社，2006年，第126页。

2　参见Asim Roy, *Islam in South Asia: A Regional Perspective*, South Asia Publishers, New Delhi, 1996, pp.170—171。

三、"宗教对话"的影响

在皇家道堂第一阶段的讨论中，阿克巴有效地遏制了正统乌里玛对王权的干涉。

穆斯林正统派权威学者在宫廷中凭借传统地位，频频干政，主张君王实施宗教压迫政策，力荐用强制高压手段统治在印度次大陆占多数的非穆斯林群体。在宫廷内部，他们否认非穆斯林官员的资格，暗中结党。乌里玛盛气凌人的姿态和狭隘的观念、行为，引起了阿克巴的强烈不满。即便在皇家道堂东厅的官员讨论中，穆斯林大臣对非穆斯林官员的指责也成为交流的"主旋律"，如此与阿克巴预期相悖的结果，也许让他意识到了事态的严重性，加强了他进行内部治理的决心。最初，阿克巴任命阿布勒·法兹尔来主持讨论，由他适度地掌控讨论的进程，调和过于激烈的言论。由此，阿布勒·法兹尔虽然不直接参与讨论，但是了解讨论的内容和结果。在伊斯兰教教义讨论中，宗教学者间产生了很大分歧，不仅在对《古兰经》的释义上，而且在对先知穆罕默德的相关信息的理解上，都始终存在分歧，无法达成共识。据载，在一次讨论中，阿布勒·法兹尔提出了"现世的帝王是否也应该被视为精神/宗教领袖"[1]的议题供大家讨论。这实在是个难题，将对权力争夺的问题公开地抛给了乌里玛。宗教固有的神圣性赋予了乌里玛以地位，同时也约束着他们的权力。在这场俗世间的对抗

---

1 参见 Abū al-Fazl Allami, English translated by H. Blochmann and H. S. Jarrett, *Aīn-i-Akbarī Ⅲ*, Low Price Publications, Delhi, 2006, pp.15, 186。

赛中，“球”传到了乌里玛手中，可是场上裁判是阿克巴大帝。在伊斯兰教中，《古兰经》至上，高于一切人的指令。但是，宗教学者利用对教典释义的权威地位，为了一己私利而大放厥词，这一行为本身就撼动了圣典的至高地位，也为阿布勒·法兹尔的提议提供了机会。此议题的提出，终于让乌里玛自导自演的闹剧落下了帷幕。他们之所以争闹不休，无非是为了自身私利，可谁又会站出来反对自己的君主呢？无奈之下，宗教学者们只好共同起草文件，授予阿克巴大帝“穆志德希德”（Mujtahid）[1]的封号。这一封号意味着，在一切与伊斯兰教相关的事务中，阿克巴具有不容质疑的绝对权威。

自此，阿克巴实际上掌控了建立在伊斯兰教教规教法上的司法权。也就是说，在宗教事务上，伊斯兰教学者、法官也要听从阿克巴的最终指示。这就为阿克巴公开正式推行其宗教政策扫清了障碍，宫廷中态度偏激的穆斯林正统乌里玛难违君命，只得不情愿地在文件上签字。于是，统治阶层内部在宗教态度上的分歧，从政策上被阶段性地遏制住了，虽然作用有限，只是浅表，但在君威的树立和政策的推行上，迈出了关键性的一步。

当然，乌里玛势力不可能就此罢休，他们怀着愤怒的心情，将公开的斗争转向暗中继续蓄谋。而有识之士则拭目以待阿克巴接下来将如何有效地贯彻实施其新政。此文件的签署，对阿克巴来说意义重大，这标志着他在国事治理上获得了完全的自主专制权。但他志同道合的好友阿布勒·法兹尔也不可避免地成为穆斯林正统派攻击、仇恨的目

1　意为具有独立裁决权的法学家、伊斯兰教教法解释权威。在伊斯兰教什叶派中，指地位仅次于伊玛目的宗教权威。

标，阿布勒·法兹尔和阿克巴都很清楚这一点，为了共谋大事，也为了保护他们的人身安全，阿布勒·法兹尔和兄长费兹都被任命为朝廷重臣，与阿克巴不离左右。从此，阿克巴不允许将宗教身份作为参朝议政的前提条件，并下令遣送迫害伊斯兰教什叶派的逊尼派首席大法官纳比等官员前往麦加。

在皇家道堂第二阶段的讨论中，阿克巴较为明确地表明了自己的宗教立场、确定了自己的宗教地位。最具代表性的举措为《公众声明》和“神一信仰”的颁布。

阿克巴对各种宗教探知了解的热情从未减退，他想了解居住在果阿的葡萄牙传教士的宗教信仰，便让费兹将基督教的《新约》翻译成波斯语，并邀请传教士拉道尔夫·阿卡维亚神父前来阿格拉与他会见。神父应邀参与了在皇家道堂举办的多宗教间交流讨论。伊斯兰教、印度教、耆那教、佛教、犹太教、袄教等各教及教内各派的圣哲贤士济济一堂，自由公开地表达各自教派的观点，大家对其他教派尤其是较为陌生的基督教“代表”拉道尔夫·阿卡维亚神父频频提问，讨论热烈，虽然结果莫衷一是。据载，拉道尔夫神父沉着应对、冷静机敏，有些穆斯林学者不能以理服人，甚至出言不逊。神父言：“如果这些人对我们的《福音书》持有这样的观点，他们相信《古兰经》是神的话，那就点燃一个火炉，我手持《福音书》，他们手捧《古兰经》，一同走进那个检验真理的地方，谁对谁错就会一目了然。”[1]阿克巴闻言后表示：“现在我已经受到真理之光的启发，我相信自负的黑

1 ［英］G. B. 玛勒森著，赵秀兰译：《阿克巴大帝时代》，中国画报出版社，2017年，第240页。

云和固执己见的迷雾已经蒙蔽了你们的双眼，没有真理的烛光你们无法前行。只有那些经过我们理智判断而选择的道路才是有益的。”[1]伊斯兰学者在这一场合的“非礼”表现，暴露的并不是他们宗教思想上的弱点，而是文化人格上的欠缺。“文化间的对话不仅要求相互的尊重，也要求有一种最低限度的相互理解，而倘若没有同情和爱，相互理解是不可能的。”[2]

在苏非大师常年的影响下，除去地位，阿克巴的修养与境界也是高于那些傲慢的穆斯林学者的。面对纷杂的表述，他似乎在宗教表达上也逐渐确立了自己的目标，尝试囊括，甚至超越各宗教的教义教规。阿克巴始终承认只有唯一一个至高至上的终极实在，他认为只有亲自作为至高主在人间的使者，才能领略到这一点。他认为，各宗教虽然对这个终极实在的认知、表述方式不同，但其实是殊途同归的。作为使者，阿克巴认为自己应该履行职责，向世间众人传达至高主的旨意，即宽容、公正、信仰自由。他尤其强调最后一点，认为信徒间不应因为信仰而互相伤害。

在彼时的印度次大陆，世人对世界、宇宙的认知，无法超越由抽象或者具象神主宰的模式，因此，只能在人神共处的内部环境中不断尝试调和。作为一名宗教信徒，阿克巴是虔诚的；作为莫卧儿帝国的帝王，他的眼光是独到的。归根结底，阿克巴的宗教信仰与统治目的是并行不悖的，是相互支撑的，是相互加强的。在宗教理解方面，他

1　［英］G. B. 玛勒森著，赵秀兰译：《阿克巴大帝时代》，中国画报出版社，2017年，第240页。

2　［印］雷蒙·潘尼卡著，王志成、思竹译：《看不见的和谐》，宗教文化出版社，2005年，第307页。

的求知过程主要是通过实践感知与探究，而不是传统的文本学习及研读，因此他更倾向于通过理性判断得出自己的观点，为“君权神授”的世间权威确立依据，树立信心。

综上所述，阿克巴在皇家道堂发起的“宗教对话”极具时代进步性，是一次大胆的突破与创新。这与他亲政后不久开始推行一系列的宗教宽容政策，具有思想上的一致性和行动上的延续、扩展性；这同时也是他在宗教思想上持开放态度的体现。从纯粹的宗教理想主义出发，这个举措不可能有任何实质性的宗教结论产生。毕竟，“与政治对话和学术对话或一般文化对话不同，信仰间对话由于涉及人的精神生活、信仰图式和根本价值旨趣的反思性问题，涉及人在有限与无限、内在与超越、灵与肉的永恒张力中的终极关怀的合理实现问题，涉及信仰图式积淀固化而成的思维方式、认知范式和行为定式等核心要素的再认识问题而更具根本性、复杂性和艰巨性”[1]。但从宗教对政治的辅助作用及社会功用出发，阿克巴还是有一定收获的：“信仰间对话所具有的一般意义可以归总如下，这就是异中求同，罢黜绝对，价值发现，构建和谐。”[2]

“实际上，阿克巴是宽容方面的一个主要理论家，并且在安排不同宗教背景的学者参与不同信仰之间对话方面是世界上的一位开拓性领袖。”[3]但是在对话过程中，阿克巴本人的需求大于社会各族群间的

---

1 杨乐强著：《走向信仰间的和谐——多元论哲学之信仰和谐论比较研究》，中国社会科学出版社，2009年，第205页。

2 杨乐强著：《走向信仰间的和谐——多元论哲学之信仰和谐论比较研究》，中国社会科学出版社，2009年，第207页。

3 [印]阿马蒂亚·森著，刘建译：《惯于争鸣的印度人：印度人的历史、文化与身份论集》，上海三联书店，2007年，第45页。

对话意识，这也是由他统治者的身份决定的，具有一定的前瞻性，但却不为参与者所觉悟。阿克巴理想中的“宗教信仰间的对话”，在现实中也难免沦为政治斗争的战场。

第三节 阿克巴颁行的“神一信仰”

一、“神一信仰”的具体内容

1581年12月1日，阿克巴从喀布尔返回法塔赫布尔-西克里城之后，萌发创建“神一信仰”的想法。[1]1582年，他下令召集各宗教长老、学者、大臣等，公开表达自己关于汲取各宗教信仰而制定“神一信仰”的想法，虽然没有正式的启动仪式，也没有明确地颁布“神一信仰”的内容，但此举被大多数学者视为“神一信仰”的开端。

阿克巴“神一信仰”的核心仍是“真主唯一”，并要求信徒遵守“宗教宽容”原则。其信徒在加入团体时便被告知“不要将时间浪费在教派斗争中，对待宗教要永远遵循和睦的原则”[2]。值得注意的是，接受阿克巴的“神一信仰”并自愿成为其信徒的人，无需放弃自己原来的宗教信仰。“神一信仰”没有成文的教规教条，只有阿克巴颁布的相关法令条款，其中一些是要求追随“神一信仰”的信徒必须遵守的，还有一些是面对整体社会颁布的。相关规定如下：

---

1 Abu-l-Fazl, trans. from the Persian by H. Beveridge, *Akbar Nama Ⅲ*, Low Price Publication, Delhi, 2007, p.548.

2 *Tuzuk-i-Jahangiri Ⅰ*, p.61. 转引自：Roy Choudhury, *The Din-i-Ilahi*, New Delhi, 1997, p.182。

加入仪式 凡是承认“神一信仰”，愿意成为其信徒的人，须于星期天的中午到皇宫觐见阿克巴。被召见后须将头巾摘下，捧于手中，屈身放于阿克巴的脚上。这意味着信徒将放弃自己的意志，把自己完全交付于宗教首领。之后，阿克巴将用手抚其头后将信徒扶起，并亲自为他绑好头巾。这表明信徒获得了新生（从存在状态进入生存状态，生命正式开始）。最后，阿克巴将赠予信徒一枚上面刻有“真主伟大”（Allahah Akbar）字样的圣牌。

问候方式 信奉“神一信仰”的信徒见面时，相互间的问候内容不同于穆斯林见面时的问候语——“真主保佑你（平安）”“真主也保佑你”,而是“伟大的主”[1]“无所不能的主”[2]。由此看出,这种问候并不表达祝福的意思。有人认为这种问候方式是为了每时每刻都将“万能的主”牢记在心；但也有人认为，这样的问候语中包含了阿克巴的名字、称谓，所以才被阿克巴采用。但这个问候语也是伊本·阿拉比推荐的、在赞念真主时被各个苏非派教团使用的常见表达方式。

为亡人祭祈 通常，穆斯林去世四十天后，家人会为之举行祭祈的仪式，叫作“第四十日（祭祈）”。而阿克巴下令，信徒们要在活着的时候举行这个仪式。于是，信徒们便于在世时安排为亡灵祭祈的仪式，宴请亲朋好友及教友，并且将食物分发给穷人。

饮食禁忌 在“戒杀生”观念的影响下，阿克巴不仅禁止信徒们

1 Allahu Akbar，“阿克巴”含有“伟大的、强大的”意思。有些反对者认为，这有一种神秘主义的暗示，即以帝王的名义显现神性，是和宫廷的阿谀奉承联系在一起的泛神论。

2 Jal-Jalaaho，真主的99个美名之一，表示强大的、无所不能的。有些反对者认为，这同样是阿谀奉承的暗示，因为Jalal-al-din是皇帝名字的一部分。

食肉，而且不允许他们使用屠夫、渔夫、猎人等使用过的器皿。信徒在自己生日的那个月里，连接近肉食都是不被允许的。虽然“神一信仰”的信徒们平日里自己不可食肉，但却可以把肉给非信徒吃，只要保证他自己没有亲手碰触过肉食即可。

婚嫁规定[1]　“神一信仰”的信徒不可以与孕妇、老年妇女结婚或同居。男女双方的婚配。年龄分别不得低于16岁和14岁。[2]

庆生仪式　在伊斯兰教创教初期，穆斯林没有庆祝生日的习俗。但是受波斯文化影响，阿克巴要求信徒们不仅要在生日这天举办热闹的庆祝仪式，而且要在这一天真心实意地向需要帮助的人施恩行善。

丧葬仪式　阿克巴规定，“神一信仰”的信徒死后，要在死者的脖子上捆绑粮食、石头等重物，然后将尸体投入河中。采用这种方式的目的是用河水洗清死者的罪恶。待尸体膨胀漂浮上来后，再将其火化。如果死者生前要求土葬的话，便将其尸体头朝东、脚朝西（克尔白所在地麦加——穆斯林朝拜的方向）埋入土中[3]。

就寝规定　阿克巴规定信徒睡觉时要头朝东、脚朝西。[4]

十德[5]：1. 宽大仁慈；2. 克制恶行，以柔克刚；3. 戒除物欲；4. 净

1　不仅是对信徒的规定，也是对全体民众颁布的法令。

2　由于社会实际状况一时难以改变，1590年该规定放宽为女子不得低于12岁，对男子不再作规定。

3　虔诚的穆斯林无论在生前还是死后，都不会将脚朝向伊斯兰教的圣地——麦加方向。但实际上没有强制性，信徒死后还是遵照各自的意愿按照生前信仰的规定来安葬。

4　同上。

5　R. Krishnamurti, *Akbar the Religious Aspect*, Baroda, 1961, p.109.

化心灵，尽量不为尘世的存在和暴力等所扰，为将来真实永恒的世界积德行善；5. 常冥想，在对因果事件的沉思中保持虔诚、智慧、全身心投入的状态；6. 一心向善；7. 轻声软语，采取愉悦的方式与人交谈；8. 尊师敬长，先人后己；9. 远离生之万物，一心向主；10. 通过赞念（思念）"真主唯一"来净化灵魂，与主合一。

十诫 包括伊斯兰教提倡的戒绝淫荡、欲念、私吞、欺诈、诽谤、剥削、威胁、傲慢等8种邪恶，并汲取了耆那教的不杀生和天主教的独身主义。[1]

穆斯林入教者要签署一项声明，同意摒弃正统伊斯兰教的束缚，直接崇拜安拉而无需中介。"每位入教者都宣誓在四个方面效忠阿克巴：在侍奉教主（the Master）亦即阿克巴时，毫不犹豫地甘愿牺牲自己的生命（jan）、财产（mal）、宗教（din，或译信仰）和荣誉（namus）。……这样建立起来的教主—门徒关系融化了贵族间的血缘、种族和宗教区分。誓言把这些门徒同他们的教友团结起来，让他们承诺摒弃从前的敌意和派系冲突。甚至连宗教信仰也被导向侍奉和崇拜皇帝。"[2]

二、颁行"神一信仰"的原因浅析

在这里，我们从宗教与社会发展的关系、阿克巴个人成长的经历，以及他所处时代地域的人文环境等角度出发，尝试简单分析一下

1 参见金宜久主编：《伊斯兰教史》，江苏人民出版社，2006年，第338页。

2 ［美］约翰·F. 理查兹著，王立新译：《莫卧儿帝国》，云南人民出版社，2014年，第48—49页。

颁行“神一信仰”的原因。

阿克巴颁行“神一信仰”，旨在约束统治阶层内部因循守旧、不容异己的伊斯兰教乌里玛，并没有将之推行到一般穆斯林民众之中。由于帝王身份带给他的“便利条件”，他基于自身的眼界、认知与理解，可以尝试实践一下包容各宗教信仰在内的“中间道路”，从而创造出“神一信仰”，这一做法是实验性的，甚至是理想化的。但是，他的实验性和实践尝试，充分地体现了其个人性格和凝聚在他身上的时代和地域特色。理想化，是因为阿克巴是从世俗统治者角度出发去理解各种宗教的，这一方面他具有开阔性、包容性、前瞻性，甚至超越性，另一方面又有他个人对宗教义理，尤其是对宗教哲学世俗乐观的理解，即对宗教世界观中超验的前提及世界本体论等哲学层面的探讨缺乏纯粹宗教圣贤或哲学学者的认知与理解。比如，在彼时印度次大陆所处的社会文化语境中，阿克巴有没有认识到印度教与伊斯兰教在教义教法上的不可融合之处，及二者间的不可替代性，是个难下定论的问题。

阿克巴的帝王身份是区别他与同时代、同地域众生群像的特定条件，他的思想实践以社会整体发展基础上的王权的保障为出发点，兼具宏观性和私利性双重特点。“神一信仰”代表了这种整体融合的宏观性期望，也脱不开王权至上、稳固权威的需求。从这一点出发去观察会发现，在王权时期，以帝王为代表的统治阶层的个人经验，与被统治阶层的大多数的个人经验在本质上是对立的。具体而言，被统治民众的个人经验基本上是微观且利己的，而被统治阶层与统治阶层都具备的“私利、利己”特点，其实现方式却是对立的，即剥削和反剥削的。因此在王权时代，历史记载的内容基本是王侯将相的历史，因为统治阶级是“命定”“天选”“君权神授”的绝对权威，是社会资源的占有者、支配者和定义者。

因此，在王权时代的莫卧儿王朝阿克巴大帝身上，我们看到了具有前瞻性、超越性的开放态度、开明思想，但是脱离不开其历史局限性。因为统治阶级与被统治阶级的根本对立，决定了社会的平衡是由对抗性的紧张力，而不是和谐共生的凝聚力形成的。因此，“神一信仰”的提出及颁行，体现了阿克巴个人的超越性，但是在社会层面不具有实践性，更不具备改革性。

宗教本身既具有个人属性，又具有社会属性。在王权时代，对帝王来说，宗教的社会属性先于个人属性，它是握在帝王手中的棋子，它的走向影响着社稷的稳定；对民众来讲，宗教的个人属性先于社会属性，自出生起，它规定着个人的生活方式、社会关系，在社会归属中占有很重的分量。在帝国坍塌、走向民主制的历史进程中，我们对宗教的这一社会功能依然不陌生，它在很多现代民族国家的构建中，成为身份认同的重要标识之一。回到王权时期，宗教之于帝王与宗教之于平民有着完全不同的意义。由此推断，推崇理性的阿克巴不会做出将个人尝试性的“神一信仰”当作新的“国教”推广于民众之中的异常举动。

从阿克巴的个人成长经历来看，童年的颠沛流离，少年继位后宫廷中的复杂斗争和开疆扩土的南征北战，是否会让他对世事本质的探求有更强的心理诉求？在个人精神追求上，他是否受伊斯兰教苏非派、印度教帕克蒂运动及欧洲神秘主义思潮的影响，在时代大背景的影响下，更强调理性在综合判断中的作用？在个人认知上，身为帝王的他是否具有自我神化的一面？他在现实中对各种宗教都表现出浓厚的兴趣，其终极目的何在？难道仅仅是为统治服务？也许包括阿克巴本人在内，都无法给出明确的答案。但是对这些问题的提出与思考，也许对我们认知阿克巴宗教思想的形成有一定的帮助。

在阿克巴的幼年时期，父亲胡马雍与其兄弟间争斗不断，不得不将仅仅1岁多的阿克巴留在坎大哈附近的叔叔噶姆朗管辖的区域，让两位乳母和一位亲信大臣照顾。阿克巴直至4岁才与父母团聚。胡马雍尝试过将阿克巴送到宗教学校，师从宗教导师；也将导师请来住所伴他成长，教授他知识。但是由于阿克巴的个性，也由于胡马雍常年为夺回政权而征战，幼年的阿克巴没能接受连续稳定、系统完整的智识教育。由于父亲的意外身亡，14岁的阿克巴由摄政大臣贝拉姆·汗辅佐继位。后者不仅在巩固王权、帝国治理等方面辅助阿克巴，而且在阿克巴登上皇位的第二年，任命沙·阿卜杜勒·拉迪夫为他的导师。拉迪夫是当年受胡马雍之邀，从波斯来印度次大陆定居的宗教避难者。正是这位博学多才的导师，让目不识丁的阿克巴一下子迷上了神秘主义抒情诗。作为阿克巴真正意义上的启蒙老师，拉迪夫的思想人格对阿克巴产生了深远的影响。拉迪夫的座右铭是“整体和谐”，这在启蒙时期的阿克巴心中播下了种子。

除了身边的导师，阿克巴的良师益友也构成了他成长生活的人文小环境。前文中提到过的谢赫穆巴拉克·纳高利和他的两个儿子费兹与阿布勒·法兹尔，在宗教哲学上都有很高的天赋与追求，他们对阿克巴有着举足轻重的影响。穆巴拉克本人专注于神学研究和神秘主义辩证法，在晚年完成了四卷本《古兰经》的注释。正是他在当年起草了《公众声明》，并把“千年之际”说灌输给阿克巴。穆巴拉克的两个儿子不仅才华横溢，而且对宗教研究具有很高的热情。长子费兹创作了大量诗歌，其中不乏赞念真主的佳作。他也对《古兰经》作了注释，得到很高的评价。次子阿布勒·法兹尔一直尝试在世俗义务和信徒修行间达到平衡，这在他给阿布杜勒·拉希姆·汗（'Abdul Rahim Khan-i-Khanan）的信中偶尔能够体现出来。其中有一封是以他向主祈祷的方式写的："我不知道我所做的一切会使您把我从您的创造物降格成为自我的产物。"[1]这3位不仅在宗教思想领域有着不断的追求，而且在帮助阿克巴树立宗教权威的过程中扮演了至关重要的角色。费兹的诗歌、译著，阿布勒·法兹尔编著的《阿克巴则例》和《阿克巴本纪》（另译《阿克巴传》）都是研究阿克巴思想不可或缺的文献资料。

将阿克巴身边的人文小环境与其所处时代地域的人文大环境联结起来的，当数印度次大陆的苏非派了。伊斯兰教苏非派在印度次大陆经过几百年的传播与发展，到阿克巴时期已经具有相当大的影响力。且如前文所述，苏非派在16世纪的次大陆呈现出这一时期的阶段性历史特点。在莫卧儿时期，苏非派在表面上没有德里苏丹国时期兴盛，而实际上它已由德里苏丹国时期轰轰烈烈的传播期，转向稳健、成熟的发展期。[2]即从德里苏丹国时期在下层的轰轰烈烈的传教活动，转向影响统治者上层和著书立说。[3]契什提教团和纳格西本迪教团都与统治阶层有接触，其目的都是为了感化统治者，委婉

---

1 Asim Roy, *Islam in South Asia: A Regional Perspective*, South Asia Publishers, New Delhi, 1996, p.176.

2 参见唐孟生：《印度苏非派及其历史作用》，经济日报出版社，2002年，第123页。

3 唐孟生：《印度苏非派及其历史作用》，经济日报出版社，2002年，第108页。

说服他们不做违反伊斯兰教教法的事情，不做伤害民众的事情。这个时期苏非派的主要精力集中在对新思潮的讨论以及社会改革上，对神秘主义的核心命题神爱论、神智论和人主合一论的谈论不似从前那样多。

阿克巴家族一直与苏非大师有往来，阿克巴本人还娶了一位名叫苏莱玛·伯格姆的女子，因为她是纳格西本迪教团苏非大师的后代。从16世纪60年代起，阿克巴开始与阿杰梅尔和西克里地区的苏非契什提教团的大师接触。1573年，阿克巴公开宣称教团创始人哈迦·姆因丁·契什提是他的精神导师，并按照契什提教团的规定做一些冥想等精神修炼。他“每年要去阿杰梅尔一次，拜谒契什提教团大师姆因丁·契什提的陵墓。有时是专程去，有时是顺路去。总之，一年一定要去一次。有时，他还和修炼者一道亲耳聆听苏非大师的授业”[1]。他与苏非大师谢赫奥斯·戈瓦尔亚利（Ghaus Gawalyari）的往来，也让他对苏非派泛神论中的“幻灭”（fana）和“存在的统一”（wahdat u'l-wujud）等核心理论有了一定的了解。“苏非神秘主义泛神论中‘幻灭’的思想似乎激发起阿克巴极大的兴趣。在谢赫穆巴拉克等理性思想家的陪伴下，从1578到1582年，他从更广的哲学视角，逐渐地、系统地熟悉了伊本·阿拉比的‘存在的统一’学说。”[2]探查阿克巴的

1　毛拉纳·穆罕默德·侯赛因·阿扎德：《阿克巴朝廷》，拉合尔，1988年，第36页。转引自唐孟生著：《印度苏非派及其历史作用》，经济日报出版社，2002年，第118页。

2　Edited by Irfan Habib, *Akbar and His India*, Oxford University Press, New Delhi, 1997, p.87. 提到的理性思想家还有Abu'l Fazl、Ghazi Khan Badakhshi、Hakim Abu'l Fath。

宗教思想会发现,“他是一位具有自由思想的苏非式的穆斯林”[1]。阿布勒·法兹尔也认为“他属于苏非式的人物”[2]。阿克巴在宗教政策中体现出的宽容与大度，以及后来他吸收各宗教的特点创建“神一信仰”的实践，都显露出苏非主义倡导的不拘一格的精神。

概观16世纪的印度次大陆，“莫卧儿人的扩张恰值印度社会和文化正在经历一个富有创造力的时期。印度穆斯林长达数世纪的支配权力已迫使印度教机构通过加强民众的虔诚而适应了那种现实。穆斯林在印度北部和德干地区世世代代的生活，已逐步使他们形成了对印度社会甚至对印度教的宽容和同情”[3]。

三、“神一信仰”的终结

与一般宗教团体相比较，阿克巴与其“神一信仰”的追随者[4]所形成的团体，性质上更贴近特定阶层小规模的社团组织，以共同探寻真理为目标（其中不乏应和之人）。虽然由于帝王身份的特殊影响力，

---

1 谢赫·穆罕默德·阿格拉姆:《天堂之河》，卡拉奇，1957年，第79页。转引自唐孟生著:《印度苏非派及其历史作用》，经济日报出版社，2002年，第116页。

2 穆罕默德·阿卜杜拉·马利克:《巴基斯坦印度历史》，拉合尔，1978年，147页。转引自唐孟生著:《印度苏非派及其历史作用》，经济日报出版社，2002年，第116页。

3 [美]约翰·F. 理查兹著，王立新译:《莫卧儿帝国》，云南人民出版社，2014年，第35页。

4 据记载，1584年的一次加入组织仪式中，共12人加入。除此未有明确记载，相关文献中对信徒的概念表述很含糊，其中大多为阿克巴的崇拜者、追随者。

“神一信仰”的追随者、崇拜者众多，但是，迄今为止，并没有发现任何大规模、有组织的社团内部宗教活动的相关文献记载。对“神一信仰”内容的规定及解释，在组织成员中也没有绝对的教典权威，阿克巴仅仅是凭借帝王身份，限制了社团内思想言论的自由发展。理论上讲，该团体不是没有发展成为理想主义志同道合者组织的可能，但是，由于帝王的世俗身份和信仰的实践方式，决定了它既无法满足纯粹的精神追求，又无法发挥辅佐政治的实际效应，它注定将走向终结。

与其将阿克巴的“神一信仰”视为统治之道，还不如称其为个人爱好或是追求个人理想的尝试，一种辅助他实现真正宗教意义上的权威的尝试。因此，伴随着阿克巴的离世，失去了王权庇护的“神一信仰”也就走到了尽头，甚至成为正统穆斯林斗争、批判的对象。面对如此的结局，我们尝试从以下几方面浅析原因。

首先，从个人精神追求角度来讲，受身份地位、征服统治等客观条件的影响，阿克巴无法或者说没有选择过圣哲式的生活，其思想境界最终也未能达到圣哲的高度，不可能对人类的终极问题做出纯粹的哲学探讨，也不可能提出普世的信仰来解决人们生活的根本矛盾，或给出革命性的引导，这就丧失了创教的可能。换言之，时刻充满政治斗争的宫廷生活、对各地王公的征战生活及对不同信仰的民众的统治生活，决定了阿克巴精神诉求的方向，并限制了他精神追求的高度。但“神一信仰”的提出，是他推行一系列“宗教宽容政策”过程中的个人行为，也是他个人精神实践的方式之一。虽然他警告过那些进行狂热批判的人，也严厉惩罚过颠覆破坏分子，但他还是阻止了很多想成为他信徒的人，这正符合了他经常说的——“在我自己被引导之前怎么宣称去引导别人?”[1]并不识字的他通过主动了解各种宗教的教义教规等，做出关照大众宗教感情的开明举动，其成功之处已被历史验证。其成长环境中，苏非神秘主义及波斯琐罗亚斯德教中的思想、仪式等，与印度次大陆本土宗教习俗一起，被吸收进他的日常生活方式中，也不足为奇。由此可见，阿克巴在精神探求上并无创新之处，只是采取了接受融合的开明态度。这种开明态度，一方面平抚了地方王公，安抚了底层大众；另一方面，也触动了统治阶层内部穆斯林的敏感神经，使自己成为他们攻击的对象。

其次，就“神一信仰”的内容及形式而言，“十德”与“十戒”旨在提高个人内在修养，在个人修行方式上汲取了各个教派互通的方面，对各派教徒来说都不陌生，并无创新之处。“神一信仰”发布的“十德”中有九种直接来源于《古兰经》，第十种则是所有苏非派思想体系和宗教实践的普遍基础。不论是在对光、太阳以及火夸张化的专注中，还是在其他崇拜或宗教仪式原则问题上，都没有全新的元素可以被提炼出来，以作为区分阿克巴的“神一信仰”与伊斯兰教中其他各教派的鲜明标志。若评价其中的标新立异之处，当提及对信徒在社会生活内容方面的要求与规定，以及加入信仰团体的仪式和信徒间的问候方式，但一眼望去便可知晓，这些条例与宗教探索和哲学思考、推理并无干系，凸现其帝王身份才是题中之义。再说“神一信仰”中关于婚丧嫁娶的规定，的确有针对社会陋习提出的改革措施，例如禁止童婚等，但由于涉及包括伊斯兰教在内的各宗教的社会传统习俗，

---

1 “Why should I claim to guide men before I myself am guided?” G. B. Malleson, *Akbar and Rise of the Moghal Empire*, Low Price Publications, Delhi, 2008, p.148.

其中有些难免会伤害穆斯林群体的感情，所以没有被强制实施，相应的也没有产生什么实际的社会效应。其他有关饮食、就寝及庆生等的规定，受印度教文化及波斯传统宗教文化的影响，无甚新意。但是，其中触及伊斯兰教规定的地方，成为了伊斯兰教长老攻击的目标，也成为了阿克巴生前身后的“罪行”。“相互关联的神学首先将承认、肯定、接受和认真对待信仰传统之间明显的和实际的差异。在关于终极者、此世、死后生活、为人，以及礼仪和崇拜的观点方面，诸信仰传统共同体无疑是不同的，而且常常是不可通约的。”[1]这一点无论从宗教立场还是政治立场出发，都无疑是会发生的。总之，除去关于婚嫁的规定有利于改变社会生活中的陋习外，其余的内容更显个人化、个性化，更接近个人生活模式范畴，仅适合在同一阶层内小范围信众中推行，不具备影响整体社会生活状况的条件。

再次，从社会推广角度来讲，帝王的职责在现世，在对社会控制的运作方面，他应发挥的伦理作用要大于宗教创新影响，他对人民的物质生活改善要大于对精神生活的提升。阿克巴“十德”“十戒”的提出易于得到各教派宗教长老、圣哲的迎合，但对民众来说，如果是一名虔诚修炼的信徒，那么并无法产生醍醐灌顶的效果；如果只是一个普通民众，宗教一直就是他生活的一部分，他更会去关心帝王颁布的条令对他的实际生活境况有何改变。也就是说，从受众一方来说，并无根本上的主动性可言，表现出来的不过是对统治者的迎合。“只有当宗教反映超出了观念形态的主观性，表现为社会性群众性的信

---

1 ［美］保罗·尼特著，王志成、思竹、王红梅译：《一个地球多种宗教：多信仰对话与全球责任》，宗教文化出版社，2003年，第45—46页。

仰、准则和行为规范的时候，主观的宗教观念才获得了它的‘物质外壳’，宗教才作为一种社会现象而出现于世。”[1]无疑，“神一信仰”本是“主观性”产物，既无突破的潜力，也无努力突破的后天实力与意愿，也就无从获取“物质外壳”，而成为一种社会现象。再者，从推广来说，作为统治阶级的穆斯林官员没有理由主动执行不利于他们的条令，对上应付迎合、对下横征暴敛才是他们的生存之道。正是因为在王权社会中官员常有此种社会角色的设定，阿克巴的一系列“宗教宽容”政策、改革措施，并不可能得到彻底的推行与执行。那么，削弱伊斯兰教特性、融合其他宗教信仰和行为的“神一信仰”，又如何能够得到大力推广呢？

最后，我们关注一下阿克巴此举的目的、动机何在。在王权时代，统治者的权威是无法否认的，那么，帝王的神圣性又从何而来呢？于是，有人认为在回历千禧年来临之际，阿克巴旨在回应马赫迪降世的说法，自封“救世主”；也有人认为他出于对乌里玛的反感而自树权威，要做印度次大陆的“教皇”……虽然政治与宗教牵扯使我们无法完全否定上述说法，但无论如何，从巩固王权、长治久安的考虑出发，而非贪图一时的享受与掠夺的快感，阿克巴的宗教思想是有其合理性的，在历史语境中也是值得被肯定的。

综上所述，“神一信仰”作为一种大胆的尝试，应该归属于个人在宗教哲学探究过程中不断努力、尝试创新后的阶段性成果，其执行对象不过是小范围的自愿追随者，具有一定的社团性质，其中难免有

1　吕大吉著：《宗教学通论新编》上卷，中国社会科学出版社，2002年，第77页。

迎合帝王的奉承者，但也不乏在精神追求上不谋而合的志同道合者。此外，阿克巴的“神一信仰”无利于地方官员的切身利益，不可能得到硬性推广；就其内容本身而言，既无精神追求上的独到之处，又无改变生活境遇的实际效果，因此不可能深入民心。在不具备社会基础的条件下，“神一信仰”所倡导的内容，无法满足普通民众物质和精神的需求，未能成为影响民间大众的社会思潮，最终难免昙花一现的命运。

通过对它的了解我们会发现，“神一信仰”不具有宗教教义、教条的性质，创始人又无传教企图，在对信众的行为规范上又不具有严格的执行力度，因此很难将其定义为一种“新宗教”。而那些由此引发的关于阿克巴究竟有没有背叛伊斯兰教，或他究竟归属于哪个宗教的问题，由此看来便不是那么重要，只不过是教派斗争的说辞而已，其目的不过是各方从维护自身利益出发，推行狭隘的宗教观念，其后果只能是加剧社会内部斗争，并最终导致社会的分裂。

重要的是，作为君主，阿克巴在精神上对世界本原的不断探求，是否能引导他在治国安邦的过程中寻找到一条推动社会前行的道路？反过来，正是这种促进社会发展的切实又迫切的需要，促使他去宗教中寻找答案，而这又能否帮助他在宗教政策的执行中推出新的解决方案？于是乎他开设了与伊斯兰教长老交流探讨的皇家道堂，结果没有得到令人满意的答案；所以，他再邀请伊斯兰教以外的圣哲加入进来，但现实结果总是一再地令人失望。没有哪个宗教能够解答全部的问题，于是综其所获，去糟取精，“神一信仰”由此而生。它的终结，从个人角度讲无所谓成功或失败，不过是一种体现个人对世界认知的外在形式。虽然帝王的倡导为它的发展带来了常人不可求的便利条件，但同时也正是这个特殊的身份，导致这个“精神社团”成员鱼龙混杂。阿克巴虽然在宗教政策的改革创新上做出了很大的努力与尝试，但他并不是一个狂热的宗教分子，他的“神一信仰”本身就是对各种宗教进行理性思辨之后，根据个人取向将它们归纳融合到一起而产生的。

“神一信仰”从对世界本原的认知角度上讲，并无创新之处，不具有新宗教的根基；从内容上讲，它是对各个宗教的融合，打破了宗教与生俱来的排他性，失去了宗教的特性；而且，它的形成过程中有“理性”的加入，这就与宗教的发展道路背道而驰，使得它在宗教的权威性、强制性、约束力等方面先天不足；由此，它也不可能具有强烈的传教意愿和系统的传教方式。

综上所述，“神一信仰”从创立之日起，便被排挤出了（上述定义下的）“宗教”的行列。再者从受众方面来说，“神一信仰”的追随者中虽不乏志同道合之辈，但也充斥着阿谀奉承之流，并无社会基础可言。由于“神一信仰”侵害了正统乌里玛阶层的权益，伤害了穆斯林民众的宗教感情，阿克巴去世后它就被宣布取消了。阿克巴对包括《古兰经》在内的神圣经典充满了疑问，要质疑、思辨、理解之后再决定接受与否。这在正统穆斯林学者看来，简直就是亵渎信仰。以希尔信迪为首的正统派伊斯兰学者，还对阿克巴的“异端”思想展开批判。但是，对阿克巴个人来说，这是一次体现人类自由本性的尝试——“我们是自由的仅仅因为我们自己开辟道路。自由不在于道路A和B之间的选择，而在于美化一条尚未成为道路的道路。”[1]

---

1 ［西］雷蒙·潘尼卡：《智慧的居所》，第135页。转引自杨乐强著：《走向信仰间的和谐——多元论哲学之信仰和谐论比较研究》，中国社会科学出版社，2009年，第47页。

四、"神一信仰"对印度次大陆社会的影响

"神一信仰"的颁行以及由追随信仰的信徒组成的宗教组织，与其被视为阿克巴创立新宗教的尝试，不如说是阿克巴希望通过创立宗教组织，来满足自己的政治诉求，以达到集神权与君主权力于一身的统治目的。阿克巴在位期间，对领土的征服扩张从未间断，热忱地探求宗教解释，是为了使统治有效、有力、有理。创立宗教不是他的初衷，治国治民才是他的最终目的。阿克巴想将教权与政权集于一身，其尝试是可以理解的。如此一来，对外，莫卧儿帝国站在了同波斯萨法维王朝及奥斯曼帝国同等的地位上；对内，摆脱了正统教派乌里玛对其统治形成的干扰，既加强了中央集权，又缓解了本土民众对穆斯林统治者的仇视心理。但是，来自地方穆斯林贵族的压力与不合作却在一定程度上被激化了，这也是君主在制衡各方力量过程中难以避免的。

从社会发展角度来讲，"神一信仰"向我们传达了这样一个信息：阿克巴大帝通过对各宗教的了解与认知，经过分析判断，对各宗教的共通点及精华部分有了更深刻的理解，并按照个人取向加以吸收，从而可以关照到追随不同宗教信仰的民众的宗教情感，这也正是他颁布宗教宽容政策的原因之一；又者，阿克巴对各宗教中无法得到合理解释的部分提出质疑，并对直接伤害到民众利益的教条加以禁止，维护了社会中妇女儿童等弱势群体的利益。由此可见，作为宗教信徒，阿克巴是努力并具有一定突破精神的，作为君主，他无疑是开明、有真知灼见和深谋远虑的。他的思想与实践，让莫卧儿王朝的穆斯林统治者坐稳了江山，给广大印度教教徒等非穆斯林民众的生活预

留了空间，从一定程度上减少了教派间的冲突，使得各宗教信徒在相对较为宽松的环境下和睦相处，由此为社会经济文化的繁荣发展提供了良好的基础。

阿克巴的格局是具有突破性的，这也意味着会形成打破传统社会利益各方均衡局面的趋势，潜在地有触及既得利益群体的可能。因此，“神一信仰”的颁行被伊斯兰教正统派用作攻击阿克巴宗教改革的借口，乌里玛甚至称阿克巴的行为是背叛伊斯兰教。1580—1582年间，江布尔、孟加拉、比哈尔等地相继发生叛乱，反叛者试图借助穆斯林的宗教狂热推翻阿克巴的统治，但一来阿克巴手握强大的军事力量，二来普通民众的宗教热情不足以被点燃，因而叛乱最终都以失败告终。

因此，有的学者认为，“神一信仰”是阿克巴宗教改革政策中的缺陷，给社会带来了不稳定因素。然而，笔者认为，“神一信仰”与阿克巴在“宗教宽容政策”下推行的一系列改革举措具有思想发展上的一致性，只是前者的实体表现形式更为激进、更为个人化，超出了大多数正统穆斯林传统情感的承受范围。并且如前文所探讨的，“神一信仰”既不具备社会推广的条件，又不能满足大众利益的需求，因此极具争议性，易成为教派斗争的筹码。其实，如果仅把它限制在个人行为范畴内的话，完全可以被接受和理解，是帝王的身份剥夺了它的个人化属性，但又是帝王的身份使这种个人理想成为现实。由此可见，政治斗争中被攻击的对象实际上是“帝王”这个位置，而坐在这个位置上的人的一切行为思想都可以成为被攻击的借口，由此他的一切行为思想也都会对整体社会的发展产生或大或小、或远或近的影响。

如果说阿克巴的“神一信仰”为教派斗争提供了说辞，引起了正统派的激烈反对，由此为之后的穆斯林统治埋下隐患的话，我们不得不探讨一下它对穆斯林最终丧失政权的“贡献”究竟有多大。在此我们仅从两方面做一个简单的推理。一是，如果阿克巴在宗教信仰上不具有开放的态度，而且没有做出不断了解、探讨与综合的尝试，也就不会有宗教宽容政策的推行，也就不会有“神一信仰”的问世，那么他跟以往印度次大陆的穆斯林统治者也许不会有太大区别；如果为了保证穆斯林统治者的优势地位，从宗教上一味打压以印度教为代表的一切次大陆本土宗教，那么阿克巴也许不会被称为莫卧儿王朝的“开创者”，而是“终结者”了。如此一来“为后世埋隐患”也就无从谈起。二是，只有在阿克巴坐稳江山的前提下，莫卧儿进入发展期才成为可能。阿克巴的“稳”，很大程度上取决于统治阶层内部力量制衡的效果，内部力量主要由世俗的官僚系统、中央掌控的军事力量和穆斯林宗教权威三方构成。乌里玛在统治阶层中的作用可以被削弱，但不可能完全消失，因此，无论乌里玛势力强弱与否，他们始终是穆斯林统治阶层中相对帝王的制衡力量。帝国发展意味着变化，应对变化需要对策、决策，之后的决策者即君主若应对能力有限或相对较弱的话，乌里玛会借机抬头，反过来制约君主。这是发展阶段的统治阶层必然要面对的现实。前朝的历史，后世的说辞，若结果是好的，人们谈论以史为鉴；若失败了，人们称前事为隐患。既然“神一信仰”是发生了的事实，那么影响必然存在；既然是正统派批判的对象，那么反对会一直持续。但由此会产生多大的负面作用，主要取决于统治阶层内部力量制衡较量的结果，也就是说，之后君主们的决策能力、政策制订是相对的主导因素。由此，“神一信仰”本身的作用不可被抹杀，但也不能被无限地夸大。

“神一信仰”的核心思想是一神论，阿克巴为神主在人间的代理人，是教义的唯一解释者。他希望以此来调和不同宗教信仰的民众之间的矛盾，或者说试图将信徒们对不同崇拜对象的虔诚，通过引导，转化为对君主的忠诚。事实上，阿克巴在一定程度上维持了各派宗教信徒对他的忠诚，这与他在政权及宗教地位中表现出的高度自信、高度集权和绝对权威是分不开的。

于是，当时批评者、反对者对阿克巴的舆论攻击，主要集中在阿克巴的“过激”行为上。他们认为，阿克巴的种种做法，都在过分美化君主形象，甚至间接暗示君主的地位有超越先知的趋势。从统治角度来看，这是阿克巴“王权至上”的政体特色之一，也是他成功制衡统治阶层内部矛盾、协调政教关系的关键之所在。在伊斯兰王权社会中，宗教地位是乌里玛的立足点。乌里玛为了捍卫自身的权威地位，地方王公为了摆脱集权实现自治，他们本身也是统治阶层内部重要的权力制衡力量。不同点在于，乌里玛反对不利于他们的君主，地方王公反对君主所在的这个权位。阿克巴的政策旨在着眼于整体社会，因此是包容性的；他对权力的掌控，首先是要保证自己家族的权威地位与利益，因此是集权的。集权触及的利益首先是统治阶层内部的利益分配，传统中占据宗教权威地位的乌里玛利益受损，地方王公权益被削减，阿克巴突破性的政策自然成为他们口诛笔伐的对象。即使从纯粹的宗教释义角度出发，“宗教的异端阐释史是一部血淋淋的历史，这一事实表现了对宗教作传统的教条式阐释背后的领地之争与权力主义的深刻本性”[1]。对宗教的解释是人的行为，是人思想意识的产物，

1 ［美］W. E. 佩顿著，许泽民译：《阐释神圣——多视角的宗教研究》，贵州人民出版社，2006年，第22页。

摆脱不了现实境遇的影响，归根结底，是现实生活中利益之争的一种体现。宗教上的“异端”也好，政治上的“迎合”也罢，不过是各为所用的说辞，只具有相对的有效性，却不具备绝对的说服力。

不可否认的是，阿克巴的开明思想，不仅体现在政策推行上，而且从上至下创造了宽松的社会文化环境，为社会整体发展铺平了道路。在这一点上，他的努力是成功的，他的影响是深远的。他的宗教实践尝试也印证了这样一个朴素的道理：形式是稍纵即逝的，形式所依托的精神、心灵才是不朽的珍宝，才是人类得以发展的宝贵遗产。

第四节　阿克巴多元宗教观的形成

一、时代地域之“大环境”

16世纪，伊斯兰教经过近千年的传播与发展，在苏非神秘主义的调和与帮助下，已经初步完成了世界范围内的拓展，形成了今日伊斯兰世界的雏形。在从地中海到喜马拉雅山的广袤地域内，除波斯萨法维王朝奉什叶派外，奥斯曼帝国、莫卧儿帝国及中亚地区各汗国皆以信奉逊尼派为主。但是，由于各帝国的本土文化不同、实施的宗教政策不同，因此，呈现出互相迥异的社会风貌。

众所周知，思想文化的传播与交流是不受地理边界阻挡的。或紧或松、或快或慢的文化渗透与融合、对抗与冲突，推动着人文社会去寻找一个接一个的新的历史均衡点。时代的变迁与地域的迁移、自身社会角色的局限等现实因素，决定了群体间、群体内个体间、个体发展的不同阶段存在思想差异。考察分析个体成长活动的小环境及相关历史所处的大环境，是了解个体在思想领域的创造及影响的基本前提。莫卧儿王朝第三代君主阿克巴大帝所生所长的环境及时代，可粗略概括如下。

中亚地区及与其南连的印度次大陆北部地区，是欧亚大陆的腹地，也是世界征服者的舞台。这块广阔的土地地形复杂，地貌多样，被许多湍急的河流和险峻的山岭所分割。在连绵其间的沙漠和草原上，零星地散布着一些族群与部落，其间更不乏商人、战士、传教士以及文人墨客的往来。他们既信奉着世代继承的古老宗教，又被外来的文化所征服。各种文化交织在一起，走过了对抗、共存、融合的发展道路，在各个历史时期显示出不同的文化面貌。

7世纪伊斯兰教诞生后，阿拉伯帝国进入到第一次扩张时期。8世纪初，哈里发的权力覆盖到印度河流域。从此，在印度次大陆这片土地上，开始了征服与反抗、臣服与独立的较量；在宗教文化上，进入了开放与封闭、主流与边缘的转换期。9世纪末，自称是波斯萨珊王朝后裔的撒马尔罕总督纳斯尔建立萨曼王朝（874—999年），其间，波斯文化传统与阿拉伯文化传统相互融合，文化繁荣，经贸发展，大量的突厥人也参与到河中地区的经济活动中，并来此地定居。“突厥民族的伊斯兰化经历了好几个世纪，各不相同的部落皈依伊斯兰教的方式也各不相同。西州回纥人是在军事扩张过程中建立了王朝，然后受被征服者伊斯兰文化的影响而皈依伊斯兰教的；伽兹尼人和廓尔人是被胁迫当宫廷卫队后接受伊斯兰教的；塞尔柱人在军事扩张前就皈依了伊斯兰教，在军事扩张中或扩张后，逐渐深化对伊斯兰教义的理解。这样，具有严密的社会组织且作战机动性很强的突厥游牧部落在一神教的旗帜下很快强盛起来，形成突厥人向伊斯兰世界的冲击，建立一系列的突厥人王朝。”[1]阿拉伯文化、波斯文化和突厥文化的交融，是这一时期中亚伊斯兰世界的显著特色。

13世纪初，蒙古游牧部落在铁木真的领导下得到统一，伴随着自身的强盛发展，蒙古人走上了对外扩张的道路。“侵入波斯和中亚的蒙古人在不到200年内都先后为伊斯兰文化所同化，蒙古人和蒙古文化又融合进中亚的以波斯文化、阿拉伯文化和突厥文化为主要特色的伊斯兰文化这个洪流中。”[2]16世纪波斯萨法维王朝奉什叶派伊斯兰教为国教，而河中地区和波斯以东定居的穆斯林主体则属逊尼派。教派上的差别成为文化“屏障”，中亚文化进入相对缓慢的独自发展期。中亚、南亚的伊斯兰教进一步朝着地方化、本土化的方向发展。这一时期的逊尼派更带有“统治者宗教或政治性宗教、城市化宗教的色彩”；什叶派则走向边缘化；苏非派在民间得到进一步发展。还记得吗？阿克巴大帝的祖父巴布尔当初就是费尔干纳的王位继承者，后在族内政权纷争中失利，最终被乌兹别克人从中亚逐出。然而，中亚伊斯兰文化的影响，在莫卧儿王朝前几任君王的身上尽显无遗。

萨法维家族的伊斯玛仪一世于1502年在波斯建立萨法维王朝（1502—1722年，1729—1736年），建都大不里士，宣布伊斯兰教什叶派的十二伊玛目派为国教，使什叶派“从公元七世纪以来第一次在波斯民族占主体的国家中独立于世，它以什叶派的形式保留了波斯文明和波斯民族的独特性格”[3]。萨法维王朝是神权制国家，君主既是世俗政权的领袖，也是宗教领袖。由于政治利益和宗教信仰之间的冲

1 金宜久主编：《伊斯兰教史》，江苏人民出版社，2006年，第297页。

2 金宜久主编：《伊斯兰教史》，江苏人民出版社，2006年，第308页。

3 金宜久主编：《伊斯兰教史》，江苏人民出版社，2006年，第312页。

突，萨法维王朝与奥斯曼帝国频频交战，双方还在各自境内杀戮大批的“异端”教徒。这不仅加深了逊尼派和什叶派之间的仇恨，更影响到各自的发展。在萨法维和奥斯曼交战频繁之际，阿克巴大帝在莫卧儿帝国推行宗教宽容政策，对内，为莫卧儿王朝的发展拓宽了道路；对外，让莫卧儿在三国鼎立的局势中处于相对灵活的位置。阿克巴巧妙地利用了地区局势，缓解了来自邻国的压力，灵活地调整外交政策，以便在危机时刻更易与他们中的任何一方结盟，从而最终摆脱了受制于大国的险境。另外，在萨法维与奥斯曼的争斗中，大批的宗教学者、圣哲贤士，不堪忍受宗教上的挤压与迫害，来到莫卧儿帝国寻求庇护，大大丰富了莫卧儿帝国的宗教文化生活，提升了帝国的宗教文化、文学艺术等领域的发展水平。

奥斯曼帝国位于基督教世界与伊斯兰教世界的中间地带，其历代君主都具有极高的宗教热情，这在领土扩张时发挥了重要作用。从14世纪到16世纪中叶，它通过不断的军事征服，成为幅员辽阔的大帝国，在苏莱曼一世（Suleiman Ⅰ，1520—1566年在位）时期达到鼎盛。奥斯曼与萨法维几经征战，前者于16世纪大获成功，在安纳托利亚根除了什叶派，阻止了什叶派向西的传播。但是在接下来的发展中，它无法避开王权政治的弊端，军队腐败、战事失利、统治者堕落、宫廷内斗，等等，使建立在军事征服、中央强权基础上的大帝国发生动摇。此时正值莫卧儿王朝的发展期，自顾不暇的奥斯曼帝国无力操控日趋强大的莫卧儿帝国，只能任其不断发展。

此一时期内较为突出的宗教活动，除去前文所述的伊斯兰教马赫迪运动、印度教帕克蒂运动、苏非派的发展等，欧洲的文艺复兴也进入了发展的顶峰。此时的西欧，在文化、科学、技术和地理上的一系列发现和创新，无一例外对宗教产生了巨大影响。意大利人文主义者复兴的新柏拉图主义以及哥白尼和乔丹诺·布鲁诺的日心说，在文化价值和宗教意义上，对整个人类历史文化的发展产生了深远影响。从16世纪上半叶开始，德意志的马丁·路德和法国的让·加尔文先后发起和领导了声势浩大的宗教改革运动，最终形成了脱离罗马教会的路德宗和加尔文宗。在恩格斯看来，路德所处的16世纪，"是一个需要巨人而且产生了巨人——在思维能力、激情和性格方面，在多才多艺和学识渊博方面的巨人的时代"[1]。教会的堕落、教条的刻板、仪式的繁缛催生了人文主义的复兴，神告诉我们：人类只能自己拯救自己。当时，德意志人把这个伟大的时代称为"宗教改革"，法国人称之为"文艺复兴"，意大利人则称之为"五百年代"。[2]"宗教改革不仅仅是一场宗教的自我变革，而且一直交织着政治斗争和政治革命。"[3]

综上所述，与相邻的重要伊斯兰国家相比，莫卧儿王朝在阿克巴时期树立起了独立自主的印度次大陆形象。如前文所述，莫卧儿人的伊斯兰教在发展过程中汇聚了阿拉伯、波斯、突厥、中亚等文化要素；在次大陆建立政权后，他们继续汇聚吸收本土元素，逐渐成长为具有南亚特色的伊斯兰文化的代表。对阿克巴而言，其所处的时代及多元文化的环境，决定了他宗教观形成的趋势，这也是历史文化发展在阿克巴思想意识中的真实反映。概观此时期人类宗教文化运动的发

---

1 《马克思恩格斯选集》第4卷，人民出版社，1995年，第262页。

2 万斌、金利安著：《马克思恩格斯宗教理论探要》，社会科学文献出版社，2006年，第171页。

3 万斌、金利安著：《马克思恩格斯宗教理论探要》，社会科学文献出版社，2006年，第167页。

展特点，大多体现为：从理论探讨转向关注“人”的现实生活，更加重视通过人自身能够接受的方法，解决现实生活中的实际问题。这种由“神”向“人”的重心转移，也是以理性思考替代信仰盲从的转变的体现之一。一些走在时代前沿的人，纷纷将目光从缥缈浩瀚的宇宙转向走过漫长发展道路的人类自身的现世生活。关注来世并不意味着摒弃现世，人间的君主是神的代言人，为半神半人，甚至是神在人间的化身，这样的说法几乎同宗教的发展同步。作为有着强烈的宗教诉求又占据社会至高位置的君主，阿克巴在宗教思想上的创新与尝试，并非历史的偶然，实为时代的必然。

二、阿克巴的宗教观

在16世纪的印度次大陆，“无论在印度教中，还是在伊斯兰教中，许多神秘主义者、学者、知识分子和比较普通的民众都在积极寻求某种形式的融合。卡比尔（Kabir，即伽比尔）和其他印度教民众虔敬（bhakti，即帕克蒂）传统中的诗人—圣人提供了一个中间地带，使得在摒弃了两种宗教的形式主义后，拉姆（Ram）/拉希姆（Rahim）都可以得到自由崇拜。其他一些人，如达乌德·达雅尔（Daud Dayal，1544—1603），也受到富有同情心的苏非派信徒的虔敬和膜拜。古鲁那纳克（Guru Nanak，1469—1539）领导的一场公开的融合运动在旁遮普发端。在大众文化中，普通穆斯林和印度教徒之间有许多共同的习俗、仪式和信仰”[1]。在多元的宗教文化环境中，在

1　［美］约翰·F. 理查兹著，王立新译：《莫卧儿帝国》，云南人民出版社，2014年，第35页。

“理性优先”意识的前提下，阿克巴的宗教思想中呈现出多元宗教观的趋势。阿克巴多元宗教观的形成，是其思想意识对人文环境、生活经历、时代思潮等现实世界的观照与反映，体现在其推行的宗教政策、推崇的“理性至上”、发起的“宗教对话”及颁布的“神一信仰”等实践行动中。

一者，印度次大陆社会的宗教多元性，是阿克巴宗教文化思想形成的源头。“印度社会的宗教多元性，表现在印度从古至今的多元宗教的格局，这是一种客观存在，一种总体性的现象，一个既成的事实。印度社会自始至终都在实践着宗教多元性。”[1]阿克巴并没有选择强制性地用伊斯兰教去替代具有悠久历史传统的各种宗教，不是因为他不够强大、强势、强硬，而是因为他对印度次大陆社会环境有着清醒、实际、理性的认识：由强制改宗引起的社会内部对立与冲突，对帝国的统一与发展造成的破坏力，远远超过建设力，更不是赢得民心、与民共处的方式方法。在中世纪的印度次大陆，“信仰的多样性和差异性已成为不同信仰的人群遭遇到的直接处境。尤其是，在流动交汇着的不同信仰群体中，信仰上的同质性和相似性与信仰间的差异性一样彰目且令人沉思。在这种态势下，建构终极实在这一本体范式，把各种信仰尤其是宗教信仰统一在终极实在的基础上，并把这些不同的信仰体系看成反映终极实在的窗口，看作是对终极实在的多元彰显，我们就易于从终极实在这个‘一’观照到信仰的‘多’，又能从信仰生活的杂多和差异看到它们的统一基础或共同的始源，从而

1　邱永辉著：《印度宗教多元文化》，社会科学文献出版社，2009年，第10页。

厘清信仰间的复杂关系，为谋求信仰间的和谐共存提供方法论的钥匙”[1]。而这种由“一”及“多”的宗教观，便是阿克巴多元宗教观的恰当表述。

人们提及多元宗教观时，会由于谈论语境的不同，而赋予其不同的含义。因此，在界定、阐释阿克巴的多元宗教观之前，我们先来了解一下与印度次大陆历史社会相关的“多元宗教观”。在这里，历史进程中的多元宗教观大致可分为三类：“第一，它可能意味着相互排斥或完全区分，用《古兰经》的语言表述就是‘我不崇拜你们所崇拜的，你们也不崇拜我们所崇拜的；我不会崇拜你们所崇拜的，你们也不会崇拜我所崇拜的；你们有你们的报应，我也有我的报应’（《古兰经》第109章）。这种多元宗教观所表述的含义是，不同信仰的人们生活在一个相互排斥但并不冲突的共存状态中。第二，多元宗教观可能表述为集合不同信仰的要义，不过对要义的定义显然是不同的。用吠陀的语言表述就是：‘真理只有一个，圣人以不同的方式表述之。’或简译为‘实在惟一，圣人异名’（《梨俱吠陀》Ⅰ-164-46）。这是许多新印度教倡导者所提倡的观念，突出强调这种主旨的相互兼容性，既是伊斯兰教所说的‘神的统一’（Tauhid，the Unity of God），也是《奥义书》中所说的‘不二论’（Advaita，Non-dualism）。这种多元宗教观的表述更为外向，也更加积极，但也不失其排外主义特征。第三，多元宗教观也许意味着，每一个宗教都需要其他宗教，因为没有任何一个宗教具有对全部真理的垄断性。在此，问题不在于宗教之间

---

1 杨乐强著：《走向信仰间的和谐——多元论哲学之信仰和谐论比较研究》，中国社会科学出版社，2009年，第58页。

宽容与否，也不在于相互尊重与否，而完全在于宗教理解。这里关键性的假设是，了解两种或多种宗教观念的不同之处，而不是相同之处，可以成为宗教理解的基础。照此观点，具有宗教性的人不仅需要尊重其他人的宗教，而且应当寻求了解、经历和学习他人的宗教。”[1]

阿克巴的多元宗教观介于第二和第三种类型之间，其实质在于形成的过程。“莫卧儿大帝阿克巴的宗教观点经历了一个缓慢的演变过程。据历史学家记载，阿克巴直到1574年都还是一个正统的逊尼派穆斯林，但‘许多早晨独坐祈祷，而且很忧郁’。阿克巴从幼年起就和苏非派有了接触，他的印度教妻子和信奉印度教的大臣使他窥见了伊斯兰教以外的世界。而在此时，帕克蒂运动在印度已经造成了一种新气象，阿克巴与穆斯林中的自由观点接触，使他成为一个有理性的穆斯林。”[2]他认为：“一切宗教里都有光，而光总带有或多或少的阴影。”[3]最终，主张一神论，倡导理性，认为不同宗教是通往真理（神／终极实在）的不同途径的思想，构成了阿克巴多元宗教观思想的核心，为他在具有宗教多元性的印度次大陆社会中寻找和谐相处之道提供了理论前提。

在印度次大陆的宗教文化发展史上，不乏目光深远、颇具洞察力的智者圣贤。从吠檀多哲学的“不二论”到近现代杰出人物罗摩克里

1　参见邱永辉著：《印度宗教多元文化》，社会科学文献出版社，2009年，第11—12页。

2　邱永辉著：《印度宗教多元文化》，社会科学文献出版社，2009年，第175页。

3　邱永辉著：《印度宗教多元文化》，社会科学文献出版社，2009年，第175页。

希那、圣雄甘地等的宗教主张，无不体现了这种多元宗教观。19世纪宗教哲学家罗摩克里希那，不仅看重印度教的各种表达形式（从吠檀多到民间崇拜），还曾为了亲自体验伊斯兰教信仰，按照穆斯林的生活方式生活了一段时间。甘地曾写道："只有当我们所有的人都阅读不同信仰的经典，我们才能发现，他们在根本上都是相同的，都是相互有所助益的。"[1]不难看出，自古以来的宗教多元文化环境，赋予很多宗教思想家、哲学家以多元宗教观。具有宏观视角的帝王将相，虽然在哲学理论、神学思想等方面不似学者、圣贤走得那么远，那么具有代表性，但是，就其在社会控制方面运用宗教发挥的特殊作用而言，他们的多元宗教观在世俗社会的发展中，同样发挥了不可小觑的作用。阿克巴可谓其中杰出的代表。归根结底，"信仰多元在根本上是由生存的多元处境和多元道路造成的"[2]。

再者，同时代智者圣贤的思想影响，在阿克巴宗教观的形成中，起到了推波助澜的作用。阿克巴与苏非派的过密交往，是他个人成长经历中较为重要的部分。有些苏非派大师的思想流派，直接影响到阿克巴宗教文化思想的形成。谢赫萨利姆·契什提（Salim Chishti，1478—1572）是对阿克巴产生很大影响的苏非大师之一，阿克巴长子萨利姆的名字就是沿用了他的名字。甚至有说法认为，1575年阿克巴建立皇家道堂，就是为了按照苏非契什提教团的传统行宗教礼仪。皇家道堂一经开放，便成为经院学者眼中理性主义者研究宗教的

---

1 邱永辉著：《印度宗教多元文化》，社会科学文献出版社，2009年，第12页。

2 杨乐强著：《走向信仰间的和谐——多元论哲学之信仰和谐论比较研究》，中国社会科学出版社，2009年，第80页。

中心，后来又对各派学者敞开大门，发展成为宗教比较研究、讨论和争辩的场所。因此，有学者认为，从1578年（皇家道堂的讨论进入第二阶段，所有宗教的教徒代表都被邀请到讨论中来）起，阿克巴的宗教立场开始较为明确地由伊斯兰教逊尼派正统学说转向多元宗教观，而他最有力的支持者便是阿布勒·法兹尔。阿布勒·法兹尔曾经承认说："我的脑子就没有过一刻的休息，我的灵魂感觉就像被蒙古的圣人或是黎巴嫩的隐士吸走了一样；我渴望与西藏的喇嘛或是葡萄牙的神父会谈，而且我很愿意与琐罗亚斯德教的教士们和注解《阿维斯塔经》（*Zendavesta*）的知识渊博的学者坐在一起。"[1]耆那教信徒希提·昌德拉（Siddhi Chandra）是阿克巴宫廷的梵语和波斯语学者，深受阿克巴赏识。希提曾经这样评价阿布勒·法兹尔："他身上有知识分子特有的八种素质：渴望聆听、问询、倾听、理解、思考、通过推理练习解除疑惑、在心中生成一个想法、将这个想法付诸实践。他博览群书，精通文学，他是学者中的佼佼者。他不仅精通哲学的不同流派，而且对耆那教、弥曼差派、佛教、数论派、胜论派、顺世论派、娑摩吠陀、帕坦伽利、瑜伽派、吠檀多派、词汇和词典学、音乐、戏剧、修辞学、韵律学、占星术、政治、数学、手相、兽医学等都有所掌握。"[2]

虽然受身份约束，但是，阿克巴身边不乏志同道合的朋友的陪伴。他不仅怀有对宗教理解的兴趣和精神的诉求，更要面对并治理现

1　Asim Roy, *Islam in South Asia: A Regional Perspective*, South Asia Publishers, New Delhi, 1996, p.169.

2　Edited by Irfan Habib, *Akbar and His India*, Oxford University Press, New Delhi, 1997, p.105.

实中宗教环境复杂的帝国。在这些良师益友的启发下，他的探知欲得到了相应的满足，对人文环境有了逐渐深入的了解，对各宗教有了更加深入的认识，由此，其宗教观也逐渐完备、成熟起来，最终形成了自己的特色。

接下来，我们观察一下阿克巴多元宗教观的形成是如何体现在他的宗教实践活动中的。

首先，由阿克巴发起的具有划时代意义的“宗教对话”，较为明确地体现了其多元宗教观的形成。“对话是信仰间和谐的表征，也是走向多元论的真正起点。”[1]多元论是从哲学角度出发，认知不同宗教信仰的理论之一。多元宗教观是在宗教信仰的基础上，对不同宗教信仰所持的一种观点和态度。其形成的主观条件之一，是在具有一种宗教信仰的基础上，对其他宗教持有的开放态度和探知精神。阿克巴不仅长期与各宗教圣贤有私人往来，而且在皇家道堂公开邀请各宗教人士参与共同讨论的做法，足以说明他个人对各个宗教共存现实的认识，以及积极促进交流、理解的态度，表露出希望共同走出困境的愿望。“多元论问题仅当我们感到不同世界观的不相容性（并受到影响）以及同时为我们实际共存的实践所迫而寻求出路时产生。”[2]在面对多元宗教文化的社会现实状况时，阿克巴在积极寻求出路的努力中，得出了不同宗教只是通往终极实在的不同路径的结论，这标志着其多元宗教观的形成。

1　杨乐强著：《走向信仰间的和谐——多元论哲学之信仰和谐论比较研究》，中国社会科学出版社，2009年，第18页。

2　［印］雷蒙·潘尼卡著，王志成、思竹译：《看不见的和谐》，宗教文化出版社，2005年，第84页。

在多元宗教观中，“可以把各大宗教传统看作可供选择的救赎论的‘空间’或‘道路’，在这些‘空间’里或沿着这些‘道路’，人人都能获得拯救（或解脱、觉悟、圆满）”[1]。而这种多元宗教观的进步意义在于，“多元论哲学的提出本身就是一种范式的更新，它既是对排他主义、包容主义的一种超越，也是对排他主义、包容主义的一种解构。作为超越，它使信仰间关系的叙事走向开放、走向新的可能性；作为解构，它是对信仰间关系问题上的陈旧范式和顽固信条的质疑和颠覆，它不惜触犯宗教神学上的利益格局，敢于挑战神学权威，用新的范式去化解旧有范式造成的困境，从新的视角出发，运用新的叙事方式展陈信仰间关系的建设性前景”[2]。

从狭义角度来审视多元宗教观，前文提到的与印度次大陆社会历史相关的三类多元宗教观中的第一类，具有排他的性质，有不安定因素的隐患，不利于宗教间的互动与综合社会的整体发展；第二类与包容主义近似，但是以自我中心主义为前提，带有主观优越感，具有一定程度上的文化强势主义色彩，很难达成与其他宗教的平等互动，但在一定范围内有利于综合社会的整体发展；第三类的多元宗教观较前两种而言更具进步性和理想主义色彩，需要一定程度的认知高度与主观热情作为基础，从长远角度看有利于综合社会的整体发展，但其自身则会因个体的不同而产生不同的效果，原因之一便是不同环境塑造出的先天个体的主观差异性的既存事实。

---

1 ［英］约翰·希克著，陈志平、王志成译：《理性与信仰》，四川人民出版社，2003年，第41页。

2 杨乐强著：《走向信仰间的和谐——多元论哲学之信仰和谐论比较研究》，中国社会科学出版社，2009年，第158页。

阿克巴的多元宗教观介于第二和第三类之间，“它在实践上是一种对话的方式和态度，它倡导参与对话而不放弃自己的立场，促进升华而不舍弃自身的品质”[1]。开展并参与对话，本身就是一种有效的学习方式，它不仅可以提高自身的认知能力与文化修养，而且在处理社会关系时，可以提供一种积极包容的态度：“信仰间对话既为同一宗教内部诸教派协调信念的不一致开阔了视野、提供了出路，也为不同信仰之间的历史信念的不一致提供了相互理解的环境，尤其重要的是信仰间对话在跨越差异性的同时，能够引导对话诸方以不同的方式接近和体验终极性的神圣实在，在终极层面实现宗教宽容，学会忍受彼此在历史信念上的不一致。”[2]对信仰者而言，这不仅需要宗教理解上的深度，而且需要个人修养上的高度。在此前提具备后，信仰者又可以通过自身的努力与追求来推动信仰的发展与前进，换言之，天生对信仰保持高度忠诚的信仰者，在自身个体发展的过程中，发现了信仰本身存在与变化发展的客观环境矛盾甚至违背的地方，那么此时，信仰传统在意识形态上的反省与更新，则有赖于信仰者通过实践来完成，信仰间对话的紧迫性也被凸显出来。阿克巴能够在客观审视现实环境的基础上，回应实事变化的要求，使信仰传统在意识形态上尝试反省与更新，反映出其思想的时代前沿性与内在突破性。

其次，对理性的推崇，在阿克巴宗教思想的形成发展中，也具有举足轻重的地位。

---

1 杨乐强著：《走向信仰间的和谐——多元论哲学之信仰和谐论比较研究》，中国社会科学出版社，2009年，第13页。

2 杨乐强著：《走向信仰间的和谐——多元论哲学之信仰和谐论比较研究》，中国社会科学出版社，2009年，第225页。

阿克巴推崇理性至上，相信说明“理由”的重要性。在受到伊斯兰教传统中相信直觉信仰的传统主义者攻击时，阿克巴告诉阿布勒·法兹尔：“追求理性与弃绝传统主义的道理显而易见，无须辩论。倘若传统主义者是得当的，那么先知只是追随其前辈（不必发出新的启示）即可。”[1]宗教多元的印度次大陆社会为阿克巴提供了形成多元宗教观的可能，反过来，阿克巴用这种切实的眼光，通过对“理性”的强调，努力将这种多元的观念从根本上传播出去，以此来捍卫他统治下的具有多元宗教文化的莫卧儿帝国。“阿克巴主张，即使在决定自己的信仰之时，一个人也应当接受‘理性之路’的指导，而不是听凭‘盲目信仰’的引领。理性只能是至高无上的，因为即使在对理性（reason）表示怀疑之时，我们也得提出所以怀疑的理由（reason）。”[2]

人的宗教化生存究竟是理性主导还是信仰优先？人面对不同信仰生活方式究竟是以理性的观点加以审视还是以信仰的观点加以裁断？不同的选择会导致完全相悖的结果。“理性在一般生存论语境中是作为人的构成性要素中的主导性力量，显现其在生存的‘形而下’层面所具有的统摄作用，诸如对生存境遇中问题的裁决、知识体系的建构、社会认知合理性的形成、政治方案或社会发展图景的设计、人际交往中同一性的寻求和确定性的获得等方面，都贯穿着理性的主

---

1 M. Athar Ali, “The Perception of India in Akbar and Abu’l Fazl”, in Irfan Habib (ed.), *Akbar and His India*, Oxford University Press, Delhi and New York, 1997, p.220.

2 ［印］阿马蒂亚·森著，刘建译：《惯于争鸣的印度人——印度人的历史、文化与身份论集》，上海三联书店，2005年，第58页。

导性。”[1]显然，选择理性主导性更加符合阿克巴面对、并需要解决的“形而下”问题的要求，对“理性”的推崇明确地表达了这一点，这依旧是由“为了满足统治需要”的现实所决定的。

阿克巴对“理性”的推崇与对社会伦理的重视并重，这不仅体现在他颁布的“神一信仰”的相关内容里，而且体现在对受众的设定上。阿克巴颁布“神一信仰”的条款和要求，不仅用来约束追随者，更是以此来要求朝廷中的官员、精英。无论在“神一信仰”中，还是在政策改革中针对社会陋习的条款，都是面对统治下的整体社会提出的，要求在尽可能大的范围内推行。他关注切实生活，关照生灵，提倡宗教在生活中要发挥积极作用；这也是他的眼界、内心与性格的展现。阿克巴下令禁止寡妇殉葬（萨蒂）、禁止童婚、提倡素食等作为，不能完全被看作是“宗教改革”，因为，这些律令针对的是社会生活中的陋习，而陋习又与宗教习俗切割不断。对这些社会陋习的改革，出自他超越宗教、习俗等限制的对人类自身的普遍关怀，出自同情、出自爱、出自让人类生活得更美好的愿望。这种观念虽然不受时间、地域的限制，可谓与生俱来，并无创新之处，但要将之落到实处，却需要突破客观环境、传统习俗、自身利益优先性等重重障碍。换言之，将这种人类潜在的、根本的、共通的人性挖掘出来，对个人来讲需要自我修炼，因为个人世界观的形成，决定了观察世界的高度与认识世界的深度；对一国之君来说，除了前者之外，还需要正当的责任感与使命感，需要将这种认识推广出去的执行力。在宗教、习俗

1 杨乐强著：《走向信仰间的和谐——多元论哲学之信仰和谐论比较研究》，中国社会科学出版社，2009年11月，第83页。

相差甚远，利益有绝对冲突的穆斯林统治者与广大的被统治者之间，敢于挑战与宗教习俗牵连甚密的社会陋习，证明阿克巴是有眼光、有魄力的，同时也是容易被人误解的。又例如，在针对穆斯林妇女在遗产继承方面的不公正待遇时，他说“更好的办法是，弱者得到更多的份额”[1]。在提倡素食时，他讲“我希望我的肉身，能够像大象的躯体那样庞大，这样一来，那些喜欢食肉的无知的人们就可以用我来充饥了，而放过其他的生灵”[2]，仁爱之心尽显。在以仁爱为基石构建起来的世界观中，对其他宗教的理解与尊重就显得顺理成章了。例如，阿克巴曾于1584年6月6日颁布过一份诏令，要求他的官员在庆祝耆那教节日的十二天内，在有耆那教徒居住的地方，禁止有屠杀动物的行为发生。[3]

总之，在种种宗教语境内，“通过关注其他传统而不仅仅是自己的传统，一个人就可以意识到实在者的其他方面或维度，还可以意识到回应实在者的其他可能性，而这些可能性是无法通过他自己的传统有效臻达的”[4]。阿克巴有效地实践了这一点，并通过自身开阔的眼界、对现实的观照，日臻完善自己特有的多元宗教观，在此可归纳总结为：终极实在是唯一的，各宗教崇拜的对象都是终极实在的不同显

---

1 Abu al-Fazl, English trans. by H.Blochmann and H. S. Jarrett, *Ain-i-Akbari Ⅲ*, pp.184,190.

2 Nawal Kishore, *Har Sih Daftar*, 1862, p.123. 转引自：*Akbar and His India*, Oxford University Press, New Delhi, 1997, p.91。

3 Edited by Irfan Habib, *Akbar and His India*, Oxford University Press, New Delhi, 1997, p.99.

4 [英]约翰·希克著，陈志平、王志成译：《理性与信仰》，四川人民出版社，2003年1月，第50页。

现，各信仰都是通往终极实在或真理的不同道路，在做选择时需通过理性加以审视从而作出判断。

归根结底，这是为满足统治的需要而明智地将眼光落实于现实的产物，是现实中多元宗教文化的反映。毕竟，“信仰关系观的改变是一个历史境况中的历史过程，是历史境遇中的各种因素和造成历史境遇的其他因素综合作用的结果”[1]。虽然，阿克巴的多元宗教观超越了宗教本身的自我中心主义和排他主义，变得普世且宏观，但很难为一般层面的教徒所理解、接受。因为，抵消了宗教的自我中心主义、排他主义，也就去除了宗教间的边界，由此令普通教徒首先感到的是身份的丢失，连带的是归属感与安全感的遗失，会引起他们本能的抗拒。阿克巴从宏观角度出发，推行宗教政策，开展“宗教对话”，旨在期望整体社会走向和谐共处，政权稳定，发展进步。“我们决不能仅仅因为我们在自己的典籍之中无从查到佐证，即排斥已为天下之人所接受之事物；否则，我们将何以进步？”[2]阿克巴的具有超越性质的多元宗教观，与普遍“利己”的宗教信徒的“宗教自我中心主义”间存在着难以逾越的鸿沟，使前者无法被推而广之。但是，宗教政策的推行与相对宽松的宗教文化氛围的营造，这样的努力对社会发展仍然产生了积极的推动作用。

进而，既然宽容意味着对具有多元文化特性的印度次大陆社会的认识、理解与接受，那么，宽容背后是否蕴含更大的野心？阿克巴是否希望通过对理性的倡导，掀起对传统或墨守陈规的反思？是否希

1 杨乐强著：《走向信仰间的和谐——多元论哲学之信仰和谐论比较研究》，中国社会科学出版社，2009年，第203页。

2 ［印］阿马蒂亚·森著，刘建译：《惯于争鸣的印度人——印度人的历史、文化与身份论集》，上海三联书店，2005年，第220页。

望最终在不同的表现形式背后，树立共同的独一无二的最高实在？进而以此实现宗教文化的真正大一统？“世界上几大宗教体系之间的差别，并不在于终极理想或最高实在的不同，因为各地信奉的对象（在本质上）几乎都一样，但是它们的区别在于，各信仰的表现形式是不同的。斗争的焦点在于形式的不同而不在于目的的不同。宗教习俗、仪式并不是它的最终目的，只不过是通往终极追求的途径或方法。但不幸的是，宗教的历史表明，形式往往被当作终极追求，终极追求则往往迷失在繁缛复杂的形式中。新的信条、教义的发生发展，往往并不代表对本质的不同看法，而是代表宗教习俗、仪式及庆典的不同。”[1]从阿尔贝鲁尼到阿布勒·法兹尔，对印度次大陆的描述都是从共同文化体角度出发的，并承认宗教崇拜对象、礼仪习俗的多样性，而且都将此种多样性理解为崇拜终极实在时采取的不同形式，或通往认知独一无二终极实在的不同途径。作为居高临下的统治者，积极发掘多宗教并存中的共性，试图通过引导达成最终的共识，这是否就是阿克巴的“理想国”？

---

1 Makhan Lal Roy Choudhury, *The Din-i-Ilahi or the Religion of Akbar*, Munshiram Manoharlal Publishers Pvt. Ltd., 1997, p.179.

第四章

阿克巴宗教文化思想的影响

由前文可知，阿克巴对印度次大陆社会的客观环境有着较理智的认知与理解，认识到宗教文化的多元性特点，并关照到臣民的实际生活处境中的宗教因素，出于统治的需要及个人对整体社会文化环境的认知与理解，他推行的一系列新政及宗教宽容政策，不仅体现出尊重历史、尊重社会现实的，较具前瞻性的治国理念，而且展现了他对时代、环境的洞察力和敏感度，并具有将宏观的治国理念通过相应的政策较为有效地付诸实施的统治能力。

阿克巴鼓励学术文化发展，提倡伊斯兰教文化与次大陆多元宗教文化的融合，为伊斯兰教在南亚次大陆发展成为独具特色的伊斯兰文化创造了条件。因此可以说，莫卧儿王朝是印度次大陆历史上第一个建立在族群和解、宗教宽容基础上的，统一的、长久的王朝。莫卧儿王朝时期的文化创造，对南亚乃至全世界产生了不可磨灭的影响。在阿克巴统治时期，莫卧儿帝国发展到“黄金时代”，印度次大陆达到空前统一，经济发展，文化繁荣。

第一节 改革措施推动经济发展

帝国的统一及阿克巴的一些改革措施的推行，使16世纪下半叶到17世纪的印度次大陆社会得到了长足发展，经济有了较大增长。

首先，农业是帝国经济发展的基础。阿克巴在军事扩张的同时，将被征服土地尽量开垦为可定居的耕种地。“当阿克巴的军队长驱直入孟加拉的时候，他们带着修剪工具和人力来清除丛林拓展种植。苏非派信徒进入了东部三角洲清除丛林拓荒农耕。为了保护山区的战略贸易通道，莫卧儿王朝的军队征服并在许多扩张的农业场所定居，其中包括克什米尔。”[1]帝国为了鼓励扩大种植面积，为耕种者提供低息贷款。在可耕地中，棉花、甘蔗、蓝靛等经济作物种植面积占比增加，一些地区专业化性质进一步加强。例如，古吉拉特和木尔坦的棉花、拉合尔的甘蔗、阿格拉西南比耶那和卡尔皮地区的蓝靛、南印沿海的胡椒和椰子等都以产量高、质量好而闻名全国。桑树种植也很普遍，以致不再需要从中国进口生丝。烟草、玉米的种植越来越多。大米、蔗糖等产量充足，已可以向周边国家出口。农业生产工具没有多大进步，但农作物的多样性、肥料的普遍使用、轮作制的设置、灌溉面积的规模以及农作技术的精细程度，都比德里苏丹时期有明显进步。[2]“阿克巴与达拉舒库（Dara Shuko）在宗教方面的试验反映了他们用哲学思辨清晰表达缔结政治联盟的持续努力。阿克巴宫廷里的神

1 ［美］大卫·卢登著，资谷生译：《南亚农业史》，云南人民出版社，2015年，第89页。

2 参见林承节著：《印度史》，人民出版社，2004年，第182—183页。

学争论仪式提醒我们中世纪出现的宗教思想及行为的创新，这些创新是与新鲜体被并入农业政权的过程相伴随的。”[1]

其次，农业发展为商品经济的发展提供了条件。农业发展不仅增加了国家的财政收入及地主的收入，也在一定程度上改善了农民的经济状况。农业种植专业化的趋势使各地区间产品交换的必要性空前增长，货币税的实行把所有农民推向市场。据估计，农民仅仅为了卖粮纳税，就要把农产品总量的20%左右拿到市场销售，相对和平的环境和法制秩序的建立，使某些商品的全国流通有了较大可能。“莫卧儿王朝花巨资把守通往喀布尔的山口以便安全通行是有道理的。”在帝国提供的安全保障和商业发展下，手工业也得到了发展，强化分工，专业化倾向增强。如纺织业分成了纺、织、漂染、印花等，丝织业分成了缫丝、丝织等。为了促进商业，阿克巴下令取消了许多内部关税，还为商队经过的路段提供安全保护措施。在他统治期间，商贸有了大范围的复苏。“莫卧儿王朝、奥斯曼帝国和萨法维王朝依靠贸易网络获取了财富，陆路和海路贸易网络把它们连在了一起。”[2]16世纪晚期，城市中心规模的扩大和数量的增加，便是生产和贸易额都有所增长的体现。阿克巴统治时期，帝国大城市约有一百二十个，市镇约有三千两百个，城市人口占总人口的15%。阿格拉有80万居民，德里、拉合尔居民人数也都在50万以上。[3]在互市的发展上，“布尔萨地

1　［美］大卫·卢登著，资谷生译：《南亚农业史》，云南人民出版社，2015年，第89页。

2　［美］大卫·卢登著，资谷生译：《南亚农业史》，云南人民出版社，2015年，第43页。

3　参见林承节著：《印度史》，人民出版社，2004年，183—184页。

方的记录资料显示，十六世纪，从东方进口的大批货物均来自印度，其中包括香料，但最主要的是纺织品。制成品和香料的流动从东到西，遍及了欧亚大陆南部各地。贵金属流动的方向则相反。这种互惠的交流，连通了伦敦、伊斯坦布尔、布尔萨、开罗、大马士革、巴格达、伊斯法罕、木尔坦、达卡、苏拉特、海得拉巴和马杜赖，以及印度洋和中国南海的所有港口。……与此同时，葡萄牙人带来了新的作物，其中就有辣椒、西红柿、土豆、烟草和咖啡。”[1]

阿克巴的新政为帝国的发展奠定了基础，继他之后贾汗吉尔继续发扬阿克巴的治国理念，为帝国的持续、稳定发展创造了良机。阿克巴大帝时代，欧洲列强的先驱已开始在南亚次大陆古老的土地上取得立足点，但尚未深入到帝国社会的心脏，印度次大陆自身历史发展的进程还未被打断。阿克巴审时度势的开明思想、强势王权，有力地保障了帝国各方面的稳步发展。“当阿克巴辗转于个人帝国的城市中心时，他统治的就是一个个人的帝国。他的领地是建立在个人联盟基础上的交易领地，这块领地不管有多广布，从来都没有出现过税收官僚主义。”[2]作为异族统治者，阿克巴尊重并热爱印度次大陆本土文化，尝试将王权真正地建立在印度次大陆社会传统的历史文化根基上。他的作为丰富并延续了次大陆灿烂文明的发展，也成功稳固了莫卧儿帝国的政权。

此外，欧洲各国东印度公司的进入，以及莫卧儿帝国商贸的发

1 ［美］大卫・卢登著，资谷生译：《南亚农业史》，云南人民出版社，2015年，第43页。

2 ［美］大卫・卢登著，资谷生译：《南亚农业史》，云南人民出版社，2015年，第115页。

展，也使印度次大陆成为连接亚洲、欧洲及非洲的重要贸易区。但这也意味着，印度次大陆社会发展的未来面临着新的挑战。阿克巴在舍尔沙的施政基础上推行的土地税收等改革制度，在两百多年以后，即西方殖民者最终在这片土地上开始行使行政权力后，再次开始为南亚社会的前进发挥作用："刚组建的盎格鲁–印度当局开始摸索他们的道路，将目光转向阿克巴的制度。他们逐渐在有关土地税收估价或农产品皇室份额的重要部门采纳了他的制度的主要特点，这个部门在印度官方语言叫作'土地清算部'。在现有印度帝国的几个省份中，土地清算部的原则和实践基本上与阿克巴及其大臣制定的一模一样。政府的官僚框架结构也仍然显示出他的制度的许多痕迹。"[1]总之，阿克巴基于印度次大陆社会实际状况制定的方针政策，才是真正适用于这片土地的有效方式，这不仅说明了他对这片土地的了解，更证明了他对这片土地的热爱与希望。

第二节　开明思想促进印穆文化融合

经济的发展为社会精神文化生活的提高创造了条件。事实上，在注重经济发展的同时，阿克巴"尽了最大的努力，使印度的伊斯兰教从阿拉伯化的状态中解放出来，并使之适应印度的需要。……为使伊斯兰教适应于印度的传统，一个伟大的宗教和文学运动开始于阿克巴，而以达拉告终"[2]。在阿克巴统治期间，帝国版图不断扩张，社会

1　Vincent A. Smith, *Akbar, the Great Mogul, 1542–1605*, Delhi, 1966, p.355.

2　［印］辛哈、班纳吉等著，张若达等译：《印度通史》，商务印书馆，1964年，第388—389页。

内部相对稳定，在宗教宽容政策的推行下，文化融合发展迎来时代契机。“立足于波斯、突厥和印度文学、政治以及艺术传统的印度–伊斯兰文化，其发展促进了印度次大陆文化事业的繁荣。音乐、建筑、烹调、武器、书法和城市规划等领域，体现了有着不同来源的创造性流派。共同风格和历史性记述的发展，提升了印度的文学形象，而印度科学和哲学也在西亚和欧洲那里找到了新的听众。印度吸引了穆斯林出身的征服者、寻宝者、作家和商人，他们中许多人定居在了这里。”[1]在这里，后来者不仅带来了原来的传统文化艺术，也吸收、学习了印度次大陆丰富多彩的文化资源，创作出了新的作品。

在阿克巴的宫廷里，诗人、画家、音乐家、建筑家、雕刻艺术家等都享有很高的地位，常常获得大批来自君主的犒赏。无论是穆斯林还是印度教教徒，都可以平等地以艺术家的身份在宫廷中供职，都可以依靠自身的才华和作品得到发展的机会。阿克巴继承了家族热爱艺术、文学的传统，以及艺术鉴赏力的基因，大力支持艺术、文学的交流、推介和创造。不具备读写能力的他，自幼喜好通过聆听的方式“博览群书”，而且经常找那些深奥难懂的书卷出来，让学者读给他听，边听边探讨研究，以此来充实、构建自己的思想体系。巴达乌尼曾如此描述阿克巴时期的文人生活：“夜以继日，人们不停地询问、调查……深奥的科学观点，启示的微妙之处，历史的奇观，自然的奇迹……都被谈论过。”[2]与享受传统带来的舒适相比，阿克巴更愿迎接

1 ［巴］伊夫提哈尔·H.马里克著，张文涛译：《巴基斯坦史》，中国大百科全书出版社，2010年，第66页。

2 Abraham Eraly, *The Mughal World: Life in India's Last Golden Age*, Penguin Books India, 2007, p.341.

未来的挑战，他认为“任何人都不应忽视当前所需”。与大多数穆斯林当权者不同，阿克巴对欧洲的技术和科学发现非常感兴趣。他曾派一个阿米尔带上几名工匠，去果阿采购欧洲商品，学习欧洲工艺。在他的提倡和保护下，印度次大陆的文学、绘画、音乐、雕刻、建筑等诸多领域都得到了长足发展。

在阿克巴的宫廷里，音乐家来自四面八方，他们不仅带来了印度次大陆各地的音乐，还有波斯、中亚等地的音乐。阿克巴还命人将梵语乐谱转译成波斯语，再用波斯语演唱。他要求他的大臣官员们互相学习彼此的语言，印度教官吏学习波斯语，穆斯林官吏学习次大陆本土各语言，以至于到后来，官吏中有人能用波斯语和印度本地语言双语或多语创作诗歌，这充分展现了多方文化的交流与融合。根据布洛赫曼的统计，“阿克巴宫廷中有百分之七十五的诗人和超过百分之三十的医生、音乐家不是次大陆本土人，但是，阿克巴却提供给他们一个极其鲜明的印度次大陆风格的定位和引导”[1]。

阿克巴不是只探寻理论支持的空想家，而且是勇于付诸实践、具有雄才大略的领导者。他对现实生活充满了好奇与热情，对一切新鲜事物都支持鼓励，甚至乐于一试身手。1580年左右耶稣会传教士的记录显示，阿克巴不仅对机械、工艺品及技术创新感兴趣，而且还亲自动手参与制作。例如：“阿克巴很是热衷于建筑，有时甚至与其他工人一起去挑选石材。他不仅喜欢在一旁观看，甚至亲自尝试，体会作为一个普通工匠的工作乐趣。为了满足自己在这方面的兴趣，他还

---

1 Abraham Eraly, *The Mughal World: Life in India's Last Golden Age*, Penguin Books India, 2007, p.342.

在王宫附近修建了一间手工作坊，其中还为高等艺术的创作设立了工作室和操作间，包括绘画、金饰制作、挂毯制作、地毯窗帘制作以及武器制造等。他本人经常光顾这里，欣赏工艺制作过程，放松自己。”[1]

我们将从语言文字、教育、建筑、著书、绘画和音乐等方面来分别总结阿克巴统治时期莫卧儿王朝取得的成就，以展示阿克巴影响下文化繁荣之象。

语言 莫卧儿王朝时期，阿克巴在普及波斯语方面发挥了决定性的作用。他规定“所有地方的收入记录都要用波斯语保存”[2]，这使得几乎所有受过教育、识文断字的各方面人士都必须学习这门语言。在波斯语的发展基础上，印度次大陆的混合了本土与外来文化的新兴语言——乌尔都语（印度斯坦语），在文字、词汇、诗歌创作等方面得到了长足发展，它作为印度通用语言开始被广泛使用。乌尔都语是印度-波斯语的混合语言，最初是军事营地的一种混杂语言。乌尔都语一词来自突厥语Ordu，它使用了波斯语的文字、印地语的语法，以及主要的波斯语-阿拉伯语词汇和一些印度本土语言词汇。与乌尔都语口语相通的，采用了不同文字书写系统的印地语，也在同步发展。在发展早期尤其是口头应用上，印地语与乌尔都语几乎不分彼此。据记载，“阿克巴任命了一位用印地语创作的宫廷诗人——卡维·拉伊（Kavi Rai），自此，这个为印地语诗人设置的职位，一直保留到奥朗

---

1 Pierre du Jarric, *Akbar and the Jesuits*, tr. C.H. Payne, London, 1926, p.206.

2 Abraham Eraly, *The Mughal World: Life in India's Last Golden Age*, Penguin Books India, 2007, p.346.

则布时期”[1]。莫卧儿王朝时期也是印地语诗歌异常丰富的时期。“最早的和最受欢迎的印地语诗人是一位16世纪的拉其普特公主——米拉巴依（Mirabai）。她韶华守寡,最初用拉贾斯坦方言创作诗歌，后来用印地语及其他印度语言进行创作，作品广为流传。与她齐名的，便是大名鼎鼎的盲人吟游诗人——苏尔达斯（Surdas）。”[2]和印地语一样，在这个时期，印度其他语言文学也蓬勃发展。伴随着虔信运动毗湿奴派的发展，在从梵语翻译为孟加拉语的译本中，产生了可圈可点的作品。在锡克教的发展中，旁遮普语文学展现出勃勃生机。在南方，马拉塔语经历了梵语化过程。泰卢固语在维查耶纳伽尔帝王的庇护下蓬勃发展。马拉雅拉姆语结合泰米尔语和梵语发展成为一种独特的文学语言。唯有南部的泰米尔语，它的文学历史比任何其他现存的印度语言都要古老得多，但是，在莫卧儿时代却走向了衰落，或者说进入了偶尔发光的转型期。[3]

教育　莫卧儿王朝并没有设立专门的教育部门，但是国家拨出一定款项用于教育，对著名的导师和学者给予补助和捐赠，而且不仅限于伊斯兰教学校。在莫卧儿王朝建立初期，即巴布尔和胡马雍统治时期，德里等地便建立了穆斯林学校。在阿克巴时，又建立了大量的伊斯兰教学校和印度教学校。中央政府不仅对这些学校给予资助，而

1　Abraham Eraly, *The Mughal World: Life in India's Last Golden Age*, Penguin Books India, 2007, p.347.

2　Abraham Eraly, *The Mughal World: Life in India's Last Golden Age*, Penguin Books India, 2007, p.347.

3　参见Abraham Eraly, *The Mughal World: Life in India's Last Golden Age*, Penguin Books India, 2007, p.348。

且规定除宗教课程外，还要把地理、历史、数学、天文等都列入教学内容。虽然由于实际教学情况所限而未能完全实行，但还是初见成效的。少数高等学校甚至打破宗教界限，招收不同宗教信仰的学生，但这种做法遭到了印度教和伊斯兰教的正统派的强烈反对。在阿克巴时期，“德里、阿格拉、法塔赫布尔–西克里、勒克瑙、安巴拉、瓜廖尔、克什米尔、阿拉哈巴德、拉合尔、江布尔、锡亚尔科特等地区是伊斯兰教的高等教育中心。教学语言是波斯语。贝拿勒斯、阿拉哈巴德、马土腊、纳迪亚、米提拉、阿底亚、斯利那加等地是印度教的高等教育中心。教学用语是梵语或地区语言”[1]。阿克巴推行的教育政策的特点不仅是伊斯兰教学校和其他宗教学校并重，而且还把学习科学提高到了和学习宗教同等重要的地位。

除去推行学校教育外，阿克巴对宫廷贵族中的女性接受教育也持鼓励态度。他甚至下令在后宫设置专门的房间，供女性读书用。阿克巴还建造了一个非常辉煌的图书馆，“藏有24 000册书，价值至少650万卢比”[2]。阿克巴建议“每个男孩都应该阅读有关道德、算术、数学符号、农业、测量、几何、术数（也称‘工巧明’，是对工艺、数学、天文、星象、音乐、美术等的总称）、齐家、治国、医学、逻辑、物理科学、力学、伊拉希（神学）、科学和历史等的书籍”[3]。

---

1 N. N. 劳：《穆斯林统治时期的印度教育发展》，第202页。转引自［印］斯迪芬·麦勒迪斯·爱德华兹、赫伯特·利奥纳德·奥富雷·加勒特著，尚劝余译：《莫卧儿帝国》（*Mughal Rule in India*），青海人民出版社，2009，第181页。

2 Vincent A. Smith, *Akbar, the Great Mogul, 1542–1605*, Delhi, 1966, p.423.

3 参见Abraham Eraly, *The Mughal World: Life in India's Last Golden Age*, Penguin Books India, 2007, p.350。

建筑 莫卧儿帝国时期，建筑艺术达到了精美的高峰。阿克巴继位后，开启了印度次大陆建筑的新阶段。长时期相对稳定发展的环境，以及可供利用的丰富资源，使莫卧儿人能够大兴土木，使用贵重材料，在艺术上精益求精。穆斯林把从中亚、波斯带来的伊斯兰教建筑风格运用到印度次大陆的土地上。这些建筑构架是穹隆式的，广泛采用拱券结构，以花卉图案、几何图案和《古兰经》经言的精美雕刻为装饰，为印度次大陆建筑风格添加了新的元素。从阿克巴时期流传后世的建筑杰作，可以充分证明阿布勒·法兹尔说过的话，即“皇帝陛下设计了他辉煌的建筑物，给他大脑和心灵的作品穿上石头和泥块的外衣”[1]。

在阿克巴统治时期，在建筑风格上，伊斯兰教和印度教艺术混合的趋势加强，开始形成独具特色的莫卧儿建筑风格。其特色是：轮廓鲜明的圆顶、带石柱的宫殿大厅、有巨型拱顶的大门和有流水的花园。代表建筑有：德里的胡马雍陵墓，阿格拉、拉合尔和阿拉哈巴德的城堡宫殿，以及法塔赫布尔-西克里的皇宫建筑等。在德里、阿格拉等地的建筑风格中，伊斯兰风格占压倒性优势；在地方上，仍是印度教色彩保留较多。印度次大陆本土建筑的材料主要为红砂石和大理石，如阿格拉堡用红砂石建造，有四扇大门，气势恢宏；胡马雍陵墓主要使用白色大理石，没有使用波斯建筑常用的彩色砖作装饰。法塔赫布尔-西克里宫殿城堡是一座风格独特的建筑群，依山傍水，庄重美观，主要建筑材料也是红砂石。“几种不同的建筑、装饰风格交织在西克里皇宫中，这在阿克巴的性格中也体现得非常明显。与其说西

1 Abu al-Fazl, English trans. by H. Blochmann and H. S. Jarrett, *Ain-i-Akbari* Ⅰ, p.85.

克里皇宫在整合建筑风格，不如说在融合个性和精神。”[1]

阿克巴统治时期的第一座主要建筑，是位于德里的胡马雍陵墓，由胡马雍的遗孀哈吉（Haji）夫人主持建造。她曾和胡马雍一起逃亡波斯，因此将独特的波斯风格引入了印度次大陆建筑。它是印度第一座花园陵墓，在波斯风格的启发下，首次采用了双穹顶结构（一个与内部布局相协调，另一个与外部轮廓相匹配）。“巨大的拱形壁龛以及内部布置复杂的房间和走廊，皆借鉴了波斯风格，成为了泰姬陵的原型。”[2]这座建筑被认为综合了突厥、阿拉伯、波斯、印度本土的特色，比如奥斯曼式的白色大理石圆顶、圆顶顶端的阿拉伯式尖顶、波斯式拱门、印度式亭子等。

阿克巴时期敕令建造的陵墓还有位于德里的阿达姆·汗陵、阿特加·汗陵，位于瓜廖尔的穆罕默德·高斯陵，以及阿格拉附近的阿克巴陵。阿格拉以北10千米处，即锡坎达拉的阿克巴陵墓是阿克巴在世时设计的，于1605—1613年间建成。阿克巴墓由红砂岩砌成，四角衬以圆塔和白色的大理石。与其他建筑一样，他为自己设计的陵墓也展现了伊斯兰教与印度教混合的建筑风格。在阿克巴时代，“在艺术以及在思想方面，都成功地将本土传统和伊朗传统融合在一起，此种双重影响显示在法塔赫布尔-西克里城的建筑上，这一城市是阿克巴在1570—1574年所建，距阿格拉约24英里。法塔赫布尔大清真寺内殿的平面图就是仿自伊斯法罕的大清真寺。还有建于1601—1602

---

1 Abraham Eraly, *The Mughal World: Life in India's Last Golden Age*, Penguin Books India, 2007, p.371.

2 Abraham Eraly, *The Mughal World: Life in India's Last Golden Age*, Penguin Books India, 2007, p.369.

年的凯旋门，即巴兰德门楼，那种典雅的明净风格也完全是波斯式的，只是用了不同的材料，即浅红色砂石和白色大理石，但那顶上小阁却显出有耆那教的影响。印度的和突厥（原文为‘土耳其’——笔者按）—伊朗的传统，还以另一种类似的方式融合于法塔赫布尔城另一建筑物上，即突厥（原文为‘土耳其’——笔者按）苏丹宫，其中有五层高阁，所谓‘五层宫’，每层向上逐渐缩小，还有一间枢密殿，在宫中央竖立一根八角形柱子，柱端为一大圆顶，从顶上有五道狭小的走廊，作放射状引接到这建筑的各角。此种设想奇拔、作风恣肆之处，与波斯的古典主义不类，而是直接采自印度教和耆那教的艺术”[1]。阿克巴时期的建筑，“主要采用梁与支架的印度本土施工方法；在波斯建筑中占主导地位的拱门，只是用于装饰目的。阿克巴从他统治的土地和人民那里汲取力量和灵感”[2]。

著书　阿克巴开明的思想，对本土文化的热爱，不仅体现在审时度势、凸显魄力的宗教平等政策上，更展现在对印度教艺术和科学的保护上，他积极组织将梵语作品翻译为波斯语。在阿克巴统治时期，著书立说方面亦成就显著。阿克巴任命专门的学者组成“翻译院”，将梵文的古典文献翻译为波斯语，并将其他语言的经典著作翻译为波斯语和印度本土语言。著名的历史学家巴达乌尼是正统逊尼派穆斯林，比阿克巴年长两岁，从小跟随名师学习，在音乐、历史、天文 / 占星方面有造诣。他在宫中供职四十年，在阿克巴的要求

1　［法］雷奈 · 格鲁塞著，常任侠、袁音译：《东方的文明（上）》，中华书局，1999年，第369页。

2　Abraham Eraly, *The Mughal World: Life in India's Last Golden Age*, Penguin Books India, 2007, p.370.

下，负责主持将印度史诗《罗摩衍那》的全部及《摩诃婆罗多》的部分从梵语翻译为波斯语。阿克巴还亲自监督《摩诃婆罗多》的翻译工作。巴达乌尼的著作《史乘选萃》(*Muntakhabat-ul-Tawarikh*，或 *Selections from the Annals*）是记录当时印度次大陆社会历史的代表作。此外他还编辑和修订了《克什米尔史》。巴达乌尼在阿克巴去世前十一年时辞世，但其极具正统逊尼派穆斯林眼光的著作却在贾汗吉尔执政时才问世，并在后世的教派斗争中被利用。阿克巴宫廷中还有文武双全的米尔扎·阿卜杜拉希姆（Mirza Abdurrahim），他是贝拉姆·汗的儿子，虽然父亲晚节不保，但他依然长年身居要职。米尔扎不仅在战场上英勇善战，而且还将用突厥语撰写的《巴布尔回忆录》(*The Memoirs of Babar*）翻译成了波斯语。另外，著名的历史学家尼扎姆丁（Nizam-u-din）著有《阿克巴王朝通史》(*Tabakat-i-Akbari* or *the reign of Akbar*）一书。著名的宫廷史官阿布勒·法兹尔著有《阿克巴则例》和《阿克巴本纪》，他同时还是一位出色的诗人、散文作家。他的兄弟费兹翻译的作品有婆什迦罗的《美》(*Lilavati*)、《娜拉与达米安提》(*Nala-Damayanti*）等。还有易卜拉欣·希尔信迪翻译了《阿闼婆吠陀》(*Atharva Veda*）等。

绘画 阿克巴热爱绘画艺术，他认为画家创作作品，是与真主取得联系的一种特殊方式与途径。在阿克巴看来，画师认知主的过程很是与众不同，因为画师在勾画人物的细节时，必然会想到赐予万物生命的真主，因此会对真主有更深刻的认识。

莫卧儿时期的绘画作品不仅有大型的壁画，还有融合了波斯、中亚、本土传统风格的细密画。“阿克巴时代（1556—1605年）是莫卧儿细密画的发展时期。阿克巴是莫卧儿画派的真正奠基人，他继承了胡马雍的艺术遗产，创立了正规的莫卧儿皇家画室（Mughal royal studio）。同阿克巴的文化融合政策相适应，阿克巴的皇家画室也具有伊斯兰教和印度教异质文化融合的特色。”[1]在阿克巴时期，帝国各地开办了100多个与皇家画室有关的大绘画馆。阿克巴在孩提时期就接受了绘画训练，他的两位老师——设拉子的哈迦·阿卜杜勒·萨马德和大不里士的米尔·赛义德·阿里，在应胡马雍之邀来到印度之前，已是波斯一流的艺术家。在两位艺术家的监督和阿克巴的支持下，从印度各地招来的画家为皇家画室增添了新的活力。“这些艺术家带来他们所属的各种传统的成分，而且在大概是莫卧儿画派最早的作品、收藏于克利夫兰艺术博物馆的《鹦鹉故事七十则》里，我们实际上可以发现一个过程，艺术家们的完全不同的风格通过这个过程结合而形成一种新形式——一种既综合了波斯和印度又有异于二者的风格。在阿克巴画室最有雄心的任务即《阿米尔·哈姆扎的故事》（*Dastan-i-Amir Hamza*）的非同一般的大型插图中，我们很快发现了完全成熟的莫卧儿风格。它倾向于自然主义，充满呈曲线状的动势，色彩明亮且具有固有的奇异感，与波斯作品迥然不同。”[2]波斯风格淡化，印度风格突出，这也符合阿克巴提倡文化上突出印度特色的意图。“阿克巴责成波斯画家向印度画家传授波斯细密画技法，也鼓励印度画家发挥传统绘画的特长。”[3]在阿克巴的宫廷中有17位著名的画家，既有波斯画家也有印度画家，其中至少有13名是印度教教徒，他们精通素描

1　王镛著：《印度美术》，中国人民大学出版社，2010年，第420页。

2　［印］A. L. 巴沙姆主编，闵光沛等译：《印度文化史》，商务印书馆，1997年，第488—489页。

3　王镛著：《印度美术》，中国人民大学出版社，2010年，第420页。

（素描也是莫卧儿流派的显著特征），而且擅长人物画、动物画和图书插图。“波斯画家与印度画家、穆斯林画家与印度教画家分工合作，互相交流，逐渐形成了融合波斯细密画与印度教传统绘画因素的折中风格。阿克巴时代细密画的折中风格，似乎比同时代建筑的折中风格更富于包容性和吸收力。”[1]

印度教教徒达斯梵特和巴萨梵、穆斯林艺术家法鲁克比等都是其中的代表人物。1584年去世的达斯梵特，原本是出身微贱的印度人，在阿克巴的宫廷中成了阿布德·阿尔萨玛德的学生，习得并继承了赫拉特画派的画风。阿克巴因为赏识他的才华，把他从默默无闻的画匠中遴选出来。他用波斯式的手法处理古老的印度题材，换言之，他画作中的主要人物都充满了印度风味，而周围的次要形象或穿插的细部则是波斯式的。与他齐名的巴萨梵也是阿布德·阿尔萨玛德的学生，同样是具有波斯画风的印度人，代表作有《国王和青蛙公主》等。“在这幅精致的图画中，一切自然主义的情感和本土所有的多神教精神，都找到了巧妙的保存地。阿克巴似乎也喜欢使印度艺术家们描画伊斯兰教的作品，而使穆斯林艺术家们绘制印度传说的画面，正像他令印度人基苏去画基督教的图画一样。”[2]阿克巴曾下令让这些画家为《罗摩衍那》《摩诃婆罗多》等重要作品绘制插图。与伊斯兰教禁止描绘人物形象的传统不同，在阿克巴的鼓励下，肖像画和插画成为莫卧儿时期绘画发展中的一个主要画派，此类绘画展现了人物众多的具有戏剧意味的场

1 王镛著：《印度美术》，中国人民大学出版社，2010年，第421页。

2 参见［法］雷奈·格鲁塞著，常任侠、袁音译：《东方的文明（上）》，中华书局，1999年，第382页。

景，渲染出生机勃勃的氛围。正如他的史官阿布勒·法兹尔所说，“他用一切权势鼓励绘画的发展。他给群臣们做出榜样，表示愿意要有国中所有伟大人物的画像。据说他甚至对宫中的主要画师封以官爵”[1]。

由此可见，“阿克巴时代细密画的体裁，主要是文学与历史著作抄本的插图”[2]。除去上面提及的作品，还有尼扎米的《五卷诗》、阿布勒·法兹尔的《阿克巴本纪》、从突厥语翻译为波斯语的《巴布尔回忆录》等。阿克巴也欣赏由欧洲商人和传教士带来的欧洲绘画作品，并由此了解到了西方的写实主义绘画。“从16世纪80年代至90年代，莫卧儿画家开始在细密画中尝试采用西方写实绘画的透视法（perspective）和明暗法（chiaroscuro），塑造带有一定空间感和立体感的形象，特别是比较写实地描绘远景的建筑物、树木、云层和天空；同时，仍旧保持着从中国传至波斯的鸟瞰式透视，对人物与岩石的程式化处理，纤细的书法式线条和珐琅镶嵌般鲜艳的装饰性色彩。”[3]总之，“综合波斯、印度与西方三种因素——移植波斯细密画的装饰因素，融合印度传统绘画的生命活力，吸收西方绘画的写实技法，构成了阿克巴时代莫卧儿细密画的独特风格”[4]。与绘画发展并行的还有书法，在阿克巴统治期间，“八种不同风格的书法在印度次大陆流行。阿克巴最喜爱纳斯达利克（Nastaliq）书法，其风格行笔流

1　［印］A. L. 巴沙姆主编，闵光沛等译：《印度文化史》，商务印书馆，1997年，第489—490页。

2　王镛著：《印度美术》，中国人民大学出版社，2010年，第421页。

3　王镛著：《印度美术》，中国人民大学出版社，2010年，第424页。

4　王镛著：《印度美术》，中国人民大学出版社，2010年，第424页。

畅又顿挫有致。其中最著名的书法家是克什米尔的穆罕默德·侯赛因（Muhammad Husain），他被赐予‘金笔’名号”[1]。在阿克巴的带动下，印度教教徒也喜好波斯书法。

音乐 阿克巴酷爱音乐，在其统治时期，印度的音乐也得到了迅速发展。热爱音乐的阿克巴自己也是一名音乐家。据贾汗吉尔说，阿克巴掌握了乌尔都–印地语的发音，而且，阿布勒·法兹尔说，他拥有“训练有素的音乐家所不具备的音乐科学知识。他在表演方面也是个出色的乐手，尤其是打壶鼓（kettle-drum）”[2]。

阿克巴不顾正统派的反对，邀请穆斯林音乐家、舞蹈家来宫廷演出，鼓励并赞助音乐、舞蹈的发展。穆斯林音乐家、舞蹈家带来了独具特色的伊斯兰音乐、舞蹈，引进了新的乐器和歌唱、表演风格。阿克巴有一支庞大的音乐家队伍，“印度教徒、伊朗人、图兰人、克什米尔人，有男有女”，他们“被分成七个组，每周轮流表演一遍”。[3] 阿克巴宫廷里的歌手大多是印度次大陆本土人，而器乐家则来自伊朗、阿富汗和中亚。

新的因素逐渐与印度传统的音乐舞蹈相融合，形成了印度新的音乐舞蹈风格，增加了流派，丰富了音乐表演艺术。据《阿克巴则例》记载，阿克巴的宫廷里有36位著名的音乐大师，他们享受朝廷

1 Abraham Eraly, *The Mughal World: Life in India's Last Golden Age*, Penguin Books India, 2007, p.350.

2 Abraham Eraly, *The Mughal World: Life in India's Last Golden Age*, Penguin Books India, 2007, p.361.

3 Abraham Eraly, *The Mughal World: Life in India's Last Golden Age*, Penguin Books India, 2007, p.361.

的资助，其中最著名的是丹森和巴兹·巴哈杜尔。被誉为“宫宝”之一的丹森为印度音乐开辟了新的道路。丹森本是拉其普特王公拉姆·昌德（Ram Chand）宫廷中的乐师，因其远近闻名的才华，阿克巴特意派遣使团去拜访拉姆·昌德王公，“促请著名的歌手和乐手谭森（Tansen，即丹森——笔者按）前往阿格拉的莫卧儿宫廷。拉姆·昌德曾拒绝了先前苏尔诸王所请，现在却不敢回绝阿克巴。他让谭森带上他的乐器和重礼前往阿克巴的宫廷。据说，当谭森首次在宫廷演出时，阿克巴赏赐了20万卢比作为礼物。得到谭森的侍奉后，阿克巴开始积极地资助音乐的发展。谭森及在他之后，他的儿子和其他学生们，积极发展了到后来广为人知的北印度或印度斯坦音乐”[1]。在皇家资助之外的南印等地，传统音乐也迎来发展的契机，例如，卡那提克音乐的发展，较多地保持了本土特色，在16世纪进入发展期。有趣的是，“有充足的证据表明，阿克巴不仅喜欢音乐，而且在音乐方面的造诣很高。他非常喜欢花剌子模古老的音乐。根据阿布法兹勒（即阿布勒·法兹尔——笔者按）所言，阿克巴创作了两百多首乐曲，深受年轻人和老年人喜爱。阿布法兹勒还说，陛下在音乐方面的造诣之高，即使是训练有素的音乐家也不如他。每日宫廷中都会演奏大量乐曲，这些乐曲无论何时都特别适合东方君主的胃口”[2]。

综上所述，从历史发展进程来看，伊斯兰教在进入印度次大陆

---

1 ［美］约翰·F. 理查兹著，王立新译：《莫卧儿帝国》，云南人民出版社，2014年，第17—18页。

2 ［英］G. B. 玛勒森著，赵秀兰译：《阿克巴大帝时代》，中国画报出版社，2017年，第259页。

后，其传统文化艺术与印度教或次大陆本土传统文化艺术互相影响与吸收，是自发而又必然的过程。由于进入印度次大陆的穆斯林来自不同的地方，原属于不同的族群，因此他们在带来伊斯兰文化艺术的同时，也带来了中亚、波斯、阿拉伯等地区的文化艺术。不同的表现形式在这里汇合后，尤其在君主的大力支持下，形成了独具南亚特色的伊斯兰文化艺术。印度次大陆的本土艺术也在伊斯兰文化的影响下呈现出新的色彩与面貌。碰撞与融合，是文学与艺术发展的驱动力，是文化繁荣的催化剂。

伊斯兰教和印度教的学者、文学家、艺术家、建筑师和工匠都自觉不自觉地参与了这个使人类文明得以丰富、发展的过程，都对此作出了自己的贡献。时逢开明者如阿克巴大帝，着眼于现状，推行改革，制订政策，带动文化艺术开花结果。毕竟，在经济欠发达的时期，社会文化艺术水平的发展与提升，与君主的态度、支持与个人喜好息息相关。在阿克巴的支持与努力下，伊斯兰教和印度教两种文化渐渐融合，结果，南亚次大陆的伊斯兰文化从突厥-波斯外来文化特点的状态中慢慢解放出来，进入与次大陆文化相结合的状态，成长为独具特色的印度伊斯兰文化艺术，这也反过来适应了阿克巴的统治需要。伊斯兰教文化与印度教文化的相向走近，曾经主要依赖于民间的苏非派活动，在德里苏丹国时期的社会底层中呈现出自发趋势。到了莫卧儿王朝时期，阿克巴自觉主动地推进这一进程，使之呈现出自下而上与自上而下的双向趋势。

阿克巴积极鼓励各异质文化流派在文学、艺术、建筑等创作领域的互鉴与融合，在他的推动下，独具莫卧儿特色的新风格、新流派相继问世，在文学、建筑、绘画、音乐等诸多领域为后世留下了璀璨的瑰宝。文化思想上的相互渗透、吸收与融合，在一定程度上为帝国政治上的统一奠定了文化心理基础。例如，阿克巴深知对僧侣和知识分子来说，教义上的沟通和相互理解是极为重要的，于是他下令将印度教吠陀经典、两大史诗、六派哲学的典籍译成波斯文。众所周知，阿克巴在宫廷里既举办庆祝伊斯兰教节日的活动，也支持参与印度教节日的庆典活动。平日里，阿克巴对宰牛也作了适当限制，并自己带头停止食用牛肉，从实际作为上关照到了印度教教徒的生活习惯与宗教情感。他甚至还打扮成印度教教徒的模样，额上画着刹帝利种姓的标志，佩戴耳环。他下令在阿格拉附近的法塔赫布尔-西克里建造新都时，宫殿的有些部分按照印度教宫廷式样建造，清真寺也可以吸收印度教神庙的特点。总之，无论事情大小，他都带动着一种亲近本土文化、各文化间相互尊重的风气，这也反映出他力图通过文化融合促进不同教派和睦相处的愿望。

客观的相遇、融合与主观的努力相结合，为印度次大陆文化的繁荣与发展创造了良机。在阿克巴统治时期，大量传世佳作相继问世，不仅传承了古老的文化传统，而且显示出富有活力的时代特色。印度次大陆莫卧儿时期的文化艺术由内及外展现出迷人的面貌，成为人类文化发展史中浓墨重彩的一笔。

第三节　宽容政策促进族群和睦

莫卧儿人作为外来统治者，控制着城市乡镇，以及印度河—恒河流域一带肥沃的农业核心地带。另一方面，印度次大陆中西部的拉其普特人、阿富汗人以及马拉塔人，来到次大陆定居的时间要比莫卧儿人早得多，他们在农村地区有着很深的根基。因此，在南亚大多数居民眼里，莫卧儿王朝自带的帖木儿世系身份，并不能让他们的统治具有合法性，即使是他们的伊斯兰教信仰也不足以让阿富汗的一些部落氏族担当除临时服务以外的其他义务。[1]莫卧儿君主面对的是从内心到行动上都与其对立的各族将领，及他们身后等待其自行消亡、退出印度次大陆历史舞台的广大民众。

阿克巴对非穆斯林的宽容政策，表面上看虽然伤害了统治阶层穆斯林的私利，但实际上为穆斯林的自身发展创造了良好的环境。作为政治共同体，只有健康的大环境才能为各附属集团的发展创造条件。阿克巴继位时客观上具备两个优势条件："第一是舍尔沙的榜样，舍尔沙在他自己的领土比哈尔以及在德里惊涛骇浪的5年统治时期，展示了杰出的民政管理才能；第二是十六世纪初印度穆斯林人口的充足增长，这一增长通过三重方法即移民、改教和出生，从而使穆斯林在国家民政机构中的工作人数远远超过（德里）苏丹国早期的人数。"[2]到阿克巴统治后期时，外来穆斯林的涌入逐渐减少。"事实上，莫卧儿的公共服务以外国人占优势。布拉克曼在仔细研究《阿克巴律例》（即《阿克巴则例》——笔者按）后断言，阿克巴的大多数官员是外国人，塞尔柱人、波斯人和阿富汗人，在军队和民政服务机构上层中很少有印度斯坦穆斯林；而莫尔兰德估计大约有70%的官员属于跟随胡马雍到达印度或者在阿克巴登基后到达印度的家族，其余30%的官

1　参见［英］弗朗西斯·鲁宾逊主编，安维华、钱雪梅译：《剑桥插图伊斯兰世界史》，世界知识出版社，2005年，第79—81页。

2　［印］斯迪芬·麦勒迪斯·爱德华兹、赫伯特·利奥纳德·奥富雷·加勒特著，尚劝余译：《莫卧儿帝国》，青海人民出版社，2009年，第140页。

员属于印度穆斯林和印度教教徒。”[1]

印度教对抗势力在北印主要是拉其普特人，他们骁勇善战，不仅在德里苏丹国时期不断反抗，而且在德里苏丹国中央政权衰落之际，纷纷宣布独立。巴布尔在征服印度时遇到了他们的强烈反抗，为了缓和矛盾，他为胡马雍娶了一位拉其普特公主作妻子。拉其普特贵族在北印建立的大大小小的国家有多年的历史，是一支强有力的军事力量。阿克巴在征服初期，便看到了这支不容小觑的军事力量的价值。如若强攻硬打，不仅自己损耗巨大，而且无法有效保障长久的和平安定；如果拉拢成为自己的联合力量，不仅可以共同对抗残余的阿富汗势力，而且对今后帝国的稳定能起到关键作用。于是，阿克巴在征服过程中坚定不移地朝联盟的方向努力，并主要采取三项原则来达到目的。第一，对愿意接受莫卧儿宗主权的，保留其原有领地不兼并，保留其王公的统治地位，授予曼沙布（品级），其领地作为扎吉尔仍由其领有。阿克巴清楚，若想获得他们的效忠与尊敬，得到他们对君主的支持，最可靠方法便是联姻或关照并满足他们的利益。因此，在四十年的时间里，他授予21个印度教教徒“500骑”以上“曼沙布”或职位，其中17人是拉其普特人，包括阿姆巴尔、马尔瓦尔、比卡内尔，以及斋萨尔米尔和邦德尔坎德的王公；授予37个印度教教徒“500骑”以下职位，其中30个是昌德里、卡劳里和达提亚的拉其普特王子以及较大土邦的拉其普特采邑主。其余4个高层职位，即从“500骑”到“5 000骑”的“曼沙布”，第一个被授予了宫廷才子拉

1　W. H. 莫尔兰德《阿克巴去世时的印度》。转引自［印］斯迪芬·麦勒迪斯·爱德华兹、赫伯特·利奥纳德·奥富雷·加勒特著，尚劝余译：《莫卧儿帝国》，青海人民出版社，2009年，第142页。

贾·伯巴尔，第二个被授予了税收大臣拉贾·道达尔·莫尔，第三个被授予了拉贾·道达尔·莫尔的儿子，第四个被授予了另一个卡特里人。[1]总之，有的被任命为朝廷重臣，有的结为姻亲。如斋浦尔的一位小王公巴尔马尔，1562年自愿接受莫卧儿宗主权，阿克巴娶了他的女儿为妻，她就是贾汗吉尔的母亲。这是阿克巴与拉其普特人联姻之始。此外，阿克巴还授予巴尔马尔及其子孙5 000人长至7 000人长的高级品级。此后，莫卧儿王朝得到斋浦尔王公最忠诚最有力的支持。第二，对坚决抵抗的，以武力征服，但除特殊需要外一般不兼并，而是迫使其接受宗主权并缴纳年贡。第三，无论哪种情况，要塞都由莫卧儿军队驻扎。[2]阿克巴信任并重用拉其普特王公，用不同方式拉近与他们的距离，使他们成为莫卧儿官僚行政体系的正式成员。

拉其普特王公不仅为阿克巴征服全印提供了优秀的指挥官和精锐部队，而且为在更大范围内联合印度教势力创造了条件。阿克巴争取到了拉其普特及其他印度教上层的支持，对巩固政权、化解内部矛盾、维护和平起到了决定性的作用。因此，在阿克巴统治时期，没有出现大规模的、全国性的反叛起义，政局相对稳定，为帝国的整体发展提供了相对和平的环境。

总体而言，阿克巴施行的新政与推行的改革，虽然由于种种现实条件限制，没有得到完全有效的实施，但王权至上及中央集权制的核心体制，在曼沙布等级制度的军事管理配合下，使莫卧儿帝国的领土

---

1 参见［印］斯迪芬·麦勒迪斯·爱德华兹、赫伯特·利奥纳德·奥富雷·加勒特著，尚劝余译：《莫卧儿帝国》，青海人民出版社，2009年，第142页。

2 参见林承节著：《印度古代史纲》，光明日报出版社，2000年，第331页。

得到了稳固扩张，社会经济有了切实发展。他实施的宽容宗教政策及对各宗教公开采取的平等态度，充分展现了他的治国理念，为帝国的文化繁荣奠定了根基。

阿克巴大帝在位时，在政治上实行中央集权制，用王权至上替代了以往的经、法至上，有效地遏制了乌里玛对政权的干涉；在司法上建立相对独立的司法系统，中央大法官任命省级法官；在税收上实行新的税法制度，废除土地税承包制；在经济上制定了促进农业和鼓励经商的政策，取消了地方附加税和各种杂税；在宗教事务上积极推行宗教宽容政策，对伊斯兰教和印度教兼容并包，废除对非穆斯林征收人头税、香客税，允许被迫改奉伊斯兰教的印度教教徒恢复原本的信仰；在遴选官员时，各级官员除委派穆斯林担任外，也任命印度教教徒，以缓解民族矛盾；针对社会弊病，宣布废除印度教教徒传统的寡妇殉葬、杀婴、童婚等陈规陋习，允许寡妇再嫁等。同样，对印度教官员的无歧视任用、对各宗教智者圣贤的尊重，以及与他们的诚挚交往、与民间苏非大师的深度交流等，为阿克巴被各派人士接受打下了坚实的基础。授衔、联姻等和平手段的运用，也为他争取到了地方强大势力的忠心，有效缓解了地方强势族群对统治造成的压力。一系列改革措施的推广、宽容政策的实施，进一步增强了普通民众的信心，为大众生活提供了相对宽松的环境，降低了内部斗争的几率，为不同族群间的和睦相处创造了条件。他推行的宗教宽容政策、发起的“宗教对话”及后期实践的“神一信仰”与统一治国的理念具有一致性与同步性，其主要目的都是通过对印度社会宗教文化状况的深入探究，创造宽松的环境来实现社会稳定，以达到政治上的统一及文化间的融合，表现出手段与目的的高度一致性。

就现实情况来说，虽然体现理念的政策不可能被彻底实施，社会弊病不可能被完全剔除，人民生活也不可能根本改善，但相对和平的环境、经济的发展、文化的融合等，都是阿克巴成功统治的有力证明。尤其是相对宽松的宗教环境，在一定程度上淡化了人们在身份认同上的宗教性划分，而向属民的身份方向倾斜，减少了不必要的迫害与内部争斗，增加了帝国的凝聚力。“和谐是指把我们的心聚在一块。”[1]——虽然这在今天看来是很平常的观念，但在中世纪印度次大陆穆斯林王朝中，却是需要极具眼光、魄力才能付诸实践的前沿理念，对印度次大陆社会的历史发展具有非同凡响的影响。衡量一个社会的发展、进步状况如何，其国民的物质生活保障，尤其是精神生活的自由度，及整体体现出来的文化发展状况，即是最有力的证明。

---

1 ［印］雷蒙·潘尼卡著，王志成、思竹译：《看不见的和谐》，宗教文化出版社，2005年，第61页。

结 语

“作为文化的有机组成部分，宗教与社会交叉并行发展。在人类社会生活发展初期，宗教并不是独立于社会的单独存在，而是渗透入社会体系的方方面面，反映出人类对生存环境的认知及理解，由于经济生活对大自然的依赖，在人与自然的关系中突出体现的是敬畏之情。在社会发展中期，宗教与强大的集权制王国结合在一起，分离出专门的僧侣阶层，宗教行为反映出社会在发展过程中划分出的等级结构模式。之后，宗教成为一种文化内部的一个自成一体的亚社会，有其本身的宗教价值体系和成员身份体系。”[1]但是，上述的宗教线性发展模式并非代表了所有宗教的发展路径，在发展次序上也并非严格遵循时间上的先后顺序，并且相互间也没有严格的替代性。由于地域间经济、文化发展的差异，在更大的区域范围内交叉并行的状况也会

1　参见［美］W. E. 佩顿著，许泽民译：《阐释神圣——多视角的宗教研究》，贵州人民出版社，2006年，第51—52页。

存在。因此，具体情况要视宗教所生存的具体社会环境的发展境况而定。

印度次大陆在中世纪以前及中世纪早期，即穆斯林未建立统一政权之时代，在历史上存续统一政权的时间并不算长，总体呈现出聚少离多、松散的社会状况。印度次大陆宗教的多元性，恰好与松散的社会面貌对应，反映了社会组织形式的松散。伊斯兰教在宗教教义、仪式中倡导的平等理念，再造并强化了穆斯林团体的同一性、统一性。印度次大陆本土原生的、历史最长的、规模最大的、被后来研究者统称为“印度教”的宗教，在教权阶层婆罗门种姓的引导下，通过传统的祭祀仪式和固化的社会分工，强化了社会等级制度；印度教内部各派别五花八门的宗教行为、仪式，则淡化了社会生活中人与人之间自然关系的紧密程度，不利于在社会整体中形成凝聚力，也很难形成统一内聚的大一统政权。

相对于在集体礼拜仪式中体验伊斯兰教倡导的平等，种姓制度使印度教教徒间界限分明，信徒在笃信轮回、遵循达摩的宗教行为中，关注的核心在于自身命运和终极实在之间的联系，这在现实社会生活中削弱了宗教团体内部的凝聚力。“宗教社会学和宗教人类学是建立在这样一个断言之上的，即不同类型宗教之间的差别可以从不同类型社会之间的差别方面得到解释，而各种宗教成分说到底就是被投射或被编成代码的社会文化价值。”[1]当两类差异鲜明的宗教要在统一政权下共存、发展时，势必需要经历相互适应的漫长过程。“宗教相遇

---

1 ［美］W. E. 佩顿著，许泽民译：《阐释神圣——多视角的宗教研究》，贵州人民出版社，2006年，第39页。

中，行动的方法寻求完美不是通过深入自身（这样做可能发生的危险是到头来只找到先前投射出去的东西），而是在我们自身之外，更确切地说在我们自身之上寻求实现。行动的人（外来穆斯林）比默观精神（印度教教徒的传统信仰方式）更倾向于对话和向他人学习，默观精神本能地不信任这类方法，而向内寻求真理。”[1]这也许能从一定程度上说明穆斯林征服印度次大陆时所具有的优势。

阿克巴的宏观把握配合政策的推行，有效缓解了宗教间的对立与紧张。“只有一个群体入侵另一个群体，才产生折衷主义和混合主义的态度，不同文化世界和宗教之间走向更持久的共生和综合，出发点就是这种态度。”[2]对现实情况的体察、辗转各地的成长经历、与苏非教派的亲密过往，以及受伊本·阿拉比泛神论影响的密友、波斯什叶派的导师、印度教的嫔妃，等等，都促使身处多元宗教文化社会的阿克巴对各宗教有了自己独特的见解，在积极探索这些宗教间异同的过程中，逐渐形成自己的宗教观。

阿克巴本人思想的进步性在于：“重要且应受尊重的不是传统宗教组织和它们的官方陈述，而是经验和参与人类生存的总结方式以及表现这种形式的生活方式。”[3]阿克巴的多元宗教观并不同于印度次大陆传统的宽容精神，后者善于把各个宗教及其代表收入自身的体系，

1　参见［印］雷蒙·潘尼卡著，王志成、思竹译：《看不见的和谐》，宗教文化出版社，2005年，第36页。

2　［印］雷蒙·潘尼卡著，王志成、思竹译：《看不见的和谐》，宗教文化出版社，2005年，第36页。

3　［英］约翰·希克著，陈志平、王志成译：《理性与信仰》，四川人民出版社，2003年，第19页。

成为主神的化身，而阿克巴是在客观承认各个宗教存在的基础上，主张通过自己的理性判断，合理地认识各宗教是通往唯一主神的不同途径。阿克巴的多元宗教观是印度次大陆多元宗教文化社会的折射反映，是精神世界对物质世界的抽象体现，反过来，又推动了物质世界的发展。

阿克巴的宗教宽容政策虽然不是印度次大陆历史上的首创，但如此正式、长久的政策推行与实施，对帝国发展的方向性与持续性提供了坚实的保障。甚至有评价认为，“阿克巴对宗教宽容的捍卫，当然是非常闻名的，而且被恰如其分地认为提供了构建印度世俗主义的一个主要依据。”[1]阿克巴的宗教文化思想的形成，是基于对现实社会环境、社会生活的认知，并受到所处时代及身边人文环境的影响。反过来，他的思想理念又通过推行政策、改革体制等方式途径，体现为社会文化生活的生机盎然。阿克巴鲜明的思想与有力的实践，在很大程度上促成了当时的社会文化面貌，对后世产生了持久的影响。如英国学者玛勒森所言：“他统治印度次大陆时，伊丽莎白女王统治着英格兰，亨利四世统治着法国。与他们相比，他毫不逊色，因为在他离世后，他的声誉和影响经久不衰。如果阿克巴的寿命像胡马雍的一样短暂，任何人都不会认为阿克巴的继任者贾汗吉尔能将他或继承或征服的四分五裂的领土统一，因为贾汗吉尔的暴躁和偏执使他不可能完成这个任务。不过，阿克巴打下的基础非常牢固，就算子不类父，贾汗吉尔还是能够维系帝国的存在，因为帝国是在父亲确立的原则的基础

1 ［印］阿马蒂亚森著，刘建译：《惯于争鸣的印度人–印度人的历史、文化与身份论集》，上海三联书店，2007年，第240页。

上统一的。”[1]

阿克巴宗教文化思想中很重要的一部分即是他对“理性”的推崇。他本人始终对各宗教保持着原初的好奇心与求知欲，不仅通过书籍圣典、与各宗教圣贤的接触与交流等来满足，而且本人具有敏锐的洞察力与深入思考问题的能力。据记载，阿克巴每天只睡三个多小时，而且有清晨独坐沉思、祈祷的习惯。阿克巴的图书馆馆藏丰富，“图书馆的每个部分均根据书籍的价值及其所属学科进行细分。散文、诗歌作品，印地语的、波斯文的、希腊文的、克什米尔文的、阿拉伯文的都分别放置。阿克巴也按此顺序检查这些书。学识丰富的学者每天都会将它们读来给陛下听，每本书阿克巴都要从头听到尾。阿克巴用御笔标注每天停止阅读的页码，并根据朗读的页码数量用金币或银币奖励朗读者。阿克巴几乎让人将所有的名著都读了，所以他是当之无愧的‘知识之王’，知道所有过去时代的历史事实、珍贵的学科知识或有趣的哲学”[2]。在阿克巴统治时期，政府提供开放的信仰环境，倡导个人理性在思维和判断中的作用，不通过制度化手段强加宗教身份，也不推崇独一的标准来判断宗教身份归属，是信仰者理性与进步的表现。

从统治者角度出发，结合现实中的多元文化环境，也许阿克巴最终倾向于认识到，在不同宗教文化的相遇中，着眼于整体社会的“整体和谐”并不意味着整齐划一，即使在面对所有信仰者心中的“终极

---

1 ［英］G. B. 玛勒森著，赵秀兰译：《阿克巴大帝时代》，中国画报出版社，2017年，第278页。

2 ［英］G. B. 玛勒森著，赵秀兰译：《阿克巴大帝时代》，中国画报出版社，2017年，第249—250页。

实在”时，也存在不同的角度与不同的认知途径，因此，在现实中也不能采取强制的、统一的极端手段。也许正是因为阿克巴在冥想与宗教追求中认识到了纷杂现象背后同一的本质，才坦然作出宽容平等的姿态，欣然接受表现形式的多样性，并乐在其中。他清醒地认识到，让伊斯兰教凌驾于多元的印度次大陆社会文化之上是绝对不可行的，当然，自动放弃伊斯兰教的统治地位也同样是不现实的，因为它不仅是他身份固有的一部分，而且与印度次大陆本土思想文化传统间的差异也是极其鲜明的。那么，在印度次大陆多元文化社会环境中，阿克巴在不违背伊斯兰教教义教规的前提下，汲取各教特点所提出的“神一信仰”，也许意味着一种超越现实、达到和谐统一的理想，这种理想中的“整体和谐”，“既非一也非多。它是多向一的运动，但一与多仍保持差异，没有变成同一，没有达到一种更高的综合”[1]。毕竟，在多元文化共生的区域中，教派主义、排他主义、包容主义等都是没有生存空间的，只会在给社会带来深层混乱的过程中自我挤压。阿克巴在这样一个多元文化共存的社会环境中，被撞击出了他的“多元宗教观”，为印度次大陆社会文化的发展起到了良好的推动作用。

另一方面，宗教理念只有在政治中得以实践和验证，才能显示出其对现实社会生活的影响。阿克巴的地位有利于这种尝试，因而对社会产生的影响也更为明显。政治与宗教的紧密关系也由此体现出来。“宗教意识形态与政治意识形态在社会历史中往往相互联姻，共同实

1 ［印］雷蒙·潘尼卡著，王志成、思竹译：《看不见的和谐》，宗教文化出版社，2005年，第256页。

现阶级统治。”[1]尤其在统治阶层内部，宗教时时牵制着政治，政治也无时无刻不遏止、利用着宗教。它们既可以相互帮忙，又可以为彼此制造麻烦；既可以共同解决问题，又可以一起滋生无尽的问题。当“独立的”信仰世界中产生自身无法解决的问题时，政治起到了决定性的作用。阿克巴通过政治手段，将问题的焦点转移，用宏观、多元的理念，缓解了不同宗教信仰间固有的对立性，由此化解了将由这种对立矛盾引发的潜在社会危机。

但是，因为不是从探究根本原因入手，而是居高临下以主宰者的姿态面对，所以，由于历史的局限性，阿克巴的方法只提供了共存的空间，却无法解决宗教间的根本矛盾，甚至还起到了掩饰矛盾的作用。由于“统治阶级的思想在每一个时代都是占统治地位的思想”[2]，所以，代表该阶级的人物在从事宗教创造和神学构建的时候，势必需要宏观调配自己所处时代思想潮流的整体格局、走向，他们在通过自身言行体现主流思想的同时，还要关照非主流思想的比例分配。无论是德里苏丹国强调伊斯兰教的宗教统治政策，还是阿克巴的多元主义的宽容政策，都是为了维护统治阶级的利益。前者违背了历史社会的现实状况，很难存活；后者顺应事实，得以发展，实现了手段与目的的统一。然而，“所有一切压迫阶级，为了维护自己的统治，都需要有两种社会职能：一种是刽子手的职能，另一种是牧师的职能。刽子手镇压被压迫者的反抗和暴力。牧师安慰被压迫者，给他们描绘一幅在保存阶级统治的条件下减少痛苦和牺牲的远景……从而使他们忍受

1　万斌、金利安著：《马克思恩格斯宗教理论探要》，社会科学文献出版社，2006年，第155页。

2　《马克思恩格斯选集》第1卷，人民出版社，1995年，第99页。

这种统治,使他们放弃革命的决心”[1]。在王权社会阶级对立的情况下，宗教宽容政策可以起到一定的调和作用，可以在一定程度上缓解阶级矛盾。但是从实质上讲，这也是一种假象，最终还是以统治阶级的利益为出发点，不过是将矛盾的焦点暂时转移了。

由此，可以扩展我们对现实社会的理解：生活在不同文化中的人群间的相互尊重，是人类社会和平发展的基础。抱持“宽容”而非“容忍”的态度来了解异质文化，是人类和睦共存的前提，创造一切可能的条件来增强彼此间的理解，由此促进彼此间的交流与学习，是人类共同进步的良方。“每个积累的传统都是由内外要素组成的丰富的综合体，这些要素全都结合在一个独特的生活模式中，其中包括信念结构、生活方式、经典及其诠释、礼拜仪式、祭祀庆典、神话、音乐、诗歌、建筑、文学、记载的历史及其英雄人物。因而，传统构成宗教文化，且各自都有其独特的历史和精神气质。”[2]

伴随着人类社会的发展，宗教信仰也逐步发展为“独立的”精神世界，可以作为独立的研究对象。但是，本文在历史文化框架的界定下，着重强调的是作为物质世界所反映的“宗教文化思想”的形成，及反过来作用于现实世界的结果；也并非在宗教信仰的语境中探讨宗教文化思想，而是选取了历史文化语境。由此，对宗教的定位是：一方面，宗教作为精神补偿，在现实生活中起着积极的作用。精神上的超越作用可以弥补人们对现实的不满，起到心理安慰、调剂的作用，有利于社会安定。对超现实的追求及对“神”等终极实在的敬畏，可

1　《列宁全集》第26卷，人民出版社，1988年，第248页。

2　[英]约翰·希克著，陈志平、王志成译:《理性与信仰》，四川人民出版社，2003年，第34页。

以对社会伦理道德产生一定的约束作用。另一方面，历史唯物主义的思维逻辑告诉我们，“只有通过对外部条件的改进，才能实际地改善人的日常生活，为此必须要付诸实际的行动，而不是依靠内心沉思和宗教幻想；人只有在实际的创造活动中，才能真正地实现对自身的肯定，实现对生活的肯定，不断克服日常生活中的否定性力量”[1]。生活在社会中的个体境遇千差万别，王权时期的帝王，站在权力的顶峰，对理性的推崇督促他将对精神世界的解释权也掌握在自己手中，让政权不再做教权的附庸。

宗教有时不仅具有为统治阶级服务的功能，而且“宗教自身具有历史调适性，并在这种历史调适性中保持宗教意识形态的持续性和独立性”[2]。但是，宗教本质上脱离不了物质生活，终究是社会存在的反映。宗教在政治生活中发挥的社会作用，是反作用于社会物质生活的体现；即使是“独立性”的宗教思想研究，依旧反映了现实社会阶级政治利益的要求。社会现实在阿克巴的宗教观中得以反映，反过来，阿克巴利用改革后的宗教观作用于现实社会，发挥了一定的积极作用。

---

1 万斌、金利安著：《马克思恩格斯宗教理论探要》，社会科学文献出版社2006年，第63页。

2 万斌、金利安著：《马克思恩格斯宗教理论探要》，社会科学文献出版社，2006年，第161页。

参考文献

中文参考文献

著作

陈浩、曾琦云编著:《宗教文化导论》,浙江大学出版社,2006年3月第1版。
黄心川主编:《现代东方哲学(上、下)》,浙江人民出版社,1998年11月第1版。
金宜久主编:《伊斯兰教史》,江苏人民出版社,2006年1月第1版。
林承节著:《印度古代史纲》,光明日报出版社,2000年12月第1版。
林承节著:《印度史》,人民出版社,2004年5月第1版。
刘建、朱明忠、葛维钧著:《印度文明》,中国社会科学出版社,2004年2月第1版。
邱永辉著:《印度宗教多元文化》,社会科学文献出版社,2009年7月第1版。
尚会鹏著:《印度文化传统研究——比较文化的视野》,北京大学出版社,2004年10月第1版。
施治生、刘欣如主编:《古代王权与专制主义》,中国社会科学出版社,2015年5月第1版。
唐孟生著:《印度苏非派及其历史作用》,经济日报出版社,2002年10月第1版。
万斌、金利安著:《马克思恩格斯宗教理论探要》,社会科学文献出版社,2006年6月第1版。

王树英著:《宗教与印度社会》，人民出版社，2009年6月第1版。
王耀利、余秉颐主编:《宗教平等思想及其社会功能研究》，安徽大学出版社，2006年8月第1版。
王镛著:《印度美术》，中国人民大学出版社，2010年6月第1版。
王治来著:《中亚通史》(近代卷)，新疆人民出版社，2004年第1版。
杨乐强著:《走向信仰间的和谐——多元论哲学之信仰和谐论比较研究》，中国社会科学出版社，2009年11月第1版。
姚卫群著:《印度宗教哲学概论》，北京大学出版社，2006年9月第1版。
郁龙余等著:《印度文化论》，北京大学出版社，2016年3月第1版。
张志刚主编:《宗教研究指要》，北京大学出版社，2005年6月第1版。
[澳]肯尼斯·麦克弗森著，耿引曾、施诚、李隆国译:《印度洋史》，商务印书馆，2015年8月第1版。
[巴]伊夫提哈尔·H. 马里克著，张文涛译:《巴基斯坦史》，中国大百科全书出版社，2010年8月第1版。
[德]费尔巴哈著，王太庆译:《宗教的本质》，人民出版社，1999年第2版。
[法]雷奈·格鲁塞著，常任侠、袁音译:《东方的文明(上、下)》，中华书局，1999年10月第1版。
[古希腊]亚里士多德著，吴寿彭译:《政治学》，商务印书馆，1965年8月第1版。
[罗]亚·泰纳谢著，张伟达等译:《文化与宗教》，中国社会科学出版社，1984年版。
[美]芭芭拉·D. 梅特卡夫、托马斯·R. 梅特卡夫著，李亚兰、周袁、任筱可译:《剑桥现代印度史》，新星出版社，2019年6月第1版。
[美]大卫·卢登著，资谷生译:《南亚农业史》，云南人民出版社，2015年4月第1版。
[美]约翰·F. 理查兹著，王立新译:《莫卧儿帝国》，云南人民出版社，2014年1月第1版。
[美]斯坦利·卧儿波特著，李建欣、张锦冬译:《细数恒河沙：印度通史(上下)》，东方出版中心，2019年5月第1版。
[美]托马斯·特劳特曼著，林玉菁译:《印度次大陆：文明五千年》，当代世界出版社，2021年4月第1版。
[美]W. E. 佩顿著，许泽民译:《阐释神圣——多视角的宗教研究》，贵州人民出

版社，2006年6月第1版。
［美］希提著，马坚译：《阿拉伯通史》，商务印书馆，1995年版。
［日］常磐大定著，陈景升译：《印度文明史》，华文出版社，2019年5月第1版。
［日］山泽种树著，陈景升译：《印度五千年史》，东方出版社，2021年3月第1版。
［印］阿马蒂亚·森著，刘建译：《惯于争鸣的印度人——印度人的历史、文化与身份论集》，上海三联书店，2007年11月第1版。
［印］A. L.巴沙姆主编，闵光沛等译：《印度文化史》，商务印书馆，1997年11月年第1版。
［印］雷蒙·潘尼卡著，王志成、思竹译：《看不见的和谐——默观与责任文集》，宗教文化出版社，2005年8月第2版。
［印］斯迪芬·麦勒迪斯·爱德华兹、赫伯特·利奥纳德·奥富雷·加勒特著，尚劝余译：《莫卧儿帝国》，青海人民出版社，2009年3月第1版。
［印］沙尔玛著，张志强译：《印度教》，上海古籍出版社，2008年2月第1版。
［英］弗朗西斯·鲁宾逊主编，安维华、钱雪梅译：《剑桥插图伊斯兰世界史》，世界知识出版社，2005年5月第1版。
［英］G. B.马勒森著，赵秀兰译：《阿克巴大帝时代》，中国画报出版社，2017年9月第1版。
［英］休·汉密尔顿著，王晓凌译：《印度哲学祛魅》，译林出版社，2013年6月第1版。
［英］约翰·希克著，陈志平、王志成译：《理性与信仰》，四川人民出版社，2003年1月第1版。

英文参考文献

著作

Abū al-Fazl Allami, English translated by Henry Beveridge, *Akbar Namah*, three volumes, Low Price Publications, 2007.
Abū al-Fazl Allami, English translated by H. Blochmann and H. S. Jarrett, *Aīn-i-Akbarī*, three volumes, Low Price Publications, Delhi, 2006.
Abraham Eraly, *The Mughal World: Life in India's Last Golden Age*, Penguin Books, 2014.

Abraham Valentine Williams Jackson, *The History of India: as Told by its Own Historians: the Muhammadan Period*, The Posthumous Papers of the Late Sir H.M. Elliot, 1975.

Akbar S. Ahmed, *Discovering Islam: Making Sense of Muslim History and Society*, Roli Books Pvt Ltd., 2002.

Asher, Catherine B. and Cynthia Talbot, *India before Europe*, New Delhi: Cambridge University Press, 2006.

Balabanlilar, Lisa, *Imperial Identity in the Mughal Empire: Memory and Dynastic Politics in Early Modern South and Central Asia*, London: I.B Tauris and Co., 2012.

B.Gascoigne, *The Great Moghuls*, by Harper Row Publishers, New York, 1972.

C.M.Agrawal, *Akbar and His Hindu Officers (A Critical Study)*, ABS Publications, First Edition, 1986.

De la Garza, Andrew, *The Mughal Empire at War: Babur, Akbar and the Indian Military Revolution, 1500–1605*, Oxon: Routledge, 2016.

Douglas E. Streusand, *The Formation of the Mughal Empire*, Delhi, 1999.

Dughlat, Mirza Muhammad Haidar, *A History of the Moghuls of Central Asia: Being the Tarikh-I-Rashidi of Mirza Muhammad Haidar, Dughlat*, translated by Sir E. Denison Ross, edited by E. Elilias, New Delhi: A. B. I. Prints and Publications Company, 1895, 2006 (repr.).

Eraly, Abraham, *The Last Spring: The Lives and Times of the Great Mughals, Part* Ⅰ, New Delhi: Penguin Books, 1997.

Faruqui, Munis D., *The Princes of the Mughal Empire, 1504–1719*, Cambridge University Press, 2012.

Ferishta, Mahomed Kasim, *History of the Rise of Mohamedan Power in India, Till the Year A.D. 1612*, 4 Vols translated by John Briggs, Cambridge University Press, 2014.

Foltz, Richard C., *Mughal India and Central Asia*, Karachi: Oxford University Press, 1998.

Frederick Augustus, translated by Annette S. Beveridge, *The Emperor Akbar, a Contribution Towards the History of India in the 16th Century*, Thacker, Spink & Co., Calcutta, 1890.

George B. Malleson, *Akbar and the Rise of the Mughal Empire*, Cosmo Publications, New Delhi, 2002.

Gilmartin, David and Bruce B. Lawrence, *Beyond Turk and Hindu: Rethinking Religious Identities in Islamic South Asia*, University Press of Florida, 2000.

Ira Mukhoty, *Akbar: The Great Mughal*, Aleph Book Company, 2020.

Irfan Habib, *Akbar and His India*, Oxford University Press, 1997.

Jivanji, Jamshedji Modi, *The Parsees at the Court of Akbar & Dastur Meherjee Rana*, Bombay Education Society's Press, Byculla, Bombay, 1903.

John F. Richards, *The Mughal Empire*, Cambridge, UK, 1993.

Michael Prawdin, *The Builders of the Mogul Empire*, London, 1963.

Muhammad, English translation by Tanseem Ahamad, *Tarikh-i-Akbar*, Delhi, 1993.

Pierre Du Jarric, *1566–1617, Akbar and the Jesuits: An Account of the Jesuit Missions to the Court of Akbar*, Low Price Publications, Delhi, 2008.

Richard M. Eaton, *A Social History of the Deccan, 1300–1761: Eight Indian Lives*, Cambridge University Press, 2005.

R.Krishnamurti, *Akbar, the Religious Aspect*, Baroda, 1961.

Roy Choudhury, *The Din-I-Ilahi Or The Religion Of Akbar*, Munshiram Manoharlal Publishers Pvt Ltd., New Delhi, Fourth Edition 1997.

S. R. Sharma, *The Religious Policy of the Mughal Emperors*, Munshiram Manoharlal Publishers Pvt Ltd, Third Edition, 1988.

Syad Muhammad Latif, *Agra: Historical & Descriptive With an Account of Akbar and his Court and of the Modern City of Agra,* Asian Educational Services, New Delhi, Chennai, 2003.

Vincent A. Smith, *Akbar, the Great Mogul, 1542–1605*, Delhi, 1966.

论文

Alam, Muzaffar, "The Mughals, the Sufi Shaikhs and the Formation of the Akbari Dispensation", *Modern Asian Studies*, Vol. 62, No.2, 2002.

Busch, Allison, "Hidden in Plain View: Brajbhasha Poets at the Mughal Court", *Modern Asian Studies*, Vol.44, No.2, Cambridge University Press, 2010.

Gail Minault Graham, "Akbar and Aurangzeb", *the Muslim World*, Vol.59 Issue 2, 1989.

Habib, Irfan, "Akbar and Social Inequities", *Proceedings of the Indian History Congress*, Vol.53, 1992.

Inayet, S., and Zaidi, A., "Akbar's Relations with Rajput Chiefs and Their Role in the Expansion of the Empire", *Social Scientist*, Vol.22, No. 7/8,1994.

Joseph Politella, "Akbar: Warrior, Devotee and Mystic", *the Muslim World*, Vol.56 Issue 1,

1966.

Khan, Enayatullah, "Akbar and His Cheetahs", *Proceedings of the Indian History Congress*, Vol.73, 2012.

Khan, Iqtidar Alam, "The Nobility Under Akbar and the Development of His Religious Policy, 1560–1580", *Journal of the Royal Asiatic Society of Great Britain and Ireland*, No.1/2, 1968.

Lal, Ruby, "Settled, Sacred and All-Powerful; Making of New Genealogies and Traditions of Empire under Akbar", *Economic and Political Weekly*, Vol.36, No.11, 2001.

Mehta, Dr. Shirin, "Akbar as Reflected in the Contemporary Jain Literature in Gujarat", Social Scientist, Vol. 56, No. 19, 2011.

Moin, A. Afzar, "Islam and the Millennium: Sacred Kingship and Popular Imagination in Early Modern India and Iran", PhD dissertation, University of Michigan, 2010.

Naim, C. M., "Popular Jokes and Political History: The Case of Akbar, Birbal and Mulla Do-Piyaza", *Economic and Political Weekly*, 1995.

Salahuddin, Syed, "Abdul Qadir Badauni and His Contemporaries and Socio-Cultural and Intellectual Millieu as Seen by a Critic", Centre of Advanced Study, Department of History, Aligarh Muslim University, 2010.

Saxena, Pusha, "The Relations between Akbar and Amber (1556–1605)", PhD thesis, Agra University, 1972.

乌尔都语参考文献

آئینِ اکبری، سنگ میل پبلی کیشنز، لاہور

تاریخِ برصغیر، علامہ اقبال اوپن یونیورسٹی، اسلام آباد

تاریخِ پاکستان و ہندو (۲) مسلم دور حکومت عہد مغلیہ علامہ اقبال اوپن یونیورسٹی، اسلام آباد

دین الہٰی اور اس کا پس منظر، پروفیسر محمدا سلم

عرب اور ہندوستان کے تعلقات ، مشتاق بک کارنر، الکسریم مارکیٹ، اردو بازار، لاہور

محمد بن قاسم سے اورنگ زیب عالمگیر تک، پروفیسر سعیدالحق، شاہد بک ڈپو، چوبرجی سنٹر ملتان روڈ لاہور

图书在版编目(CIP)数据

王权与宗教:阿克巴大帝宗教思想研究 / 张嘉妹著
.—上海:中西书局,2023
ISBN 978-7-5475-2194-6

Ⅰ.①王… Ⅱ.①张… Ⅲ.①阿克巴(Akbar 1542-1605)-宗教学-思想评论 Ⅳ.①B351.3

中国国家版本馆CIP数据核字(2023)第221896号

WANGQUAN YU ZONGJIAO — AKEBA DADI ZONGJIAO SIXIANG YANJIU

王权与宗教——阿克巴大帝宗教思想研究

张嘉妹 著

责任编辑 孙本初
装帧设计 黄 骏
责任校对 左钟亮
责任印制 朱人杰

出版发行 上海世纪出版集团
中西書局(www.zxpress.com.cn)
地　　址 上海市闵行区号景路159弄B座(邮政编码:201101)
印　　刷 上海肖华印务有限公司
开　　本 700毫米×1000毫米 1/16
印　　张 16.5 **插页** 0.75
字　　数 199 000
版　　次 2023年12月第1版 2023年12月第1次印刷
书　　号 ISBN 978-7-5475-2194-6/B·130
定　　价 98.00元